焦氏易林 一

宋本焦氏易林（叢書集成初編據學津討原排印四卷本）

本館叢書集成初編所選漢魏叢書及津逮祕書士禮居叢書學津討原皆收有此書漢魏津逮學津三本皆分四卷士禮居本分十六卷每卷四卦士禮居學津兩本皆據陸敕先校宋本遠勝明季諸刻士禮居本欲存陸勘之眞不輕改竄學津本以陸校宋本爲正文而明刻姜氏何氏毛氏諸本異同分注於下備學者參考故據學津本排印並附士禮居所載顧廣圻序及黃丕烈前後兩序於後又黃氏後序引校宋本升之艮扶陝之岐士禮居本同學津本扶陝作拾陝又引校宋本革之豫沾我袴襦重難以涉士禮居本作濺我袴襦重不可涉學津本作濺我襦袴重不可涉又引校宋本豫之豐云一說文山蹲鴟豐爲旅之譌

刻陸敕先校宋本焦氏易林序

世所行諸刻易林。悉出自明內閣本。成化癸巳彭華題後可證也。分上下經爲卷。或又析之作四卷。而其譌舛不可卒讀。則盡同。近好事者多傳臨陸敕先校宋本。文句頗異。實視諸刻遠勝。往歲陸手勘者歸予家。續又收葉石君校本。取以參驗先所傳臨。竟有稍益失眞處。故付之刻。凡陸勘而誤。必存其眞。雖可知當爲某字者。終不輒以改竄。亦猶予向日刻他書之意耳。其諸刻所附。而陸勘未及者。蓋皆非出於宋本。概不載入。陸僅就嘉靖四年所刻。以勘而記於上方。云卷次非宋本。考季滄葦延令宋板書目焦氏易林十六卷八本。未知其爲卽校宋本之祖。抑板同而又有一部。然分卷十六。確鑿可信。尚與隋志數合。又嘗見一別本乃如此。今特據之。實每卷四卦也。延令藏書散失流轉。予得之頗不少。此書當仍在天壤間。安能一旦再出。使所謂全注並傳。且行款偏旁。均復舊觀。必將爲陸勘助掃落葉。豈不更快。識於此。冀我二三同志搜訪之云。

嘉慶十三年閏五月十日黃丕烈書

宋本焦氏易林（叢書集成初編據學津討原排印四卷本）

刻易林序

廣圻十六七歲時，從游於長洲張白華師，假館程子念鞠家，郘性不耽佁時藝，每問師讀古書之法，師指誨靡倦。念鞠既同門而頗蓄書，甚相得也。先是，念鞠有陸敕先手校本易林，在師所，枚葊漫士吳君借而失去。廣圻後聞其事，恨不一見，多方搜訪，久之，遂獲袁君綬階以枚葊所臨及餘姚盧抱經學士所臨等本相示。最後陸本歸黃君蕘圃，取勘一過，良多是正。乙丑冬，客江寧，蕘圃以札來告，將謀付刊，去冬返及里門，則蘉然在目焉，而屬序其簡首。回憶初知有是書之日，倏忽二十五六寒暑，曾不一瞬。唯師頤德弗營，精神皭然，而念鞠以薄宦遷化於外，廣圻亦復行年四十有三，久見二毛矣。方思悉數吾吳人物源淵，典籍流派，所聞所見，加以筆記，存諸斂篋，示我兒曹，稍傳文獻之信，而蕘圃刻是書，顛末乃可爲其中一事者也。敢卽舉而書之。嘉慶十三年歲在戊辰春正月下旬，元和顧廣圻。

四庫全書提要

易林十六卷。漢焦延壽撰。延壽字贛。梁人。昭帝時。由郡吏舉小黃令。京房師之。故漢書附見於房傳。黃伯思東觀餘論以為名贛、字延壽。與史不符。又據後漢小黃門譙君碑稱贛之後裔。疑贛為譙姓。然史傳無不作焦。漢碑多假借通用。如歐陽之作歐羊者。不一而足。亦未可執為確證。至舊本易林首有費直之語。稱王莽時建信天水焦延壽。其詞蓋出偽託。鄭曉嘗辨之審矣。贛嘗從孟喜問易。然其學不出於孟喜。漢書儒林傳記其始末甚詳。蓋易於象數之中、別為占候一派者。實自贛始。所撰有易林十六卷。又易林變占十六卷。並見隋志。變占久佚。惟易林尚存。其書以一卦變六十四。六十四卦之變。共四千九十有六。各繫以詞。皆四言韻語。考漢藝文志所載易十三家。著龜十五家。不及焦氏。隋經籍志始著錄於五行家。唐王俞始序而稱之。似乎後人所附會。故鄭曉古言疑其明夷之咸林似言成帝時事。節之解林。似言定陶傅太后事。皆在延壽後。顧炎武日知錄亦摘其可疑者四五條。然二家所云某林似指某事者。皆揣摩其詞。炎武所指彭離濟東遷之上庸者。語雖出漢書。而事在武帝元鼎元年。不必漢書始載。又左傳雖西漢未立學官。而張蒼等已久相述說。延壽引用傳語。亦不足致疑。惟長城既立。四夷賓服。交和結好。昭君是福四句。則事在元帝竟寧元年。名字炳然。

顯爲延壽以後語。然李善註文選任昉竟陵王行狀。引東觀漢記曰。沛獻王輔。永平五年秋。京師少雨。上御雲臺。詔尚席取卦具自卦。以周易卦林占之。其繇曰。蟻封穴戶。大雨將集。明日大雨。上卽以詔書問輔曰。道寧有是耶。輔上言曰。案易卦震之蹇。蟻封穴戶。大雨將集。蹇艮下坎上。艮爲山。坎爲水。出雲爲雨。蟻穴居而知雨。將雲雨。蟻封穴。故以蟻爲興文云云。今書蹇繇實在震林。則書出焦氏。足爲明證。昭君之類。或方技家輾轉附益竄亂原文。亦未可定耳。崇文總目言其推用之法不傳。而黃伯思記王佖占程迥記宣和紹興二占。皆有奇驗。則其術尚有知之者。惟黃伯思謂漢書稱延壽易分六十四卦。更直日用事者。乃變占法。非易林法。薛季宣易林序則謂易林正用直日法。辨伯思之說爲謬。並爲圖例以明之。其說甚辨。今錄季宣序與王俞序。以存一家之言。俞序本名大易通變。與諸本不同。疑爲後來卜筮家所改。非其舊也。此書隋唐宋志俱作十六卷。故季宣序稱每卷四林。每林六十四變。今一本作四卷。不知何時所併。無關宏旨。今亦姑仍之焉。

案漢書儒林傳曰。孟喜受易於田王孫。得易家候陰陽災變書。詐言田生且死時。枕喜膝。獨傳。同門梁邱賀疏通證明之。曰。田生絕於施讎手中。時喜歸東海。安得此事。焦延壽（案原文無焦字。蓋承上而言。今節錄其文。故補此字。使姓名完具。）嘗從孟喜問易。京房以爲延壽卽孟氏學。翟牧白生不肯。仍皆曰非也。劉向校書。以爲諸易家說皆祖田何、楊叔、丁將軍。大義略同。惟京氏爲異黨。延壽獨得隱士之說。託之孟氏。不相與同。然則陰陽災異之說。始於孟喜。別得書而託之田王孫。焦延壽又別得書而託之孟喜。其源實不出於經師。朱彝尊經義考備列焦京二家之書。蓋欲備易學宗派。不得不爾。實則以隋志列五行家爲允也。今退置術數類中。以存其眞。

周易變卦序

大凡變化象數莫逃乎易．惟人之情僞最爲難知．筮者尚占．變者與處．韓明且哲．乃留其術．俞巖耕東鄙．自前困蒙．客有杜駕蓬廬．以焦辭數軸出示．俞嘗讀班史列傳及歷代名臣譜系諸家雜說之文．盛稱自夫子授易於商瞿．僅餘十輩．延壽經傳於孟喜．固是同時．當西漢元成之間．凌夷厥政．先生或出或處．輒以易道上干梁王．遂爲郡察舉．詔補小黃令．而邑中隱伏之事．皆預知其情．得以寵異．蒙遷秩．亦卒於官次．所著大易通變．其卦總四千九十六題．事本彌綸．同歸簡易．辭假出於經史．其意合於神明．但齋潔精專．舉無不中．而言近意遠．易識難詳．不可瀆蒙．以爲辭費．後之好事知君行者．則子雲之書爲不朽矣．皆聖唐會昌景寅歲周正主白靈越之雲溪漢王俞序．

較定焦贛易林序

承議郎行祕書省較書郎臣黃伯思。所較焦延壽易林。中或字誤。以快爲快。以羊爲首。以喜爲嘉。以鶴爲鵠。義可兩存。焦延壽者。名贛。梁人。以好學得幸梁王。王供其資用。令極意學。既成。爲郡吏。舉補小黃令。但有盜先知。盜遂無敢舉者。考最當遷。吏民上書乞留。詔許增秩。卒于小黃。世人謂延壽之法。凡筮得某卦。則觀其所之卦林。以占吉凶。或卦爻不動。則但觀本卦林辭。爻本影有王俁者。於雍熙二年春遇異人筮得觀之賁林云。東行無門。西出華山。道塞於難。遊子爲患之語。最爲有準。後之觀者。不可不辨延壽所著雖卜筮之書。出於陰陽家流。然當西漢中葉。去三代未遠。文辭雅淡。頗有可觀。覽謹錄上。

易林目錄

易林雜識

東萊費直長翁曰。六十四卦變占者。王莽時建信天水焦延壽之所撰也。夫易廣矣大矣。以言乎遠則不禦。以言乎邇則靜而正。以言乎天地之間則備矣。然易謂六十四卦也。推而言之。則繇說卦之所未盡。故連山歸藏周易皆異詞而共卦。雖三家並行。猶舉一隅耳。贛善於陰陽。復造此以致易未見者。其射存亡吉凶。遇其事類則多中。至於靡碎小事。非其類則亦否矣。贛之通達隱幾聖人之一隅也。延壽獨得隱士之說。

前漢書京房字君明。治易事梁人焦延壽。名贛。贛貧賤。好學得幸於梁王。王供其資用。令極意學。既成。爲郡吏。察舉補小黃令。以伺候先知姦邪。盜賊不得發。愛養吏民。化行縣中。舉最當遷。三老官屬上書願留贛。有詔許增秩留。卒於小黃。贛嘗曰。得我道以亡身者。京生也。其說長於災變。分六十卦。更直日用事。以風雨寒溫爲候。各有占驗。房用之尤精。

宣和末。長慶福崔相公任州日。其時晏清無事。思此聖書。虔誠自卜。得大過卦云。典册法書。藏在蘭臺。雖遭亂潰。獨不遇災。之遯卦辭曰。坐席未溫。憂來扣門。踰牆北走。兵來我後。脫於虎口。其時卜後十日。州亂。崔相公踰牆而出。家族不損。無事歸京。乃知此書賢人所製。初雖難會。後詳無不中節。見者當所敬重。黃金自貴未能蒙於此書。

紹興末完顏亮入寇。時有人以焦贛易林筮。遇解之大壯。其辭曰。驕胡火形。造惡作凶。無所能成。遂自滅身。其親切應驗若此。雖天綱淳風不能過也。開闢以來。惟亮可以當之。延壽著書。何以知後世有亮也。其漢焦延壽傳易於孟喜。行事見儒林傳中。此其所著書也。費直題其前曰。六十四卦變。又有唐王俞序。所書每卦變六十四。總四千九十六首。皆爲韻語。與左氏傳載鳳凰於飛。和鳴鏘鏘。漢書所載大橫庚庚。予爲天王之語絕相類。豈古之卜者有此等書耶。沙隨程迥記。

僑見沙隨程氏所記紹興初諸公以易林筮時事奇驗。求之歷年。寶慶丁亥。始得其書於莆田。錄而藏之。皆韻語古雅。頗類左氏所載繇辭。間讐筮之。亦驗。獨恨多脫誤。無他本是正。嘉熙庚子。自吳門歸霅川。偶爲鄉守王寺丞侑道之。因以家藏本見假。雖復多脫誤。而因兩本參互相校。十頗得八九。於是兩家所藏。皆成全書。其間亦多重複。或數爻共一繇。莫可稽究。校畢歸其書王氏。而志其校正本末於篇後云。淳祐辛丑五月上浣直齋。

易林筮儀

擇地潔處爲蓍室．南戶．置床于室中央．

牀大約長五尺．廣三尺．毋太近壁．

蓍五十莖．韜以纁帛．貯以皂囊．納之櫝中．置于牀北．

櫝以竹筒．或堅木．或布漆爲之．圓徑三寸．如蓍之長．半爲底．半爲蓋．下別爲臺函之．使不偃仆．

設木格于櫝南．居牀二分之北．

格以橫木板爲之．高一尺．長竟牀．當中爲兩大刻．相距一尺．大刻之西爲三小刻．相距各五寸許．下施橫足．側立案上．

置香爐一于格南．香合一于爐南．日炷香致敬．將筮．則灑掃拂拭．滌硯一．注水及筆一．墨一．黃漆板一．于爐東．東上．筮者齊潔衣冠．北面盥手焚香致敬．

筮者北面．見儀禮．若使人筮．則主人焚香畢．少退．北面立．筮者進立于牀前少西．南向受命．主人直述所占之事．筮者右還．北向立．

兩手捧櫝蓋．置于格南爐北．出蓍于櫝．去囊解韜．置于櫝東．合五十策．兩手執之．熏于爐上．

宋本焦氏易林（叢書集成初編據學津討原排印四卷本）

此後所用蓍策之數。其說並見啓蒙。

命之曰。假爾泰筮有常。假爾泰筮有常。某官姓名。今以某事云云。未知可否。爰質所疑于神于靈。吉凶得失。悔吝憂虞。惟爾有神。尚明告之。乃以右手取其一策。反于櫝中。而以左右手中分四十九策。置格之左右兩大刻。

此第一營。所謂分而爲二以象兩者也。

次以左手取左大刻之策執之。而以右手取右大刻之一策。掛于左手之小指間。

此第二營。所謂掛一以象三者也。

次以右手四揲左手之策。

此第三營之半。所謂揲之以四以象四時者也。

次歸其所餘之策。或一或二。或三或四、而扐之左手無名指間。

此第四營之半。所謂歸奇于扐以象閏者也。

次以右手反過揲之策于左大刻。遂取右大刻之策執之。而以左手四揲之。

此第三營之半。

次歸其所餘之策如前。而扐之左手中指之間。

此第四營之半。所謂再扐以象再閏者也。一變所餘之策。左一則右必三。左二則右亦二。左三則右必一。左四則右亦四。通掛一之策不五則九。五以一其四而爲奇。九以兩其四而爲偶。奇者三而偶者一也。

次以右手反過揲之策于右大刻。而合左手一掛二扐之策。置于格上第一小刻。

以東爲上。後倣此。

是爲一變。再以兩手取左右大刻之蓍合之。

或四十四策。或四十策。

復四營如第一變之儀。而置其掛扐之策于格上第二小刻。是爲二變。

二變所餘之策。左一則右必二。左二則右必一。左三則右必四。左四則右必三。通掛一之策。不四則八。

四以一其四而爲奇。八以兩其四而爲偶。奇偶各得四之二焉。

又再取左右大刻之蓍合之。

或四十策。或三十六策。或三十二策。

復四營如第二變之儀。而置其掛扐之策于格上第三小刻。是爲三變。

三變餘策與二變同。

三變既畢。乃視其三變所得掛扐過揲之策。而畫其爻于版。

掛扐之策。五四爲奇。九八爲偶。掛扐三奇合十三策。則過揲三十六策而爲老陽。其畫爲□。所謂重也。掛扐兩奇一偶合十七策。則過揲三十二策而爲少陰。其畫爲--。所謂拆也。掛扐兩偶一奇合二十一策。則過揲二十八策而爲少陽。其畫爲一所謂單也。掛扐三偶合二十五策。則過揲二十四策而爲老陰。其畫爲×。所謂交也。

如是每三變而成爻。

第一第四第七第十第十三第十六。凡六變並同。但第三變以下。不命而但用四十九蓍耳。第二第五第八第十一第十四第十七。凡六變亦同。第三第六第九第十二第十五第十八。凡六變亦同。

凡十有八變而成卦。乃考其卦之變而占其事之吉凶。

卦變別有圖說。見啓蒙。

禮畢。韜蓍襲之以囊。入櫝加蓋。斂筆硯墨版。再焚香致敬而退。

如使人筮。則主人焚香揖筮者而退。

代蓍法

儲泳曰。筮易以蓍。古法也。近世以錢擲爻。欲其簡便。要不能盡卜筮之道。自昔以錢之有字者爲陰。無字者爲陽。故兩背爲拆。二畫也。兩面爲單。一畫也。朱文公以爲錢之有字者爲面。無字爲者背。凡物面皆屬陽。背皆屬陰。反舊法而用之。故建安諸學者悉主其說。或謂古者鑄金爲貝。曰刀曰泉。其陰或紀國號。如鏡陰之有款識也。一以爲陰。一以爲陽。未知孰是。大抵筮必以蓍。求爲簡便。必盡其法。余嘗以木爲三彈丸。丸各六面。三面各刻三畫。三面刻二畫。呵而擲之。以盡老少陰陽之變。三丸各六面。十有八變之義也。三面爲三。乾之九也。三面爲二。坤之六也。此用九用八之義也。三者乾之一。畫函三也。二者坤之一。畫分二也。此三天兩地之說也。三丸擲之皆三。則成九。老陽數也。三丸擲之皆二。則成六。老陰數也。兩二一三則成七。少陽數也。兩三一二。則成八。少陰數也。所用者乾坤之畫。以成八卦。是乾坤生六子之象也。丸象太極之一也。三三爲乾。三二爲坤。象兩也。三丸者。象天地人之三才也。每丸得數十五。洛書皇極數也。合三丸之數而爲四十有五。河圖九宮數也。上二則下三。上三則下二。動靜皆五。故五藏于用。參以四十有五。數大衍之數五十也。三丸成九於上。則三丸伏六於下。此老陽變陰之體也。三丸成六於上。則三丸伏九於下。此老陰變陽之體也。二三相對。每丸各具三五。此參伍以變。錯綜其數之旨也。體圓而轉。變動不居也。六位相乘。周流六虛也。三丸六擲而成卦。亦十有八變之義也。既無錢背錢面陰陽之疑。又合老少陰陽之變。嘗語同志以爲然。因著其法。與天下共之。凡得卦爻老變少不變。則爲之卦。

分卦直日之法

孟康曰．分卦直日之法．一爻主一日、六十卦爲三百六十日．餘四卦震離坎兌．爲方內監司之官．所以用震離坎兌者是二至二分用事之日、又是四時各專主之氣．各卦主一日．其占法各以其日觀善惡．

冬至日起頤䷚四爻第二日頤卦五爻第三日頤卦六爻第四日至第九日、中孚䷼管事．第十日至小寒前一日止．復䷗卦管事．

小寒至立春前一日止．屯䷂．謙䷎．睽䷥．升䷭．臨䷒．

立春至驚蟄前一日止．小過䷽．蒙䷃、益䷩．漸䷴．泰䷊．

驚蟄至清明前一日止．需䷄．隨䷐．晉䷢．解䷧．大壯䷡．

清明至立夏前一日止．豫䷏．訟䷅．蠱䷑．革䷰．夬䷪．

立夏至芒種前一日止．旅䷷．師䷆．比䷇．小畜䷈．乾䷀．

芒種至小暑前一日止．大有䷍．家人䷤．井䷯．咸䷞．姤䷫．

小暑至立秋前一日止．鼎䷱．豐䷶．渙䷺．履䷉．遯䷠．

立秋至白露前一日止．恆䷟．節䷻．同人䷌．損䷨．否䷋．

白露至寒露前一日止．巽䷸．萃䷬．大畜䷙．賁䷕．觀䷓．

寒露至立冬前一日止．歸妹䷵．无妄䷘．明夷䷣．困䷮．剝䷖．

立冬至大雪前一日止。艮䷳。既濟䷾。噬嗑䷔。大過䷛。坤䷁。

大雪至冬至半月。未濟䷿。管六日。蹇䷦卦管六日。其三日頤卦初爻二爻三爻。每卦管六日。看占卦日值何卦管事。卽以管事卦宮尋所占本卦斷之。奇驗。

焦氏易林卷一

漢 焦延壽著

乾之第一

乾 道陟石（別本作多）阪．胡言連謇．譯瘖（別本作瘠）．且聾．莫使道通．請謁不行．求事無功．

坤 招殃來螫．害我邦國．病在（別本作傷）手足．不得安息．

屯 陽孤亢極．多所恨惑．車傾蓋亡．身常憂惶．乃得其願．雌雄相從．

蒙 鵠（按爾雅當作鵲）鴝鳲鳩．專一無尤．君子是則．長受嘉福．

需 日（宋校本毛本作日．今从何本．）闔足動．喜如其願．舉家蒙寵．

訟 罷（別本作龍．）馬上山．絕無水泉．喉焦脣乾．舌不能言．

師 倉盈庾億．宜稼（別本作種）黍稷．國家富有．人民蕃息．（別本作年豐歲熟．人民安息．）

比 中夜狗吠．盜在牆外．神明祐助．消散皆去．

小畜 据斗運樞．順天無憂．（別本此下有所行造德四字．）與樂並居．

履 空拳握手．倒（別本作委．）地更起．富饒豐衍．快樂無已．

泰　不風不雨．白日皎皎．宜出驅馳．通理大道．

否　載日晶光．驂駕六龍．祿命徹天．封爲燕王．

同人　子號索哺．母行求食．反見空巢．訾我長息．

大有　上帝之生．福祐日成．修德行惠．樂安且（別本二字倒．）寧．

謙　山險難登．澗中多石．車馳轊擊．載重傷軸．儋負善（別本作差．）躓．跌踒（別本作踠跌．）右足．

豫　禹鑿龍門．通利水源．東注滄海．民得安存．

隨　乘龍上天．兩蛇爲輔．湧躍雲中．遊觀滄海．安樂長處．（別本作民樂安處．）

蠱　彭祖九子．據德不殆．南山松柏．長受嘉福．

臨　南山昊天．刺政閔身．疾悲無辜．背憎爲仇．

觀　江河淮海．天之奧府．衆利所聚．可以饒有．樂我君子．百福是受．（末句別本脫．）

噬嗑　堅冰黃鳥．啼（別本作嗁．）哀悲愁．不見甘粒．但觀（別本作見．）藜蒿．數驚鷙鳥．爲我心憂．

賁　室如懸磬．既危且殆．早見之士．依山谷處．

剝　大禹戒（宋校本作式．）路．蚩尤除道．周匝萬里．不危不殆．見其所使．無所不在．

復　三人爲旅．俱歸北海．入門上堂．拜謁王（別本作主．）母．勞賜（別本作飲勞．）我酒．

无妄　傳言相誤．非干徑路．鳴鼓逐狐．不知跡處．

大畜　三羊爭雌．別本作三年爭妻．相逐奔馳．終日不食．精氣勞疲．

頤　純服黃裳．戴上與別本作以．興．德義既生．天下歸仁．

大過　桀跖並處．人民愁苦．擁兵荷糧．戰於齊魯．

坎　黃鳥來集．宋校本作采蘂．毛本作來蘂．今从姜本何本．既嫁不答．念我父兄．思復邦國．

離　胎生孚乳．長息成就．充滿帝室．家國昌富．

咸　三人求橘．反得丹穴．別本作大栗．女貴以富．黃金百鎰．

恆　東山西岳．會合俱食．百家送從．以成恩福．

遯　弱姜本何本作眄．毛本作眇．雞無距．與鵲交鬭．翅折目盲．爲鳩所傷．

大壯　隙大牆壞．蠹衆木折．狼虎爲政．天降罪罰．高弒望夷．胡亥以斃．

晉　三癡俱走．迷路失道．惑不知歸．反入患口．

明夷　弓矢俱張．把彈折弦．丸發不至．道遇害患．

家人　三女求夫．伺候山隅．不見復關．別本二句倒轉．長思歎憂．別本作憂歎．

睽　陽旱炎炎．傷害禾穀．穡人無食．耕夫嘆息．

蹇　騎豘逐羊．不見所望．徑涉虎穴．別本作虛．亡羊．別本作羝．失羔．

解　暗昧冥語．相傳詿誤．鬼魅所舍．誰知臥處．

損　姬姜祥淑．二人偶食．論仁議福．以安王室．

益　公孫駕驪．載聘宋校本作聘．東齊．延陵說產．遺季紵衣．

夬　孤竹之墟．失婦亡夫．傷於蒺藜．不見少妻．東郭棠姜．武氏以亡．

姤　仁政不暴．鳳凰來舍．四時順節．民安其處．

萃　任劣力薄．孱駑恐怯．如蝟見鵲．不敢拒格．

升　衛侯東遊．惑於少姬．忘我考妣．久迷別本作逝．不來．

困　噂噂所言．莫知我垣．歡喜堅固．可以長安．

井　鷩別本作鼂．鳴岐山．龜別本作鼈．應幽別本作山．淵．男女媾精．萬物化生．文王以成．爲周開庭．

革　元黃虺隤．行者勞疲．役夫憔悴．踰時不歸．

鼎　弱足刖跟．不利別本作私．出門．市賈不利．折亡爲患．

震　縣貆素餐．居非其安．失輿剝廬．休坐徒居．

艮　民怯城惡．姦人所伏．寇賊大至．入我郛別本作郲．郭．妻子俘別本作係．獲．一本爲歸妹辭．

漸　陽低頭．陰仰首．水爲災．傷我足．（別本作寶．）進不利．難生子．（別本作生其子．）

歸妹　背北相憎．心意不同．如火與金．（一本爲艮辭．）

豐　太微帝室．黃帝所值．（宋校本作宜．別本作值．古值直通．疑本作直而訛也．）藩屏周（別本作圄．）衞．不可得入．常安無患．

旅　蕭栗犧牲．敬享鬼神．神嗜飲食．受福多孫．

巽　出門逢患．與福（別本作爲患．）爲怨．更相擊刺．傷我手端．

兌　鴟飛中退．舉事不進．衆（別本作宋．）人亂潰．

渙　跛踦相隨．日暮牛罷．陵遲後旅．失利亡雌．

節　龍角博顙．（宋校本作預．疑形訛．）位至公卿．世祿久長．起動安寧．

中孚　舜升大禹．石夷之野．徵詣王庭．拜理水土．

小過　從風放火．荻芝俱死．三害集房．叔子中傷．

既濟　楩生荊山．命制輸班．袍衣剝脫．夏熱冬寒．飢餓枯槁．衆（宋校本作莫．）人莫憐．

未濟　長面大鼻．來解己憂．遺吾福子．與我惠妻．（別本無此句．）惠吾嘉喜．

坤之第二

坤　不風不雨．白日皎皎．宜出驅馳．通利大道．

乾　谷風布氣．萬物出生．萌庶長養．華葉茂成．（別本作盛．）

屯　蒼龍單獨．與石相觸．摧折兩角．室家不足．

蒙　城上有鳥．（姜本作鳥．何本毛本作馬．）自名破家．招呼酖毒．為國患災．

需　霜降閉戶．蟄蟲隱處．不見日月．與死為伍．

訟　天之德室．溫仁受福．衣裳所在．凶惡不起．

師　皇陛九重．絕不可登．未見王公．謂天蓋高．（別本作謂天蓋高．未見王公．）

比　孔德如玉．出於幽谷．升高鼓翼．（別本作飛上喬木．鼓其羽翼．）輝光照國．

小畜　五軛（別本作範．）四軌．復得饒有．陳力就列．騶虞悅喜．

履　四足無角．君子所服．南征述職．以惠我國．（別本以此林連上小畜．而履下繫敝笱在梁．魴逃不禁．漁父勞苦．連室乾口四句．）

泰　雷行相逐．無有攸息．戰於平陸．為夷所覆．

否　六龍爭極．服在下（別本作不．）飾．謹慎管鑰．結禁毋出．

同人　長男少女．相向共語．（此下別本有析薪在炷四字．）福祿歡喜．

大有　奸（別本作遷．）延惡人．使德不通．災（姜本作炎．）火為殃．禾穀大傷．

謙　修其翰翼．隨風向北．至虞夏國．與舜相得．年歲大樂．邑無盜賊．

豫 鉛刀攻玉堅不可得盡我筋力胝繭爲疾

隨 舉被（別本作袂）覆目．不見日月．衣裳簟籠．就長夜室．

蠱 賊仁（別本作人）傷德．天怒不福．斬刈宗社．失其邦域．（別本作國）

臨 白龍赤虎．戰鬬俱怒．蚩尤敗走．死於魚口．

觀 北辰紫宮．衣冠立中．含和建德．常受天福．

噬嗑 稷爲堯使．西見王母．拜請百福．賜我善（別本作嘉）子．

賁 三人異趣．反覆迷惑．一身五心．亂無所得．

剝 南山大玃．盜我媚妾．怯不敢逐．退而獨宿．

復 衆鬼（別本作尤）所趨．（別本作逐）反作光怪．九身無頭．魂驚魄去．不可以居．

无妄 延頸遠望．眯（別本作昧）爲目疾．不見叔姬．使伯心憂．

大畜 典册法書．藏在蘭臺．雖遭亂潰．獨不遇災．

頤 自衛反魯．時不我與．冰炭異室．仁道隔塞．

大過 瘤瘿禿疥．爲身瘡害．疾病癃殘．常不遠逮．（別本作飃遠）

坎 東齊郭盧．（別本作盧）嫁於洛都．俊良美好．媒利過倍．

離　齊魯爭言。戰於龍門。構怨結（別本作連）禍。三世不安。

咸　齊澤肥壤。農人豐敞（宋校作敵）。利居長安。歷世無患。

恆　倉盈庾億。宜種黍稷。年豐歲熟。民得安息。

遯　鵶鴞破斧。邦人危殆。賴其（別本作旦）忠德。轉禍爲福。傾危復立。

大壯　歲飢無年。虐政害民。乾溪驪山。秦楚結冤。

晉　捌（宋校本作捌。姜本何本作例。今从毛本。與比之大有合）。潔累累。綿結難解。嫫母銜嫁。媒不得坐。自爲身禍。

明夷　嘗陋開門。鶴鳴彈冠。章甫進用。舞韶和鸞。三人翼事。國無災患。

家人　弟（別本作姊）妹合（別本作居）居。與類相扶。願慕羣醜。不離其處（別本作友）。

睽　邯鄲反言。兄弟（別本作父兄）生患。涉叔（別本作此）憂恨。卒死不還。

蹇　三人逐兔。各爭有（別本作其）得。愛亡（別本作妾）善走。多獲鹿（別本作其）子。

解　北辰紫宮。衣冠立中。含和建德。常受天福。

損　拜跪請免。不得其哺。俛首銜枚。低頭北去。

益　鵲盜我珠。逃於東隅。求之郭墟。不見所居。

夬　一簧兩舌。妄言謬語（別本作謀訣）。三姦成虎。曾母投杼。

姤　孤獨特處．莫與爲旅．身日勞苦．使布五穀．陰陽順序．別本作伯虎・仲熊・德義洵美・使布五穀・陰陽順序・

萃　褰衣涉河．澗流浚多．賴遇舟子．濟脫無他．

升　憑河登山．道路阻難．求事少便．

困　兔罝之容．不失其恭．和謙致樂．君子攸同．

井　三女求夫．伺候山隅．不見復關．泣涕漣如．

革　螟蟲爲賊．害我五穀．中蠹別本作蠹節・空虛．家無所食．

鼎　殷尙阿衡．太宰周公．藩屛輔弼．福祿來同．

震　三牛姜本何本作三年・毛本作三牛・生狗．以戍爲母．姜本何本作以成戍母・毛本爲作其・荊夷止侵．姬伯出走．

艮　塗遏別本作回・道塞．求事不得．

漸　探懷得蚤．所愿失道．無有凶憂．宋校本二句倒轉・善居漸好．

歸妹　飛樓鬭別本作蟻遇・道．趾多擾垣．居之不安．覆厭爲患．

豐　義不勝情．以欲自傾．幾危利寵．折角摧頸．

旅　瀇瀁蔚薈．扶首來會．津液來別本作下・降．流淹別本作潦・滂霈．

巽　白駒生芻．猗猗盛姝．赫喧君子．樂以忘憂．

兌　車馳人趨。卷甲相仇。齊魯寇戰。敗於犬邱。

渙　舉首望城。不見子貞。使我悔生。

節　龍鬭時門。失理傷賢。內畔外（別本作生。）賊。則生禍難。

中孚　安如泰山。福喜（別本作祿祐。）屢臻。雖有豺虎。不致（別本作敢。）危身。

小過　初憂後喜。與福為市。八佾列陳。飲御嘉友。

既濟　持刀操肉。對酒不食。夫行從軍。小（別本作少。）子入獄。抱膝獨宿。

未濟　陰衰老極。陽建其德。履離載（別本作戴。）光。天下昭明。功業不長。蝦蟆代（毛本作大。）王。

屯之第三

屯　兵征大宛。北出玉關。與胡寇戰。平城道西。七日絕糧。身幾不全。

乾　汎汎柏舟。流行不休。耿耿寤寐。心懷大憂。仁不逢時。復隱窮居。

坤　採薪得麟。大命隕顛。豪雄爭名。天下四分。

蒙　山崩谷絕。天（別本作大。）福盡竭。涇渭失紀。玉歷盡已。

需　夏臺羑里。湯文（別本作文王。）所厄。鬼侯輸賄。（宋校本作俞。）商王解舍。（別本訛合。古舍釋通。）

訟　泥津汙辱。棄捐溝瀆。所共笑哭。終不顯錄。

師　李梅冬實。國多盜賊。擾亂並作。君不能（別本作得・）息。

比　獐鹿逐牧。飽歸其居。反還次舍。無有疾故。

小畜　夾河爲婚。期至無船。淫心失望。不見所歡。

履　百足俱行。相輔爲強。三聖翼事。王室寵光。

泰　坐位失處。不能自居。賊破王邑。（別本作調攝邊和・）陰陽顛倒。

否　登几上輿。駕駟南遊。合從散橫。燕齊（別本作秦・）以強。

同人　三孫（別本作系・）維弩。無益於輔。城弱不守。邦（別本作郭・）君受討。

大有　河伯大呼。津不得渡。船空無人。往來亦難。

謙　甘露醴泉。太平機關。仁德感應。歲樂民安。

豫　重茵厚席。循皐採藿。雖躓不懼。反復（別本作後反・）其宅。（別本注一作饑隨高木・捧躡手足・保我金玉・還歸其室・）

隨　太乙駕騮。從天上來。徵我叔季。封爲魯侯。（別本此下有無有凶憂四字・）

蠱　南巴六安。石斛戟天。所指不已。耋老復丁。斂室舊墟。更爲新家。（別本作南巳大安・石斛戟天・巳老復一・將盡乃嫁・墟斂室舊・更爲新家・）

臨　家給人足。頌聲並作。四夷賓服。干戈韜閣。（一作觀卦・）

宋本焦氏易林（叢書集成初編據學津討原排印四卷本）

觀　東鄰嫁女．爲王妃后．莊公築館．以尊王（別本作主）母．歸於京師．季姜悅喜．（一作臨卦）

噬嗑　陳妻（別本作嬀）敬仲．兆興齊姜．營邱是適．八世大昌．

賁　路多枳棘．步刺我足．不利旅客．爲心作毒．

剝　天官列宿．五神共舍．宮闕光堅．（別本作五神室屋空門完堅）君安其居．

復　牧羊稻園．聞虎呻喧．懼畏惕息．終無（別本作免）禍患．

无妄　鳴條之圖（別本作災）．北奔犬胡．左衽爲長．國號匈奴．主君旄頭．立尊單于．

大畜　尅身潔己．逢禹巡狩．錫我元圭．拜受福（別本作錫）佑．

頤　冬華不實．國多盜賊．疾病難醫．鬼哭其室．

大過　襄送季女．至於蕩道．齊子旦夕．留連久處．

坎　朽根倒樹．花葉落去．卒逢火焱．隨風僵仆．

離　陰變爲陽．女化作男．治道得通．君臣相承．

咸　炎絕續光．火滅復明．簡易理得．以（別本作仍）成乾功．

恆　多載重負．捐棄於野．予（別本作王）母誰子．但自勞苦．

遯　江河海澤．衆利安宅．可以富有．飲御嘉客．

大壯　冬採薇蘭．地凍堅坼．利走室（別本作東．）北．暮無所得．

晉　烏鳴（別本作鷁．）嘻嘻．天火將起．燔我室屋．災及姬（別本作妃．）后．

明夷　蠶室蜂戶．螫我手足．不可進取．爲身害速．

家人　崔嵬北嶽．天神貴客．溫仁正直．主布恩德．開示不已．（毛本作開衣不見．）蒙受大福．

睽　伯蹇叔盲．莫與守牀．（別本作牧．）失我衣裘．伐民除鄉．（別本作伐已除服．）

蹇　爲季求婦．家在東海．水長無船．不見所歡．

解　山陵邱墓．魂魄失舍．精神盡竭．長寢不覺．

損　踦牛失角．下山傷軸．失其利祿．（此下別本有過在誰執一句．）

益　水戴船舟．無根以浮．往來溶溶．心勞且憂．

夬　有鳥來飛．集于古樹．鳴聲可惡．主將出去．

姤　東徙不時．觸患離憂．井泥無濡．思叔舊居．

萃　黃帝所生．伏羲之宇．兵刃不至．利以居止．

升　東山救亂．處婦思夫．勞我君子．役無休已．（別本作役使休止．）

困　跛躓未起．先（別本作失．）利後市．不得鹿子．

井　大蛇當路。使季別本作我畏懼。湯火之災。切近我膚。賴其天幸。趨於王別本作主廬。

革　從容長閒。遊戲南山。拜禍禱神。神使宋校本二字倒。無患。一作豐卦

鼎　區脫康居。慕義別本作仁入朝。湛露之歡。三爵畢恩。復歸野廬。與母相扶。別本作候

震　龜鼈列市。河海饒有。長錢善賈。商李別本作季悅喜。一作革卦

艮　年常蒙慶。今歲受福。三夫別本作伏採葩。別本作芭出必有得。

漸　二人俱東。道路爭訟。意乖不同。使君悩悩。別本作使我凶凶

歸妹　樹我別本作栽蘘荳。鹿兎爲別本爲字在鹿字上食。君不恤別本作愼護。秋無收入。

豐　黃鳥悲鳴。愁不見星。困於鷩鳥。別本無鳥字使我心驚。宋校本作鶴使我鷩

旅　雙鳧俱飛。欲歸稻食。別本作池經涉萑澤。爲矢所射。傷我胸臆。

巽　久客無依。別本作休思歸我別本作故鄉。雷別本作霖雨盛溢。道未得通。

兌　道路僻除。南至東遼。衞子善辭。使國無憂。

渙　同枕同別本作共袍。中年分去。價少無利。宋校本作中年相知少買無夫獨居愁思。

節　衆神集聚。相與議語。南國虐亂。百姓愁苦。興師征討。更立賢主。

中孚　北陸閉蟄。隱伏不出。目盲耳聾。道路不通。

小過　痴狂妄作。心誑善惑。迷行失路。不知南北。

旣濟　棟隆輔強。寵貴日光。福善並作。樂以高明。

未濟　愛我嬰女。牽衣不與。冀幸高貴。反曰賤下。

蒙之第四

蒙　何草不黃。至未盡元。室家分離。悲愁於心。

乾　海爲水王。聰聖且明。百流歸德。無有叛逆。常饒優足。

坤　天之所有。（別本作祐。）禍不過家。左輔右弼。金玉滿堂。（別本作匱。）常盈不亡。富如敖倉。

屯　安息康居。異國穹廬。非吾習俗。使我心憂。

需　范公鴟（別本作陶。）夷。善賈飾資。東之營邱。易字子皮。把珠載金。多得（別本作福。）利歸。

訟　老楊日衰。條多枯枝。爵級不進。日下（別本進作造。日下作遂乃。）摧隤。

師　小狐渡水。汚（別本作汗。）濡其尾。利得無幾。（姜本何本作稍得其幾。毛本稍作科。）與道合契。（別本作符。）

比　豕生魚（別本作如。）魴。鼠舞庭堂。奸佞施毒。上下昏荒。君失其邦。（宋校本作國。）

小畜　天地配亨。六位光明。陰陽順序。以成和平。（別本作厥功。）

履　課踵足傷。右指病癱。失旅後時。利走不來。（別本作利不走歸。）

泰　異體殊患．別本作恩體同恩．各有所屬．西鄰孤嫗．欲寄我室．王別本作主．母罵詈．求不可得．別本作求子不得．

否　操招別本作鉅．鄉畝．祈貸宋校本作折貸．稷黍．飲食充中．安利別本作和．無咎．

同人　所受大喜．別本作新受大寵．福祿重來．樂且日富．蒙慶得財．

大有　舉盃飲酒．無益溫寒．指直別本作宜．失取．此二句別本倒．亡利不懽．

謙　日月相望．光明盛昌．三聖茂功．仁德大隆．

豫　猾夫爭強．民去其鄉．公孫叔子．戰於蕭相．別本作城南．

隨　猿墮高木．不踒手足．還歸其室．保我金玉．此二句別本倒．金玉二字作全生．

蠱　逐狐東山．水遏我前．深不可涉．失利後便．

臨　鑿井求玉．非卞氏寶．名困身辱．勞無所得．

觀　黃玉溫厚．別本作德．君子所服．甘露溽暑．萬物生茂．

噬嗑　畫龍頭頸．文章不成．甘言善．別本作美．語說辭無名．

賁　招禍致凶．來弊我邦．病在手足．不得安息．

剝　履位乘勢．靡有絕斃．替為隸圉．與衆庶伍．

復　獐鹿雉兔．羣聚東囿．盧黃白脊．俱往趨逐．九齚十得．君子有喜．

易學經典文庫

无妄　織金〔太平御覽引作帛。〕未成，緯畫無名。長子逐兔，鹿起失路。〔別本起失作失先。太平御覽引與宋校本合。〕見利不得，因無所據〔末句別本無。〕

大畜　天厭周德，命與仁國。以禮靖民，兵革休息。

頤　重譯賀之，〔姜本何本作置之。毛本作買芝。〕來除我憂。善說逐良，與喜相求。

大過　膏澤肥壤，人民孔〔別本作安。〕樂。宜利俱止，長安富貴。〔別本作有。〕

坎　白龍黑虎，起鬐〔姜本何本作鬣。毛本作伏。〕暴怒。戰於涿鹿，〔別本作阪泉。〕蚩尤敗走。居止不殆，君安其所。

離　抱關傳語，聾跛摧殆。〔別本作筋。〕衆賤無下，災殃所在。〔別本下二句作破賊無災，不安其所。〕

咸　憂禍解除，喜至慶來。坐立歡門，與樂為鄰。

恆　折鋒載殳，輿馬放休。狩軍依〔別本作褒。〕營，天下安寧。

遯　至德之君，仁政且溫。伊呂股肱，國富民〔別本作長。〕安。

大壯　千里望城，不見山青。老兔蝦蟆，遠絕無家。

晉　有莘季女，為夏妃后。貴夫壽子，母字〔別本作于。〕四海。

明夷　不廣之患，禍至無門。奄忽暴卒，痛傷我心。

家人　飛鷹退去，不食鄰烏。〔別本作雉雞。〕憂患解除，〔別本作心解。〕君主安居。

睽　踦跂側跌．申酉為祟．（姜本何本作祟・）亥戌（別本二字倒・）滅明．顏子隱藏．

蹇　司錄憑怒．謀議無道．商民失政．殷人乏祀．

解　望雞得雉．黃（別本作雛求・）馬獲駒．大德生少．有廖從居．

損　忉忉怛怛．（別本作切切憛憛・）如將不活．黍稷之恩．靈輒以存．（別本此下有獲生保年四字・）

益　莫莫輯輯．夜作晝匿．謀議我資．來攻我室．空盡我財．幾無以（別本作我・）食．

夬　天之所壞．不可強支．眾口指（別本作遭・）笑．雖貴必危．

姤　日動睫（別本作瞚・）瞤．喜來加身．舉家蒙歡．吉利無殃．

萃　鼃羹芬香．染指弗嘗．（別本作拂裳・）口飢於（別本作打・）手．子公恨饑．

升　天福所豐．兆如（別本作知・）飛龍．成子（別本作子・）得志．六三以興．

困　氓伯以婚．抱布自媒．棄禮急情．卒罹悔憂．

井　夏姬（別本作娵・）親附．心聽悅喜．利以搏（別本作博・）取．無言不許．

革　南山昊（別本作旻・）天．刺政閔身．疾悲無辜．背憎為仇．（一作艮卦・）

鼎　三人為旅．俱歸北海．入門上堂．拜謁王母．勞賜我酒．懽樂無疆．（末句別本無・）

震　慾（別本作陽・）淫旱疾．傷害稼穡．喪刈病來．農人無食．（一作井卦・）

艮　擾飯把肉．以就口食．所往必得．無有虛乏．一作革卦．

漸　烏飛無翼．兎走折足．雖欲會同．未得所欲．別本作已惑．

歸妹　體重飛難．不得踰關．此下別本有行坐憂愁四字．不離室垣．

豐　四雄並處．人民愁苦．擁兵西東．不得安所．

旅　譯重關牢．求解已憂．心感乃成．與喜別本作善．俱居．

巽　患解憂除．王母相於．別本作與．與喜俱來．使我安居．

兌　冬生不華．老女無家．霜冷蓬室．更爲枯株．

渙　震慄恐懼．多所畏惡．行道留難．不可以步．

節　三人別本作夫．共妻．莫適爲雌．子無名氏．公別本作翁．不可知．

中孚　草別本作早．凋被霜．花葉不長．非時爲災．家受其殃．

小過　雉兎之東．狼虎所從．別本作食．貪饕凶惡．不可止息．

既濟　馬驚破車．主別本作王．墮深溝．身死魂去．離其室廬．

未濟　山林麓藪．非別本作兆．太平御覽引作非．與宋校本合．人所往．鳥獸無禮．使我心苦．

需之第五

需　久旱三年．草木不生．粢盛空乏．無以供靈．

乾　火滅復息．君明其德．仁人可遇．身受利福．（別本作祿．）

坤　溫山松柏．常茂不落．鸞鳳所庇．得其歡樂．

屯　西（別本作四．）誅不服．恃強負力．倍道趨敵．師徒敗覆．

蒙　三塗五岳．陽城太室．神明所伏．（別本作之保．）獨無兵革．

訟　三牛生狗．以戌為母．（注見坤之震．）荊夷上侵．姬伯出走．

師　鳧遊江海．沒（宋林本作役．）行千里．以為死亡．復見空桑．（別本作素．）長主凶憂．（別本作長生樂鄉．）

比　太乙駕騮．從天上來．徵君叔季．封為魯侯．（別本此下有無有凶憂四字．）

小畜　紝績（別本作任宿．）獨居．寡處無夫．陰陽失忘．（別本作志．）為人僕使．

履　兵征大宛．北出玉門．與胡寇戰．平城道西．七日絕糧．身幾不全．

泰　楚靈暴虐．罷極民力．禍起乾溪．棄疾作毒．扶仗（別本作杖．古杖仗通．）奔逃．身死亥（毛本作仄．）室．

否　雌單獨居．歸其本巢．毛羽憔悴．志如死灰．

同人　兩矛相刺．勇力鈞敵．交綏結和．不破不缺．

大有　乘船濟渡．載水逢火．賴行免禍．蒙我生全．

謙　喪寵溢尤．政傾家覆．我宗失國．秦滅周室．

豫　冬無我冰．春陽（別本作江）不通．陰流爲賊．國被其殃．

隨　田鼠野雞．意常欲逃．拘制籠檻．不得動搖．

蠱　佩玉蘂兮．無所繫之．旨酒一盛．莫與笑語．孤寡獨特．常愁憂苦．

臨　沒游源口．求鮫爲寶．家危自懼．復出生道．

觀　河水孔穴．壞敗我室．水深無岸．魚鼈傾側．

噬嗑　教羊牧（太平御覽引作逐）．兔．使魚捕鼠．任非其人．費日無功．

賁　升戶入室．就溫燠（別本作煖）．食冰凍北陸．不能相賊．（別本作寒不得賊）．

剝　孤竹之墟．老（別本作失）．婦亡夫．傷於蒺藜．不見少妻．東郭棠姜．武氏破亡．

復　凶禍災殃．日益明彰．禍不可籠．三卻夷傷．

无妄　載璧秉珪．請命于河．周公作誓（別本作克敏）．沖人瘳愈．

大畜　烏升（別本作烏飛）．鵲舉．照臨東海．龍降庭堅．爲陶叔後．封圻英六．履祿綏厚．（別本作圭析英雄．履福綏厚）

頤　危坐至暮．請求不得．膏澤不降．政戾民忒（別本作惑）．

大過　宜昌娶婦．東家歌舞．宴樂有序．長樂（別本作安）．嘉喜．

坎 鑿井求玉．非卞氏寶．名困身辱．勞無所得．

離 鵠思其雄．欲隨鳳東．順理羽翼．出次須（別本須字在日中下．）日．中留北邑．復反其室．

咸 早霜晚雪．傷害禾麥．損功棄力．飢無所食．

恆 蝙（別本作蝠．）螺生子．深目黑醜．雖飾相就．衆人莫取．

遯 去如飛鴻．避凶直東．遂得全脫．與福相逢．

大壯 婚姻合配．同枕共牢．以降休嘉．子孫封侯．

晉 咸陽辰巳．長安戌亥．邱陵生止．非魚鰌市．不可辭（別本作避．）阻．終無悔咎．

明夷 螟蟲爲賊．害我五穀．簞食（別本作笥．）空虛．家無所食．

家人 蒙恩拜德．東歸吾國．慷慨宴笑．歡樂有福．

睽 齎貝贖狸．不聽我辭．係於虎鬚．牽不得來．

蹇 比目附翼．歡樂相得．行止集周．（別本作同．）終不離忒．

解 一指食肉．口無所得．染其鼎鼐．舌饞於腹．

損 曳綸汀洲．釣掛魴鯉．王（別本作公．太平御覽引作王．與宋校本合．）孫得利．以享仲友．

益 商紂牧野．顛敗所在．賦斂重數．黎元愁苦．

夬　北辰紫宮．衣冠立中．含和建（宋校本何本毛本皆作達．今从姜本．與坤之觀．履之需合．）德．常受天福．

姤　輕戰尚勇．不知兵權．爲敵所制．從（別本作征．）師北奔．

萃　大口宣舌．神使伸（宋校本作仲．）言．黃龍景星．出應德門．與福上天．（別本作堂．）天下安昌．

升　凶子禍孫．把劍向門．凶（舊注作爭．）一訟讙囂．驚駭我家．

困　祝伯善言．能事鬼神．辭祈萬歲．使君延年．

井　珪璧琮璋．執贄見王．百里甯戚．應聘齊秦．

革　昧旦乘車．履危蹈溝．亡失裙襦．摧折兩軸．

鼎　膠着木連．（姜本何本作通．毛本作未通．）不出牛欄．斯饗羔羊．家室相安．

震　卷領（別本作舌．）遁世．仁德不舍．三聖攸同．周家茂興．

艮　黍稷苗稻．（別本作禾稼．）垂秀方造．中旱不雨．傷風枯槁．

漸　冠帶南遊．與福喜逢．（別本作期．）期於嘉貞．（別本期作邀．貞作徵．）拜爲公卿．

歸妹　一巢九子．同公共母．柔順利貞．出入不殆．福祿所在．

豐　韓氏長女．嫁於東海．宜家富主．柔順以居．利得過倍．（按別本嫁於東海句下．作多貌美好．宜家富壽．利得十倍三句．）

旅　因禍受福．喜盈我室．（別本此下有先人後已四字．）所願必得．

巽　晉平有疾．迎醫秦國．病乃大患．分為兩豎．逃匿膏肓．和不能愈．（別本作逃匿肓上．伏於膏下．和不能愈．）

兌　牡飛門啓．患憂大解．去老乘馬．（別本作修福行善．）不為身禍．

渙　追亡逐北．至止而得．稚叔相呼．（別本作呼還稚叔．至止而得．）反其室廬．

節　鳥鳴葭．（宋校本毛本皆作旣．今从姜本何本．）端一呼三顛．動搖東西．危慄不安．疾病無患．

中孚　龍化為虎．泰山之陽．衆多從者．莫敢救藏．

小過　猋風忽起．車馳揭揭．（別本作竭竭．）棄名追亡．失其和節．憂心惙惙．

既濟　遊居石門．祿安身全．受福西鄰．歸飲玉泉．

未濟　登高上山．見王自言．申理我讒．（別本作冤．）得職蒙恩．

訟之第六

訟　文巧俗（姜本毛本作信．）弊．將反大質．償死如麻．流血濡檽．（姜本何本濡作漂．毛本作漂杵．）皆知其母．不識其父．干戈乃止．

乾　文王四乳．仁愛篤厚．子畜十男．夭折無有．

坤　日入望東．（別本作車．）不見子家．長女無失．左手搔頭．

屯　東上泰山．見堯自言．申理我冤．以解憂患．

蒙　牽軫溫（別本作湯・）湯。過角宿房。宣時布和。無所不通。

需　引船（別本作擧・）牽頭。（別本作鬚・）雖拘（別本作懼・）無憂。王母善禱。禍不成災。

師　鳧得水沒。喜笑自啄。毛羽悅澤。利以攻玉。公出不復。伯（姜本作桓・何本毛本作柏・）氏客（別本作容・）宿。

比　水流趨下。欲至東海。求我所有。買魴與鯉。

小畜　獐鹿逐牧。安飽其居。反還次舍。無有（別本作乃・）疾故。

履　樹植藿豆。不得芸鋤。王事靡盬。秋無所（別本作人・）收。

泰　弱水之西。有西王母。生不知死。（別本作老・）與天相保。（別本此下有行者危殆・利居善喜八字・）

否　數窮廓落。困於歷室。卒（別本作辛・）登玉堂。與堯侑食。

同人　子鉏執麟。春秋作經。（何本姜本作陰・宋校本陰元二字倒轉・此从毛本・）元聖將終。尼父悲心。

大有　尹氏伯奇。父子生離。無罪被辜。長舌所爲。

謙　播木（按史記當作蟠木・）折枝。（按尚書當作析支・）與母別離。九皐難扣。（別本作和・）絕不相知。

豫　弱（別本作眵・）雞無距。與鵲格鬬。翅折目盲。爲鳩所傷。（別本此下有復歸野廬・與母相扶八字・）

隨　甲乙丙丁。俱歸我庭。三丑六子。入門見母。

蠱　桑葉螟蠹。衣敝如絡。女工不成。絲布爲玉。

臨　開牢闢門．巡狩釋冤．夏臺羑里．湯文悅喜．

觀　欽明之德．坐前玉食．必保嘉美．(別本作善) 長受安福．

噬嗑　武夫司空．多口爭訟．金火當戶．民不安處．年飢無有．

賁　紫閣(別本作闕)．九重．尊嚴在中．黃帝堯舜．履行至公．冠帶垂衣．天下康寧．

剝　負牛上山．力劣行難．(姜本毛本作力行少難．何本劣作少．) 烈風雨雪．遮遏我前．中道復還．憂者日歡．

復　蹇兔缺脣．行難齒寒．口痛不言．爲身生患．

无妄　合體比翼．嘉耦相得．與君同好．使我有福．

大畜　口啄卒卒．(別本作憒憒不脫。) 憂從中出．喪我寶貝．妻(別本作亡．) 妾失位．

頤　兩心不同．或從西東．明論終日．莫適相(別本作我．)從．

大過　啞啞笑言．與善(別本作喜．) 飲食．長樂行觴．千秋起舞．拜受大福．

坎　初憂後喜．與福爲市．八佾列陳．飲御諸友．

離　西徙無家．破其新車．王孫失利．不如止居．

咸　鳳凰在左．麒麟處右．仁聖相遇．伊呂集聚．時無殃咎．福爲我母．

恆　區脫康居．慕仁入朝．湛露之歡．三爵畢恩．復歸舊廬．

遯　疾貧望幸。使伯行販。（別本下有買販市井四字•）闚（別本作開•）牢擇羊。多（別本作喜•）得大牂。（毛本作天祥•）

大壯　處高不傷。雖危不亡。握珠懷玉。還歸其鄉。

晉　右手案酒。左手收杵。（宋校本作牧牂•姜本何本作收拌•此从毛本•）行逢禮御。餌得（別本）玉杯。

明夷　養虎牧狼。還自賊傷。大勇小捷。雖危不亡。

家人　戴堯扶禹。松喬彭祖。西遇王母。道路夷易。無敢難者。

睽　秋冬探巢。不得鵲鶵。銜指北去。媿（別本作慚•）我少姬。

蹇　兩羝三牂。（別本作羊•）俱之代（別本作我•）鄉。留連多難。損其食糧。

解　南徙無廬。鳥破其巢。伐木思初。（別本作切•）不利動搖。

損　爭訟不已。更相擊劍。（別本作牽擊•）張季弱口。被髮北走。

益　延頸望酒。不入我口。初喜後否。得利（別本二字倒•）無有。

夬　被髮傾走。寇逐我後。亡失刀兵。身全不傷。

姤　麟鳳所遊。安樂無憂。君子撫民。世代千秋。（末二句別本無•）

萃　褰衣涉河。水深漬（別本作請•）罷。賴幸舟子。濟脫無他。

升　潰潰不悅。（別本作脫•）憂從中出。喪我金罍。无妄失位。

困　絆（別本作解．）跳不遠．心與言反．尼父望家．（別本作妄行．）萏菡未華．

井　大壯肥牸．惠我諸舅．內外和睦．不憂飢渴．

革　黃帝建元．文德在手．（姜本何本作身．）祿若陽春．封爲魯君．

鼎　虎聚磨牙．以待豚猪．往必傷亡．宜利止居．（別本注．一作虎厲其牙．以待犬猪．往必傷殘．摧敗無餘．利以止居．）

震　天地配享．六位光明．陰陽順序．以成（別本有豚功天下四字．）和平．

艮　猿墮高木．不踒手足．還歸其室．保我金玉．（別本此二句倒．）

漸　營室紫宮．堅不可攻．明神建德．君受大福．

歸妹　孤翁寡婦．獨宿悲苦．目張耳鳴．無與笑語．

豐　低頭竊視．有所畏避．行者不利．（別本作至．）酒酸魚敗．衆莫貪嗜．

旅　載金販狗．利棄我走．藏匿淵底．悔折爲咎．

巽　行觸大忌．（別本作諱．）與司命忤．執囚束縛．拘（姜本何本作拍．毛本作鉗．）制於吏．（別本下有憂人有喜四字．）

兌　執玉獻喜．佩之解攣．危詳及安．使我無患．

渙　機杼紛（別本作膽．）擾．女功不成．長妹（毛本作女．）許嫁．衣無襦袴．聞禍不成．凶惡消去．

節　金人鐵距．火燒左右．雖懼不恐．獨得全處．

中孚　謝恩拜德．東歸吾（別本作吳）國．舞蹈欣躍．歡樂受福．

小過　青牛白咽．呼我俱田．歷山之下．可以多耕．歲樂時節．民人安寧．

既濟　白雉羣雊．慕德朝貢．（別本二字倒）湛露之恩．使我得懽．

未濟　避患東西．反入禍門．糟糠不足．憂愁我心．

師之第七

師　烏鳴呼子．哺以酒脯．高樓之處．子來歸母．稽人成功．年歲大有．妬婦無子．

乾　一簣兩舌．佞言諂語．三姦成虎．（宋校本作市．疑仍唐諱．）曾母投杼．

坤　春桃生花．季女宜家．受福且多．在師中吉．男爲封（別本作邦）君．

屯　殊類異路．心不相慕．牝牛牡猳．獨無室家．

蒙　折葉閉目．不見稚叔．三足孤烏．遠其元夫．

需　雀東求粒．誤入罔域．賴逢君子．脫復歸息．

訟　王孫季子．相與孝友．明允篤誠．升擢薦舉．爲國幹（別本作藩）輔．

比　削樹（別本作木）無枝．無子分離．飢寒莫食．獨泣（別本作立）哀悲．

小畜　羿升大禹．石夷之野．徵諂玉闕．拜治（宋校本作理．疑仍唐諱．）水土．

履　義不勝情．以欲自營．見利危寵．滅君令名．

泰　三人北行．六位光明．道逢淑女．與我驥子．

否　羿張烏號．彀射天狼．柱國雄勇．鬬死滎陽．

同人　季姬踟躕．結衿待時．終日至暮．百兩不來．

大有　鴻鴈翩翩．始怨別本作若．勞苦．災疫病民．鰥寡愁憂．

謙　穿胸狗邦．僵離旁舂．天地易紀．日月更始．

豫　北山有棗．使叔壽考．東嶺多栗．宜行賈市．陸梁雌雉姜本何本作雄．所至利喜．

隨　千旄旌旗．執幟在郊．雖有寶玉別本作珠．無路致之．

蠱　精潔淵塞．爲讒所言．證訊詰請．繫於枳温．甘棠聽斷．怡然蒙恩．

臨　元黃虺隤．行者勞罷．役夫憔悴．踰時不歸．

觀　啓敏之德．發憤忘食．虜豹禽說毛本作越．別本此下有爲王求福四字．以成主德．

噬嗑　采唐沫鄉．要我桑中．失信不會．憂思約帶．

賁　伯寧子福．惠我邦國．蠲除苛殘．使季無患．

剝　讒父佞雄．賊亂邦國．生離宋校本作雖．忠孝．敗恩別本作困．不福．

復 淵泉隄防。水道通利。順注湖海。邦國富有。

无妄 江南（毛本作旁。）多蝮。螫我手足。寃繁詰屈。痛徹心腹。

大畜 三人俱行。別離獨食。（別本作宿。）一身五心。反覆迷惑。亂無所得。

頤 鴉（別本作鷲。）鳴庭中。以戒災凶。重門擊柝。備不速客。

大過 功成事就。拱手安居。立德有言。坐飾（別本作飭。古飾飭通。）貢賦。

坎 國亂不安。兵革爲患。掠我妻子。家中飢寒。

離 戴堯扶禹。松喬彭祖。西遇王母。道路夷易。無敢難者。

咸 長尾委蛇。畫地成河。深不可涉。絕無以比。（何本毛本作北。）惆悵會息。（末句別本作惆然噴思。）

恆 乘龍從蜺。徵詣北闕。乃見宣室。拜守東城。（毛本作域。）鎮慰黎元。舉家蒙福。

遯 十輿山連。終身無患。天地高明。萬歲長安。

大壯 久旱水涸。枯槁無澤。虛修其德。未有所獲。

晉 依天（別本作山。）倚地。凶危不至。上清下淨。（別本作降。）大福大明。（四字別本無。）君受其利。

明夷 火烈不去。必殘僵仆。燔我衣裾。禍不可悔。

家人 配合誰迎。利之四鄉。欣喜興懌。所言得當。

睽　清人高子。久屯外野。逍遙不歸。思我慈母。

蹇　武庫軍府。甲兵所聚。非里邑居。不可舍止。

解　三德五材。和合四時。陰陽順序。國無咎災。

損　解衣毛羽。飛入大都。晨門戒守。鄭忽失家。

益　削根燒株。不生肌膚。病在心腹。日以焦枯。

夬　文山紫芝。雍梁朱草。生長和氣。福祿來處。

姤　多載重負。捐弃于野。予母誰子。別本作小任其大四字。但自勞苦。

萃　鳧雁啞啞。以水爲家。雌雄相和。心志娛樂。得其歡欲。

升　耳目盲聾。所言不通。佇立以泣。事無成功。

困　天宮列宿。五神所舍。宮闕堅固。君安其居。

井　范子妙材。戮辱傷膚。然後相國。封爲應侯。

革　秋冬探巢。不得鵲鶵。銜指北去。慚我少夫。

鼎　子畏於匡。厄困陳蔡。德行不危。竟脫厄害。

震　鴻飛在陸。公出不復。仲氏任只。伯氏客宿。

艮 鶴鳴九皋．避世隱居．抱朴守眞．竟不隨時．（隨時別本作相隨．）

漸 舜升大禹．石夷之野．徵詣玉闕．拜治水土．

歸妹 左輔右弼．金玉滿堂．（別本作匱．）常盈不亡．富如敖倉．

豐 崔嵬北岳．天神貴客．衣冠不已．蒙被恩德．

旅 空槽注（別本作住．）豬．豶（別本作豵．）豕不到．張弓視雞．雄父（別本作鴆．）飛去．

巽 胡蠻戎狄．大陰所積．涸冰凍寒．君子不存．

兌 甘露醴泉．太平機關．仁德感應．歲樂民安．

渙 惡來呼伯．愼（別本作煩．）驚外客．甲守閑宅．（姜本何本作中守閉宅．毛本作中字閑宅．）以備凶急．（別本作黠．）臨折之憂．雖滅無災．

節 日月相望．光明盛昌．三聖茂功．仁德大隆．

中孚 葛藟蒙棘．華不得實．讒佞亂政．使恩壅塞．

小過 鄰不我顧．而望玉女．身多癩疾．誰肯媚（別本作婿．）者．

既濟 精誠所在．神爲之輔．德教尚忠．（別本作中．）彌世長久．三聖尚功．（別本作興爲．）多受福祉．

未濟 鑽木取火．掘地索泉．主母飢渴．手爲心禍．（別本手作子．禍作福．）

比之第八

比　鹿得美草。鳴呼其友。九族和睦。不憂飢乏。長子入獄。霜降族哭。（別本無末二句。）

乾　纖祖復宗。追朋（別本作用。）成康。光照萬國。享世久長。

坤　麟子鳳雛。生長家（別本作嘉。）國。和氣所居。康樂無憂。邦多聖（別本作哲。）人。

屯　取火（別本作灼灼。）泉源。釣鰟（別本作鯉。）山巔。魚不可得。火不肯然。

蒙　彭生爲妖。（毛本作豕。）白虎行萏。盜堯衣裳。桀跖荷兵。靑禽照火。（別本作夜。）三日夷傷。

需　黍稷醇醴。敬奉山宗。神嗜飲酒。（毛本作食。）甘雨嘉降。黎庶蕃殖。獨蒙福祉。（別本此下有時災不至四字。）

訟　李花再實。鴻飛（別本作卵。）降集。仁哲權輿。蔭國受福。

師　千歲之墟。大兵所居。不見子都。城空無家。

小畜　公子王孫。把彈（別本作鐵。）攝丸。發輒有得。室家饒足。

履　驪姬讒喜。（別本作嬉。）與二嬖謀。譖殺其（別本作公。）子。賊害忠孝。申生以縊。重耳奔逃。（別本作走。）

泰　長生無極。子孫千億。柏柱載靑。（別本作梁。）堅固不傾。

否　失意懷憂。如幽狴牢。亡子喪夫。附托寄居。

同人　仁智隱伏。麟不可得。龍蛇潛藏。虛居堂室。

大有　捌挈累累．別本作列潔堁堁・姜本列作栵・締結難解．嫫母銜嫁．媒不得坐．自爲身禍．

謙　蜩別本作鳥・飛墜木．不毀頭足．保我羽翼．復歸其室．

豫　陳嬀敬仲．兆興齊姜．乃適營邱．八世大昌．

隨　過時不歸．雌雄苦悲．徘徊外國．與母分離．

蠱　齊魯爭言．戰於龍門．構怨結禍．三世不安．

臨　府藏之富．王以賑貸．捕魚河海．荷顧毛本作笱網・多得．

觀　鳴鶴北飛．下就稻池．鱣鮪鰋鯉．衆多饒有．一笱宋校本訛狗・獲兩．利得過倍．

噬嗑　養梧鬱林．道易利通．元龜象齒．寶貝南金．爲吾福別本作歸・功．

賁　兩火爭明．雖鬭不傷．分離且忍．全我弟兄．

剝　伯夷叔齊．貞廉之師．以德防患．憂禍不存．

復　季去我東．髮櫛如蓬．展轉空牀．內懷憂傷．

无妄　百足俱行．相輔爲強．三聖翼事．王室寵光．

大畜　擁遏隄防．水不得行．火盛陽光．陰蜺伏藏．退還其鄉．

頤　騰蛇乘龍．別本此下有歲飢蓬蓬四字・年歲飢凶．民食草蓬．

大過　鉛刀攻玉．堅不可得．盡我筋力．胝繭爲疾．（宋校本訛候．）

坎　恆山浦壽．（別本作泛．）高邑所（別本作具．）在．陰氣下（別本作不．）淋．洪水不去．牢人開戶．

離　比目四翼．來安我國．福善上堂．與我同牀．

咸　杜口結舌．心中怫鬱．去菑患生．莫所告寃．

恆　牽尾不前．逆理失臣．忠莫往來．（四字別本無．）惠朔以奔．

遯　早霜晚雪．傷害禾麥．損功棄力．飢無所食．

大壯　適戍失期．患生無聊．懼以發憂．發（別本作開．）藏閉塞．邦國騷（別本作竊．）愁．

晉　昊天白日．照臨我國．萬民康樂．咸賴嘉福．

明夷　元吉无咎．安寧不殆．時行則行．勿之有悔．（末二句別本無．）

家人　懿公淺愚．不深受謀．（別本作諫．按弃隱．筆記引與宋校本合．）無援失國．爲狄所賊．

睽　城上有烏．自號破家．呼喚鴆毒．爲國患災．

蹇　長股喜走．趍步千里．王良善御．（別本作喜．）伯樂在道．申（疑作早．）見王母．（別本伯樂在首句下．作中生見母．下有由子。）

解　耕石山巔．費種家貧．無聊處（別本作虛，）作．苗髮不生．

損　二人異路．東趍西步．千里之行．不相知處．

益　純服黃（別本作素．）裳．載土（別本作主．）以興德義．茂生天下歸仁．

夬　五銑（別本作玉銳．）鐵頤．（別本作頭．）倉庫空虛．賈市無（別本作爲．）盜．與利爲仇．

姤　登崑崙．入天門．過糟邱．宿玉泉．同（別本作開．）惠觀．見仁君．

萃　團團白日．爲月所食．損上毀下．鄭昭走出．

升　倉盈庾億．宜稼黍稷．年歲有息．（別本作年豐歲熟．）國家富有．

困　虎狼結謀．相聚爲保．伺嚙（別本作恐嚼．）牛羊．道絕不通．傷我商人．

井　中（宋校本作木．）年摧折．常恐不活．老賴福慶．光榮相輔．

革　同載共車．中道分去．喪我元夫．獨爲孤苦．

鼎　飲酒醉酗．跳躍（別本作距跳．）爭鬬．伯傷叔僵．東家治喪．

震　出値凶災．逢五赤頭．跳言死格．（別本作無祐．）扶杖伏聽．不敢動搖．

艮　狼虎爭強．禮義不行．兼吞其國．齊晉無王．（宋校本作主．）

漸　南國少子．方略美好．求我長女．薄賤不與．反得醜惡．後乃大悔．

歸妹　一身兩頭．莫適其軀．無見我心．亂不可治．（宋校本下二句作亂不可治．孰爲湯漢．）

豐　李耳彙（按彙卽蝟字．別本作橐．）鵲．更相恐怯．偃伀（別本作擾余．）以腹．不能距（別本作舉．）格．

旅　松柏（別本作柏桂）・棟梁．相輔爲強．八哲（別本作入數）・五教．王室寧康．

巽　雀行求食．莫歸孚（別本作呼）・乳．反其屋室．安寧如故．

兌　四尾六頭．爲凶作妖．陰不奉陽．上失其明．

渙　一衣（別本作旅）・三關（別本作闗）・結緝不便．歧道異路．日暮不到．

節　牙蘖生齒．室堂（宋校本作當）・啓戶．幽人利貞．鼓翼起舞．

中孚　春鴻飛東．以馬貿（別本作貨）・金．利得十倍．重載歸鄉．

小過　歡悅以喜．子孫俱在．守發（別本作強）・能忍．不見殃咎．

既濟　精神消落．形骸醜惡．齟齬（宋校本作齰齚）・頓挫．枯槁腐蠹．

未濟　登高上山．見王自言．申理我冤．得職蒙恩．

小畜之第九

小畜　白鳥銜餌．鳴呼其子．榦枝（姜本何本作旋技・毛本作施披）・張翅．來從其母．伯仲叔季．尤（別本作元）・賀舉手．

乾　東遇虎虵（宋校本作地）・牛馬奔驚．道絕不通．商（宋校本作南）・困無功．

坤　子鉏執麟．春秋作經．元聖將終．尼父悲心（別本作子鉏獲麟・庶士開元・豪雄爭名・都邑倍遊）．

屯　取火泉源．釣魚山巔．魚不可得．火不肯然．

蒙　機關不使。不得出言。精誠不通。爲人所冤。

需　故室舊廬。稍弊且除。（別本作稍敝紋組）不如新巢。可以樂居。

訟　蜲蛇循流。東求（姜本作水。毛本作冰）大魚。預且舉網。庖人歌謳。

師　鑿山通道。南至嘉國。周公祝祖。襄適荊楚。

比　鵠足（宋校本作近）卻縮。不見頭目。日以（別本作久）困急。不能自復。

履　五舌啄難。各自有言。異國殊俗。使心迷惑。所求不得。

泰　天門開闢。牢戶寥廓。桎梏解脫。拘囚縱釋。

否　堅冰黃鳥。常（別本作啼）哀悲愁。數驚鷙鳥。（別本作鵲）雛（別本作鷗）爲我憂。

同人　日走月步。趣不同舍。夫妻反目。主君失居。

大有　金牙鐵齒。西王母子。無有禍（何本作患）殃。扶（別本作候）舍陟道。到（別本作別）來不久。

謙　式微式微。憂禍相半。（別本作絆）隔以岩山。室家分散。

豫　衆神集聚。相與議語。南國虐（宋校本作虛）亂。百姓勞苦。興師征伐。更立賢主。

隨　虎狼爭食。禮義不行。（別本作禮謀不能）兼吞其國。齊晉（宋校本作晉）無王。（宋校本作主）

蠱　寄生無根。如過浮雲。本立不固。斯須落去。更爲枯樹。

臨　子啼索哺．母行求食．反見空巢．訾我長息．（宋校本作長息髮弋．毛本作紫戈長息．今从何本．與乾之同人合．）

觀　駕駟逐狐．輪挂荆棘．車不結轍．公子無得．

噬嗑　方喙（宋校本姜本何本作喙．今从毛本．）廣口．仁智聖厚．釋解倒懸．唐國太安．

賁　駕福乘喜．來（別本作東．）至家（別本作嘉．）國．戴慶南行．離我安居．（別本作移居安宅．）

剝　孔鯉伯魚．北至高奴．木馬金車．駕遊大都．王母送我．駃牝字駒．

復　三足無頭．不知所之．心狂精傷．莫使爲明．不見日光．

无妄　騂牝龍身．日馭三千．南止蒼梧．與福爲婚．道里夷易．安全無忌．（何本作患．）

大畜　辰次降婁．王駕巡時．（別本作狩．）廣佑施惠．安國無憂．（別本此下有望季不來四字．）

頤　望幸（別本作車．）不到．文章未就．（四字別本無．）王子逐走．馬騎銜傷．昳（別本作失．）迹不得．曷其有常．

大過　中原有菽．以待饗食．飲御諸友．所求大得．

坎　亂茅縮酒．靈巫拜禱．神怒不許．痒愁憂苦．（何本作痒傷愁苦．姜本毛本痒傷作痒盡．）

離　李華再實．鴻飛（別本作卵．）降集．仁哲以興．陰國受福．

咸　源出陵足．行於山趾．不爲暴害．民得安居．

恆　客入其門．奔走東西．童女不織．士棄耕畝．暴骨千里．歲寒無年．（別本作歲饑民苦．）

遯　天之所予．福祿常在．以永康寧．四字別本無．不憂危殆．

大壯　蝗食我稻．驅不可去．實穗無有、但見空藁．

晉　牛驥同堂．郭氏以亡．國破空虛．君奔走逃．

明夷　狗無前足．陰謀其比．爲身賊害．何以安息．

家人　兩輪日別本作白．轉．南上大阪．四馬共轅．無有重難．與禹笑言．鶴鳴竅穴．不離其室．末二句別本無．

睽　芽蘖生達．陽昌於外．左手執籥．公言錫爵．

蹇　秋花冬萼．數被嚴霜．甲兵當庭．萬物不生．雄犬夜鳴．別本作雄火夜明．民擾大驚．

解　霜降閉戶．蟄蟲隱處．不見日月．與死爲伍．

損　身栽百里．功加四海．爲文開基．武立大別本作天．柱．

益　禹作神鼎．伯益銜指．斧斤高閣．幢位別本作立．獨坐．賣庸不售．苦困爲禍．別本庸作賣．苦作糴．禍作害．

夬　福祚之家．別本作聚．喜至憂除．如風兼雨．出車入魚．別本作如魚逢水．長樂受庇．

姤　蒼龍隱伏．麟鳳遠匿．寇來別本作賊．同處．未得安息．

萃　日別本作朝．生夕死．名曰嬰鬼．不可得視．別本作祀．○別本此爲升卦．

升　白鶴銜珠．夜食爲別本作待．明．懷安德音．身受光榮．別本此爲萃卦．

困　行役未已．新事復起．姬姜勞苦．不得休（別本作安．）息．

井　變忠解除．喜至慶來．坐立懽忻．與樂爲鄰．

革　晨風文（宋校本作之．別本作天．疑皆形訛．今據豫之咸正．與爾雅逸周書合．）翰．大舉就溫．昧過我邑．羿無所得．

鼎　下田稷（別本作種．）黍．芳華生（別本作當．）齒．大雨集降．（別本作淋集．）紛勞（別本作榮．）滿纏．（宋校本作紲．）

震　君子碌碌．烏庇茂木．見春百穀．心勞願德．（別本作烏庇茂林．君子碌碌．心樂願得．見者有穀．）

艮　折臂踒足．不能進酒．祠祀闕曠．神怒不喜．

漸　學靈三年．聖且神明．光見善祥．吉喜福慶．鳴鳩飛來．告我無憂．（別本注．一作鹿鳴．鴻飛．鳴見善祥．）

歸妹　三婦同夫．志不相思．心懷不平．志常愁悲．

豐　中田膏（別本作高．）黍．以享王母．受福千億．所求大得．

旅　陽火不災．喜至慶來．降福送喜．鼓琴歌謳．（別本作陽火不憂．二耕喜至．慶來降福．爲我鼓瑟．歌謠送喜．）

兌　陽明不息．君無恩德．伯氏失利．農（別本作民．）喪其力．

巽　燕雀銜茅．以生孚乳．兄弟六人．姣（別本作交．）好孝悌．各得其願．和悅相樂．

渙　鵝尾奔奔．火中成軍．虢叔出奔．下失其君．

節　兩人相距．止不同舍．夫妻離散．衛侯失居．

中孚小過既濟未濟

魃爲燔（別本作災）。虐風吹雲。卻欲上（別本作止）。不得。反歸其宅。

關雎淑女。配我君子。少妻（別本作姜）。在門。君子嘉喜。

慈母赤子。饗賜得士。夷狄服降。以安王家（別本作室）。

三足孤烏、（別本作狐）。靈鳴（別本作鳴）。督卸（毛本作郵）。思過罰惡。自賊其家。

履之第十

履 十烏俱飛。羿射九雌。雄得（獨）全。雖驚不危。

乾 東嚮潞垣。相與笑言。子般執鞭。圉人作患。

坤 衛河柎舟。旁淮東遊。漁父舉網。先得大鰌（別本作魚）。

屯 轅折輪破。馬倚僕臥。後旅先（別本作失）。宿右足跌踒。

蒙 兩人相絆（別本作伴）。相與悖（別本作僕）。戾心乖不同。爭訟恂恂（別本作爭訟凶凶）。

需 北辰紫宮。衣冠立中。含和建德。常受天福。

訟 遊居石門。祿安身（別本作安祉）。全受福西鄰。歸飲玉泉。

師 羊腸九縈。相推併前。止須王孫。乃能上天。

比 爭訟相倍。和氣不處。陰陽俱否。穀風母子。

小畜　郭叔矩（毛本作距）·頤．為棘所拘．龍額（別本作童顏）·重額．禍不成殃．復歸其鄉．

泰　螢室蜂戶．螫我手足．不得進止．為吾害咎．

否　怒非其怨．（別本作顚）·因物（宋校本訛拘）·有遷．貪妬腐鼠．而呼鴟鳶．失反被困．（別本作自令失餌·到被困患）

同人　嬰孩求乳．母歸其子．黃麑悅喜．自樂甘餌．（末句別本無）

大有　鹹縷勝服．（別本作徒勞）·錦繡不成．鷹逐雉兔．爪折不得．

謙　雨潦集降．河梁（別本作渠）·不通．鄒（別本作齊）·魯閉塞．破費市空．

豫　封豕溝瀆．水潦空谷．客止舍宿．（別本二字倒）·泥塗至腹．處無黍稷．

隨　三姦相擾．桀跖為交．上下騷離．隔絕天道．

蠱　齊景惑疑．為孺子牛．嫡庶不明．賊孽為患．

臨　三羊俱亡．走奔（別本二字倒）·南行．會暮失迹．不知所（別本作其）·藏．

觀　請伯行賈．代（別本作岱）·山之野．夜（別本作犯）·歷險阻．不逢危殆．利如澆酒．

噬嗑　桑之將落．殞其黃葉．失勢傾側．而無所立．

賁　上山求魚．入水捕狸．（別本作兔）·市非其歸．自令久留．

剝　名成德就．項頜不試．景公耋老．尼父逝去．

復　天之奧隅．堯舜所居．可似保（別本作存．）身．爲我國家．（別本作保我邦國．）

无妄　睢鳩淑女．賢聖配耦．宜家壽（別本作受．）福．吉慶（別本作善．）長久．（別本此爲頤卦．）

大畜　兩人俱爭．莫能有定．心乖不同．訟言起凶．

頤　涉洧（別本作伯．）殉名．棄禮誅身．成子奔燕．（別本此爲无妄卦．非是．）

大過　踰江（別本作河．）求橘．幷得大栗．烹羊食肉．（別本作炙．）飲酒歌笑．

坎　山險難升．（別本作行．）磵中多石．車馳轉擊．載重傷軸．（別本作重載折軸．）擔負善（姜本何本作喜．毛本作差．）躓．跌踒右足．

離　元（別本作允．）利孔福．神所子畜．般樂無苦．得其歡欲．

咸　烏鵲食穀．張口受哺．蒙被恩福．長大成就．柔順利貞．君臣合好．（別本作德．）

恆　潼滃蔚薈．膚寸來會．津液下降．流潦滂沛．

遯　路多枳棘．步刺我足．不利旅客．爲心作毒．

大壯　虺蝮所（姜本作來．）聚．難以居處．毒螫痛甚．瘠不可愈．

晉　麟鳳相隨．觀察安危．東郭（別本作國．）聖人．后稷周公．共和政令．（四字別本無．）君子攸同．利以居止．長無憂（別本作災．）凶．

明夷　桀（宋校本作築．）亂不時．使民恨憂．立（別本作六．）骴爲笑．君危臣羞．（宋校本作讎．）

家人　黃帝所生．伏羲之宇．兵刃不至．利以居止．

睽　雀行求食．暮歸屋宿．（姜本何本作呼乳．毛本作喔嚅．）反其室舍．安寧無（別本作如．）故．

蹇　太倉積穀．天下饒食．陰陽調和．年歲時熟．

解　干旄旌旗．執幟在郊．雖有寶玉．無路致之．

損　履機（別本作危．）蹈顛．墜入寒（別本作泉．）淵．行（別本作蹇．）不能前．足跛不便．

益　銜命止車．合和兩家．蛾眉皓齒．二國不殆．（宋校本作率殭．）

夬　吉日車攻．田弋獲禽．宣王飲酒．以告嘉（別本作家．）功．

姤　金帛貴寶．（宋校本作重伯黃寶．）宜以（別本作與．古以與通．）我市．嫁娶有恩．利得過母．（別本作得利過倍．）

萃　延頸望酒．不入我口．深以自喜．得利（別本二字倒．）無有．

升　牧爲代守．饗食甘賜．得吏士意．戰大破胡．長安國家．

困　日出溫谷．臨照（別本二字倒．）萬國．高明淑仁（別本作人．）虞夏配合．

井　逐兔索鳥．破我弓車．日暮不及．失利後時．

革　譌言妄語．傳相詿誤．道左失迹．不知所（別本作戶．）處．

鼎　履虎蹈蛇．（別本作尾．）貶損我威．君子失車．去其國家．

震　本根不固．花葉（別本作新花）落去．更爲孤嫗．不得相覩．（宋校本作親．）

艮　五軛四軌．優得饒有．陳力就列．騶虞悅喜．

漸　黃帝紫雲．聖且神明．光見福祥．告我無殃．

歸妹　五利四福．俱田高邑．黍稷盛茂．多獲藁稻．

豐　羣虎入邑．求索肉食．大人衞守．君不失國．

旅　烏子鵲雛．常與母居．願慕羣侶．（別本作旅．）不離（別本作育．）其巢．

巽　蹇驢不材．駿驥失時．筋勞力盡．罷於沙邱．

兌　元髮黑顏．東歸高鄉．朱鳥道引．靈龜載莊．遂抵天門．見我貞君．（別本此下有人馬安全四字．）

渙　探巢得雛．鳩鵲來俱．（別本二字倒．）使我欣（宋校本作音．）娛．

節　安上宜官．一日九遷．升擢超等．牧養常山．君臣獲安．（末句別本無．）

中孚　大頭明目．（宋校本二字倒．）載受嘉福．三雀飛來．與祿相得．

小過　遠視千里．不見黑子．離婁之明．无益于光．（別本作離婁明覩．移於小人．）

既濟　三女爲姦．俱遊高園．（四字別本無．）背夫（宋校本作倍室．）夜行與伯笑言．不忍主（別本作王．）母失禮酒．寃皇天誰告．（別本作爲失醴酒．寃天誰告．）

未濟　日辰不和(別本作良)。強弱相振。一雌兩雄(毛本雌作鳥。姜本何本作一鳥兩雄)。客勝主人。

泰之第十一

泰　求王(別本作有求)。陳國留連東域。須我王孫。四月來復。主君有德。蒙恩受福。

乾　伯夷叔齊。貞廉之師。以德防患。憂禍不存。

坤　濟深難渡。濡我衣袴。五子善櫂。脫無他故。

屯　倚立相望。適得(別本作我)道通。驅駕奔馳。比目同床。

蒙　葛藟蒙棘。華不得實。讒佞為政。使恩壅塞。

需　四足無角(別本作四牡衆用)。君子所服。南征述職。與福相得(別本作同德)。

訟　踝踵足(別本作大)傷。左(別本作大)指病癰。失旅後時。利走不來。

師　春城夏國。生長之域。可以服食。保全家國。

比　望驥不來。駒蹇為憂。雨驚我心。風撼我肌。

小畜　久客無床。思歸我鄉。雷雨涌(別本作浸)盈。道不得通。

履　方船備水。旁河(宋校本作可)燃火。積善有徵。終身無禍(此下別本有天福吉昌永得安康二句)。

否　陟岵望母。役事未已。王政靡盬。不得相保。

同人　多載重負。（別本二字倒。）捐棄于野。予母誰子。但自勞苦。（別本下二句作王母離子。思勞自苦。）

大有　生直地乳。上皇大喜。賜我福祉。受命無極。（受命別本作壽算。此下有賓于作命四字。）

謙　翁翁輌輌。（別本作軥軥軥軥。）稍墜。（宋校本作稍墜。今从何本。）（毛本作隕。與否之離合。）崩顛滅我。命名長沒不全。（別本作有。）

豫　東鄰嫁女。爲王妃后。莊公築館。以尊王母。歸于京師。季姜悅喜。

隨　伯虎仲熊。德義淵閎。使布五穀。（別本作教。）陰陽順敍。

蠱　敏捷敬疾。（別本作敏教勁疾。）如猿升木。彤弓雖調。終不能獲。

臨　舉被（別本作袂。）覆目。不見日月。衣裘簟床。（別本作席。）就長夜室。

觀　忍醜少羞。無面有頭。虛日以弊。消寡耗滅。（別本作耗減寡虛。日以削銷。）

噬嗑　涸固（別本作涸固。）陰沍寒。常冰不溫。凌人惰怠。大雹爲災。（別本大雹作雹火。下有電火爲害四字。）

賁　夏麥麩麵。（別本作麪。）霜擊其芒。疾君敗國。使民（別本作我。）夭傷。

剝　淵涸龍憂。箕子爲奴。干叔隕命。殷破其家。

復　跛踦相隨。日暮牛罷。陵遲後旅。失利亡雌。

无妄　桑之將落。隕其黃葉。失勢傾側。（別本作倒。）如無所立。

大畜　生長（別本二字倒。）以時。長育根本。陰陽相和。歲樂無憂。

頤　童女無夫。（別本作室）未有匹配。（別本作配合）陰陽不和。空坐獨宿。

大過　春令原宥。仁德不合。（別本作周）三聖攸同。周國茂興。

坎　金精耀（別本作毛躍）。怒帶劍過午。兩虎相距。（別本作如）雖驚无咎。

離　危坐至暮。請（別本作謀）求不得。膏澤不降。政戾民忒。

咸　老楊日衰。條多枯枝。爵級不進。日下摧隤。

恆　蔡侯適楚。留連江濱。（別本作湖）踰時（別本作日）歷月。思其君后。（別本二字倒）

遯　右撫劍頭。（別本作佩）左受（別本作援）鈎帶。凶訟不止。相與爭戾。失利肆市。

大壯　水流趨下。遠至東海。求我所有。買鮪與（別本作得）鯉。

晉　登几上輿。駕駟南遊。合縱散衡。燕秦以（別本作治）強。

明夷　求兔得獐。過其所望。歡以相迎。高位夷傷。

家人　過時不歸。道遠且迷。旅人心悲。使我徘徊。

睽　魂孤無室。銜指含食。（別本作御宿舍食）盜張民饋。（別本作潰）見敵失肉。（別本作內）

蹇　居如轉丸。危不得安。東西不寧。動生憂患。

解　坤厚地德。（別本作載）庶物蕃息。平康正直。以綏大（別本作百）福。

損　栵蔽（別本作洌敝。）牡荊。生賢山旁。（別本作止悔。）仇敵背憎。孰肯相迎。（此下別本有上下有晉四字。）

益　鳳凰銜書。賜我元珪。封爲晉侯。

夬　作凶不善。相牽入井。溺陷辜罪。禍至憂有。（別本作禍生憂滋。）

姤　悲鳴北行。失其長兄。伯仲不幸。骸骨散（別本作敗。）亡。

萃　羔衣豹裘。高易我家。（別本作字。）君子維好。（別本作新。）

升　日中爲市。各抱所有。交易資貨。貪（別本作含。）珠懷寶。心悅歡喜。

困　振急絕理。常陽不雨。物病焦乾。華實無有。

井　狐貉戕劉。淩（宋校本作徙。）溫厚薛。寒棘爲疾。有（別本作何。）所不足。

革　履踐危難。脫執去患。入福喜門。見誨大君。

鼎　四亂不安。東西爲患。退止我足。毋出國城。乃得全完。賴其生福。

震　南國少子。材略美好。求我長女。賤薄不與。反得醜惡。後乃大悔。

艮　妄怒失理。陽孤無輔。物病焦枯。年飢於黍。

漸　倬然遠咎。辟患害早。（別本作辟害早阜。）田獲三狐。巨貝（宋校本作見民。）爲寶。

歸妹　逐鹿山顛。利去我西。維邪（別本作雖郍。）南北。無所不得。

宋本焦氏易林（叢書集成初編據學津討原排印四卷本）

豐　龍蛇所聚．大水來處．滑滑沛沛．（別本作沛沛．）使我無賴．

旅　從風吹火．牽騏驥尾．易爲功力．因催（別本作摧．）受福．

巽　澤狗水鳧．難畜少雛．不爲家饒．心其函（別本作亟．）逋．

兌　水壞我里．東流爲海．龜鼃讙囂．不覩（別本作見．）慈母．

渙　褰衣涉行．水深漬多．（別本作深濟請罷．）賴幸舟子．濟脫無他．

節　龜厭（別本作戢．太平御覽引與宋校本合．）河海．陸行不止．自令枯槁．失其都市．憂悔爲（別本作害无．）咎．亦無及已．（末句本無）

中孚　同本異業．（別本作葉．）樂仁正德．東鄰慕義．來興我國．

小過　桃李花實．累累（別本作纍纍．）日息長大．成熟甘美．可食爲我利福．

既濟　重瞳四乳．聰明順理．無隱不形．微視千里．災害不作．君子集聚．

未濟　實沈參墟．以義討尤．次止結盟．以成霸功．

否之第十二

否　秦爲虎狼．與晉爭強．并吞其國．號曰始皇．

乾　天之奧府．（句首別本有江河淮濟四字．）衆利所聚．可以饒有．樂我君子．

坤　天之所災．凶不可居．轉徙獲福．留止危憂．（別本二字倒．）

屯　名成德就．項領不試．景公耄老．尼父逝去．

蒙　持（宋校本作特・）善避惡．福祿常存．雖有豺虎．不能爲患．

需　避患東西．反入禍門．糟糠不屬（別本作足・）憂動我心．

訟　珪璧琮璋．執贄見王．百里甯越（別本作臧・）應聘齊秦．

師　揚水潛鑿．使石潔白．衣素朱表（別本二字倒・）遊戲（別本二字倒・）皋沃．得君所願．心志娛樂．

比　宜爵相保．居之无咎．求免不得．怕使恨悔．（別本作使伯恨悔・）

小畜　載元（別本作車・）無褌．裸裎出門．小兒作笑．君爲（別本作子・）憂患．

履　把珠入口．爲我利寶．得吾所有．欣然嘉喜．

泰　行不如還（別本作止・）直不如屈（別本作可曲・）進不若（別本作如・）退．可以安吉．

同人　衆鬼凡（別本作瓦・）聚．還生（別本作中有・）大怪．九身無頭．魂驚魄去．不可以居．

大有　家給人足．頌聲並作．四夷賓服．干戈櫜（宋校本作櫜・疑櫜乃橐字之訛・）閣．

謙　人面鬼口．長舌爲（別本作如・）斧．斲破瑚璉．殷商絕祀．

豫　南山之峻．眞人所在．德配唐虞．天命爲子．保祐飲享．身受大慶．

隨　春桃生花．季女宜家．受福多年．男爲邦君．

蠱　鴟鴞破斧。沖人危殆。賴其忠德。轉禍爲福。傾危復立。

臨　猿墮高木。不踒手足。保我金玉。還歸其室。

觀　天之奧隅。堯舜所居。可以存身。保我邦家。

噬嗑　伯蹇叔盲。足病難行。終日至暮。不離其鄉。

賁　日月相望。光明盛昌。三聖茂（別本作成。）功。仁德大隆。

剝　桃李花實。累累（別本作槃槃。）日息。長大成就。甘美可食。（此下別本有爲我利福四字。）

復　入和出明。動作有光。運轉休息。動作尤康。（別本作所爲允康。）

无妄　陰冥（別本作哀。）老極。陽建其德。履離載光。天下昭明。功業不長。蝦蟆代（毛本作大。）王。

大畜　行役未已。新事復起。姬姜勞苦。不得休止。

頤　狐鳴苑（別本作室。）北。飢無所食。困於空邸。莫與同力。

大過　雉叟伏名。人匿麟遠。走鳳飛北。擾亂未息。

坎　病（別本作疾。）貧望幸。使伯行販。開牢擇羊。多得大牂。

離　翕翕輈輈。稍墜崩顛。滅其令名。長沒不存。（注見泰之謙。）

咸　華薄實槁。衣敝如絡。女功（別本作巧。）不成。絲布如（別本作爲。）玉。

恆　溫山松柏．常茂不落．鸞鳳所止．（別本作庇．）得其歡樂．

遯　失恃毋友．（別本作失恃毋教．）嘉偶出走．攫如失兔．儽如喪狗．

大壯　太乙駕騮．從天上求．（別本作來．）徵我季叔．封爲魯侯．

晉　雙鳧俱飛．欲歸稻池．徑涉萑（別本譌藿．）澤．爲矢所射．傷我胸臆．

明夷　深坑（別本作坎．）復平．天下安寧．意娛心樂．賴福長生．

家人　俱爲天民．雲過吾西．風伯雨師．與我無恩．

睽　野鳥山鵲．來集六博．三梟（宋校本作鳥．）四散．主人勝客．

蹇　北陰司寒．堅冰不溫．凌人惰怠．大雹爲災．

解　伊尹致仕．去桀耕野．執順以待．（宋校本作傳．）反和无咎．

損　北（別本作秋．）風牽手．相從笑語．伯歌季舞．燕樂以喜．

益　徙（宋校本作從．疑形譌．）巢去家．南過白馬．東西受福．與母相得．

夬　鳥飛跌跛．兩兩相和．不病四支．但去莫疑．

姤　三牛生狗．（宋校本作駒．）以戊爲母．荆夷上侵．姬伯出走．

萃　破筐敝筥．弃捐於道．壞落穿敗．不復爲寶．

宋本焦氏易林（叢書集成初編據學津討原排印四卷本）

升　結紐（別本作紉。）得解．憂不爲禍．食利供（別本作儷。）家．受福安坐．

困　白日陽（別本作揚。）光．雷車避藏．雲雨不行．各自還（宋校本作止。）鄉．

井　杜口結舌．心中怫鬱．去（宋校本作凶。今从別本。與比之歲合。）災生患無所告冤．

革　費貝贖狸．不聽我辭．繫於虎鬚（別本作鬚。）．牽不得來．

鼎　持（毛本作如。）鶴抱子．見蛇何咎．室家俱在．不失其所．

震　逐兔山西．利走入門．賴我仁德．獲爲我福．

艮　興役不休．與民爭時．牛生五趾．行危爲憂．

漸　春栗夏梨．少鮮希有．斗千石萬．貴不可販（別本作求。）．

歸妹　悲號北行．失其長兄．伯仲不幸．骸骨散（別本作敗。）亡．

豐　賦斂重數．政爲民賊．杼軸空盡．家去其室．

旅　履服白縞（別本作自敝。）．殃咎並到．憂不敢（別本作能。）笑．

巽　杜口結舌．言爲禍母．代伯受患．無所禱冤（別本作兔。）．

兌　免冠進賢．步出朝門．儀體不正．（宋校本作步行出朝門體不正。）賊孽爲患．

渙　娶於姜女．駕迎新婦．少妻在門．夫（別本作之。）子悅喜．

節　牧羊稻園。聞虎喧讙。畏（宋校本作思。）恐悚息。終無禍患。

中孚　老妾据機。緯絶不知。女功不成。冬寒無衣。

小過　乘（別本作熙。）龍吐光。使陰復明。（別本作陽。）燎（別本作熊。）獵載聖。六師以昌。

既濟　東鄰嫁女。爲王妃后。莊公築館。以尊王（別本作主。）母。歸於京師。季姜悅喜。

未濟　灉灉東從。（別本作灉顓同徙。）道頓跌跱。（別本作踦。）日食不退。（別本作日退不良。）消篤身羸。

同人之第十三

同人　密橐（別本作橐謚。）山顛。銷鋒鑄刃。示不復用。天下大勸。（別本作歡。）

乾　一臂六手。不便於（別本作使堵。）口。莫肯與（別本作爲。）用。利弃我走。

坤　獐鹿逐本。飽歸其居。安寧（別本作息。）無悔。

屯　鴻魚逆流。主（毛本作至。）人潛渚。（別本作處。）蓬蒿代柱。大屋顛倒。（姜本注。一作螟蟲爲賊。害我嘉穀。中留空廬。家無所食。）

蒙　三羖五羘。相隨俱行。迷入空澤。經涉六駮。爲所傷賊。（別本賊字在爲字下。〇姜本注。一作駮躐難步。道不反舍。宿澤被亡。其觴露衿。）

需　黃帝出遊。駕龍乘馬。東上泰山。南國（別本作過。）齊魯。邦國咸喜。（姜本注。一作大夫祈父。无地不步。爲吾相土。莫如韓樂。可以居止。長安宮有。）

訟　覆危不安。心欲東西。步走逐鹿。空无所得。（姜本注。一作少孤無父。長失慈母。悖悖煢煢。莫與爲耦。）

師　望尚阿衡・太宰周公・藩屏湯武・立爲侯王・姜本注・一作側弃辭・客・長舌作凶・披髮夜行・迷亂相誤・亡失居處・

比　白龍黑虎・起伏俱怒・戰於阪兆・蚩尤走敗・死於魯首・姜本注・一作馬驚車破・玉墜深津・身絕魂去・離其室廬・貞雞无廣・

小畜　栽石上山・步跌不前・嚬眉之憂・不得所歡・姜本何本此下有長思憂歎四字・〇姜本注・一作東行逃職・征討不服・侵齊伐陳・衒讐爲臣・大得意還・

履　周德既成・杼軸不傾・中酉昳暮・耋老衰去・箴石不祐・姜本注・一作百足俱行・相輔爲強・三聖翼事・王室寵光・

泰　乘雲帶雨・與飛鳥俱・動舉別本二字倒・千里・見我慈母・姜本注・一作根本不固・花落葉去・更爲孤嫗・

否　齎貝贖狸・不聽我辭・繫於虎鬚・牽不得來・姜本注・一作牧羊稻園・聞虎喧吼・畏懼怵惕・終無禍爲・

大有　三翼飛來・是別本作字・我逢時・俱行先至・多得大利・

謙　兩足四翼・飛入我宋校本作家・國・寧我伯姊・宋校本作子・與母相得・

豫　案民呼別本作湖・池・玉盃文梭・何本作天按・毛本作天授・魚如白雲・一國獲願・別本作鯉・

隨　季姬踟躕・望我城隅・終日至暮・不見齊侯・君上別本作居室・無憂・

蠱　龍渴求飲・別本作龍隈求泉・黑雲影從・河伯捧觴・跪進酒漿・流潦滂滂・

臨　出門逢患・與禍別本作怒・爲怨・更相擊刺・傷我手端・

觀　播天舞地・神明所守・別本作播衣樂天・乾坤所命・安樂无咎・

噬嗑　兩金相擊．勇氣．鈞（別本作武敢）．敵．終日大戰．不破不缺．

賁　車雖鬻．兩絏絕．馬奔出．雙輪脫．行不至．道遇害．（別本作大車雖鬻·兩引如繩·馬奔山後·輪脫不行·中道遇害·）

剝　文山紫芝．雍梁朱草．長生和氣．王（別本作與）以爲寶．公尸侑食．福祿（別本作神福）來處．

復　把珠入口．爲我畜寶．得吾所有．欣然嘉喜．

无妄　負牛（別本作車）上山．力劣（別本作盡）行難．烈風雨雪．遮遏我前．中道復還．憂者得歡．

大畜　陶朱白圭．善賈息資．三致千金．德施上人．（別本作仁）

頤　子鉏執麟．春秋作經．元（宋校本二字倒）聖將終．尼父悲心．

大過　春日載陽．福履齊長．四時不忒．與樂爲昌．（別本作目）

坎　孔德如玉．出於幽谷．飛上喬木．鼓（宋校本作數·是鼓字之訛·）其羽翼．輝光照國．

離　區脫康居．慕仁入朝．湛露之歡．三爵畢恩．復歸穹（宋校本作窮·）廬．以安其居．

咸　秋冬夜行．照覽星辰．道理利通．終身何（別本作無）患．

恆　鳴鵠抱子．見蛇何咎．室家俱在．不失其所．

遯　安如（宋校本作和·）泰山．福祿（別本作壽）屢臻．雖有豺虎．不能危身．

大壯　老日昏眠．（別本作書蒙睡眠·）不知東西．君失理命．以直爲偏．王珍其寶．（別本君上有歲字·下二句作命直爲曲·王稱爲寶·）

晉　植璧秉珪．請命于河．周公克敏．沖人瘳愈．（別本作瘉）

明夷　大（何本作天）王執政．歲熟民富．國家豐有．主者有喜．

家人　爭訟相背．和氣不處．陰陽俱否．穀風母（宋校本作無）子．

睽　齊魯爭言．戰於龍門．構怨結禍．三世不安．

蹇　鹿得美草．鳴呼其友．九族和穆．（別本作睦）不離邦域．

解　百里南行．雖微（宋校本作徽）．復明去虞．適秦爲穆國卿．

損　梅李冬實．國多寇賊．亂擾並作．王不能制．

益　府藏之富．王以賑貸．捕魚河海．笱網多得．巨蛇大鰌．（宋校本訛鰌）戰於國郊．君遂走逃．

夬　牡飛門啓．患憂（別本二字倒）．大解．去老乘馬．（別本無此句）不爲身禍．

姤　宜昌娶婦．東家歌舞．長樂歡喜．

萃　正陽之央．甲（別本作申）．氏以亡．禍及留吁．湮滅爲墟．

升　鳧（宋校本作鳥）．過稻廬．甘樂饘鰌．雖驅不去．田畯懷憂．

困　跛踦俱行．日暮車傷．失旅乏糧．

井　龍門水（別本作小）穴．流行不害．民安其土．君臣相保．

革　山陵四（別本作西）塞．遏我徑路．欲前不得．復還故處．

鼎　兩虎爭鬬．血流漂杵．城郭空虛．蒿藜塞道．

震　依東牆隅．志下心勞．楚亭晨食．韓子低頭．

艮　龍生無常．或托空桑．（宋校本作葉）憑乘風雲．爲堯立功．

漸　魁行搖尾．逐雲吹水．（別本作火）汙泥爲陸．下田爲稷．

歸妹　跛踦相隨．日暮牛罷．陵遲後旅．失利亡雌．

豐　三人俱行．北求大牂．長孟（別本作子）病足．請季負囊．柳下之寶．（何本毛本作貴．姜本無此二句．）不失驪黃．

旅　鳳凰在左．麒麟在右．仁聖相遇．伊呂集聚．傷害不至．時無殃咎．福爲我母．

巽　乘筏渡海．（別本作河）雖深不殆．什孫皇祖．累累具在．（別本此下有受其大福四字．）

兌　比目四翼．來安吾國．齎福上堂．與我同床．

渙　娶於姜呂．（別本作女）駕迎新婦．少妻（宋校本作齊）在門．夫子悅喜．

節　螟蟲爲賊．害我稼穡．盡（別本作冬．疑俗作尺而訛．）禾單麥．秋無所得．

中孚　衣裳顛倒．爲王來呼．成就東周．邦國大休．

小過　王孫季子．相與爲友．明允篤誠．升擢（別本作薦）舉．

既濟　涌（宋校本作踊・姜本毛本作漏・今从何本・）泉滑滑。流行不絕。汙爲江海。敗毀邑里。家無所處。聞虎不懼。（何本作悸・）向我笑喜。

未濟　桑屈竊脂。啄粟不宜。亂政無常。使心（別本作我・）孔明。

大有之第十四

大有　白虎張牙。征伐東來。（別本作華・）朱雀（別本作鳥・）前驅。讚道說辭。敵人請服。銜璧前趨。

乾　南山大行。困於空桑。老沙爲石。牛馬無糧。（別本作食・）

坤　蟠枝失岐。（案疑亦蟠木析支之訛・）輿母別離。絕不相知。

屯　嚌嚌（宋校本作𧬳𧬳・）所言。莫知我恆。（別本作莫如我垣・）懽樂堅固。可以長安。

蒙　李梅零墜。心思憒憒。懽憂少（別本作小・）愧。亂我魂氣。

需　火雖熾。在吾後。寇雖多。在吾右。身安吉。不危殆。

訟　虎臥山隅。鹿過後胸。弓矢設張。猬爲功曹。伏不敢起。逐（別本作遂・）至平野。得我美草。

師　三火起明。兩滅其光。高位疾顛。驕恣誅傷。

比　走卒（別本作居・）楚馬。（別本作鳥・）遇讒無辜。久旅（別本作散・）離憂。

小畜　一室百（別本作十・）子。同公（同本作心・）異母。以義防患。禍災不起。

履　商人行旅．資無所宋校本二字倒・有．貪貝利珠．留連王市．還家內顧．公子何咎．

泰　禹將爲君．北入崑崙．稍進揚別本作陽・光．登入溫湯．代舜爲治．別本無此句・功德昭明．

否　乾行天德．覆幬無極．嘔呼烹熟．使各自得．

同人　南國盛茂．別本二字倒・黍稷醴酒．可以享老．樂我宋校本作以・嘉友．

謙　方船備水．旁河然火．終身爲禍．別本此下有與夫吉昌・永得安康二句・

豫　害行相逐．無有休息．戰於平陸．爲夷所覆．

隨　躑躅踟躕．撫心搔頭．五晝四夜．睹別本作睹・我齊侯．

蠱　大口宣脣．神使伸言．黃龍景星．出應侯別本作德・門．與福上天．別本作堂・天下安昌．

臨　陰衰老極．陽建其德．離陽載別本二字倒・光．天下昭明．

觀　三塗五嶽．陽城太室．神明所伏．獨無兵革．別本此下有下有保國四字・

噬嗑　年豐歲熟．政仁別本二字倒・民樂．利以居止．旅人獲福．

賁　楚烏逢矢．宋校本作天・疑形誤・不時別本作可・久放．離居無羣．別本作宰・意味精喪．別本無此句・作此哀詩．以告孔憂．

剝　出門大步．與凶別本作兄・惡忤．罵別本作詈・公詈母．爲我憂恥．

復　火至井谷．陽芒生角．犯歷天戶．別本作市・闚觀太微．別本作極・登上玉牀．家易六公．

无妄　牧羊逢狼．雖憂不傷．畏怖既（別本作傷）息．終無禍殃．

大畜　繭栗犧牲．敬奉貴神．（別本作敬事鬼神）亨（別本作神）耆飲食．受福多孫．望季不來．孔聖厄陳．

頤　大蓋治牀．（別本作大澤治妝）南歸羖䍧．（毛本作南販牧䍧．姜本何本販作敗．）長伯爲我．多得馬牛．（毛本二字倒．）利於徙居．

大過　枯樹無枝．與子分離．飢寒莫養．獨立哀悲．

坎　天地九重．堯舜履中．正冠我（別本作衣）裳．宇宙平康．

離　堯驚遊涇．君子以寧．履（別本作復）德不愆．福祿來成．

姤　羸𧜀（別本作裸裎）逐狐．爲人觀（別本作所）笑．牝雞司晨．主母（別本作作）亂根．

恆　典冊法書．（別本作言）藏在蘭臺．雖遭亂潰．獨不遇災．

遯　三癡俱（別本作且）狂．欲之平鄉．迷惑失道．不知昏明．

大壯　瘿瘤瘍疥．（別本作疥）爲身瘡害．疾病癃痢．（別本作痾）常不屬逮．（別本作危殆）

晉　三豕俱走．鬭於虎（別本作谷）口．白豕不勝．死於坂下．

明夷　賴先（別本作主）之光．受德之佑．雖遭顛沛．獨不凶咎．

家人　上義崇德．以建大福．明哲且聰．（別本作吉宜諧且）周武立功．

睽　四亂不安．東西爲患．（別本作恨）身止無功．不出國城．乃得全完．（別本二字倒）賴其生福．

蹇　金牙鐵齒。西王母子。無有患殆。滅害道利。別本作沸道大利・

解　賀喜從福。日宋校本作曰・利蓄息。歡樂有得。

損　昊天白日。照臨我國。萬民康寧。咸賴嘉別本作受・福。

益　左眇右盲。視闇不明。下民多孽。君失其常。

夬　吾家別本作有・黍粱。積委別本二字倒・道旁。有囊服箱。運到我鄉。藏於嘉倉。

姤　殊類異路。心不相慕。牝豕宋校本作豭・疑豭字之訛・無猳鰥無室家。

萃　雀行求食。出門見鷂。顛蹶上下。幾無所處。

升　野有積庾。宋校本訛庚・穡人駕取。不逢虎狼。暮歸其宇。

困　膚敏之德。發憤忘食。虜宋校本作虎・疑形訛・今从別本・與師之彀合・豹禽越。爲王求福。

井　光祀別本作禮・春成。陳項雞鳴。陽明失道。不能自守。別本此下有消亡爲咎四字・

革　左抱金玉。右得熊足。常盈不亡。獲心所欲。

鼎　履泥汙足。名困身辱。兩仇相得。身爲痛瘧。別本作身其爲虐・

震　安居重遷。不去其壓。宋校本作曡・疑形訛・禾米宋校本作未來・相鬧。樂得常產。

艮　天災所遊。凶不可居。轉徙獲福。留止危憂。別本二字倒・

宋本焦氏易林（叢書集成初編據學津討原排印四卷本）

漸　昧昧墨墨。（別本作默默。）不知白黑。（別本作日。）景雲亂擾。光明隱伏。犬戎來攻。（四字別本脫。）幽王失國。

歸妹　凫雁啞啞。以水為宅。雌雄相和。心志（別本作常共。）娛樂。得其所欲。

豐　長生無極。子孫千億。柏柱載梁。（宋校本作器。）堅固不傾。

旅　麒麟鳳凰。善政得祥。陰陽和調。國無災殃。

巽　天之奧隅。堯舜所居。可以存身。保我室家。

兌　配合相迎。利之四鄰。（別本作隣。）昬以為期。與福笑喜。

渙　砥德礪材。果當成周。拜受大命。封為齊侯。

節　與福俱坐。畜水備火。思患豫防。（四字別本脫。）終無殃禍。

中孚　晨昏潛處。候明昭昭。（別本作候時煦煦。）卒逢（宋校本作連。）白日。為世榮主。

小過　視日（宋校本作曰。）再光。與天相望。長生懽悅。以福為多。（別本作與福為兄。）

既濟　大頭明目。載受嘉福。三（別本作二。）雀飛來。與祿相觸。（臨宋本作畢。）

未濟　梗生荊山。命載（別本作屬。）輸班。袍衣剝脫。夏熱冬寒。立餓（別本作成。）枯槁。衆人莫憐。

謙之第十五

謙　王喬無病。狗頭不痛。亡跛失履。乏我送從。（宋校本狗作苟。跛作破。疑皆形訛。）

乾　喋囁處躍。（別本作喙囁噱嚶。）昧冥相待。（別本作持。）多言少實。終（別本作語。）無成事。

坤　北辰紫宮。衣冠立中。含和建（別本作達。）德。常受大福。（別本此下有鉛刀攻玉。堅不可得二句。）

屯　東壁餘光。數暗不明。主母嫉妬。亂我事業。

蒙　下背其上。盜（別本作資。）明相（別本作其。）。讓子嬰兩頭。陳破其虛。

需　鳳生會稽。稍巨能飛。翺翔往來。（別本作桂林。）爲衆鳥雄。

訟　鑿井求玉。非卞（別本作和。）氏寶。名困身辱。勞無所得。（一作師卦。）

師　邦傑載役。（別本作復。）道（別本作送。）至東萊。百僚具舉。君王嘉喜。（一作訟卦。）

比　安息康居。異國同（別本作寧。）廬。非吾邦域。使伯憂惑。（別本作戚。）

小畜　江河淮海。天之都市。商人受福。國家富有。

履　同本異葉。樂仁上（別本作尚。古上尚通。）德。東鄰慕義。來興吾國。

泰　白鶴銜珠。夜室反（宋校本作食爲。）明。懷我德音。身受光榮。

否　踐履危難。脫厄去患。入福（別本作臨。）喜門。見吾邦（別本作毋。）君。

同人　宮商既和。聲音相隨。驪駒在門。主君以歡。

大有　天地配享。六位光明。陰陽順序。以成厥功。

宋本焦氏易林（叢書集成初編據學津討原排印四卷本）

豫　江河淮海．天之奧府．衆利所聚．可以饒有．樂我君子．

隨　雙鳥俱飛．欲歸稻池．經（別本作徑．）涉萑澤．爲矢所射．傷我胸臆．

蠱　留（別本作伯．）仲叔季．日暮寢寐．裸臥失限．（別本作明．）虐我具囊．（別本作我貝囊．）喪衝（別本作卸．）卻道傍．

臨　受終文祖．承衰復起．以義自閑．雖苦无咎．

觀　据（別本作旋．）斗運樞．順天無憂．與樂並居．（別本作俱．）

噬嗑　周師伐紂．戰於牧野．甲子平旦．天下悅喜．

賁　十雌百雛．常與母俱．抱雞搏虎．誰敢害諸．

剝　桀跖並處．人民愁苦．擁兵荷糧．戰於齊魯．

復　南山昊天．刺政閔身．疾悲無辜．背憎爲仇．

无妄　百川朝海．流行不止．道雖遼遠．無不到者．

大畜　日不可合．憂來搖足．悚惕危（宋校本作爲．）懼．去我（別本作其．）邦域．

頤　鳥升鵲舉．照臨東海．尨降庭堅．爲陶叔後．封圻英六．（別本作蓼邸．）履祿（別本作福履．）綏厚．

大過　北山（別本作方．）多棗．橘柚所聚．荷囊載黍．（別本作香．）盈我筐筥．

坎　懸狟素飡．食非其任．失望遠民．實勞我心．

易學經典文庫

離　羔羊皮革．君子朝服．輔政扶德．以合萬國．

咸　齊魯爭言．戰於龍門．構怨致禍．三歲不安．

恆　久陰霖雨．塗行泥潦．商人休止．市無所有．

遯　桃雀（別本作鷀）・竊脂．巢於小枝．搖動不安．爲風所吹．寒心慄慄．常憂危殆．

大壯　防患備災凶惡（別本作禍）・不來．雖困無憂．未得安休．（末句別本脫・）

晉　引頸（宋校本作胸）・絕糧．與母異門．不見所懽．孰與共言．

明夷　鯀鰕去海．藏於枯里．街巷褊隘．不得自在．南北極遠．（別本作無極・）渴餒成疾．

家人　恭寬信敏．功加四海．辟去不祥．喜來從母．

睽　歲飢無年．虐政害民．乾谿驪山．秦楚結怨．

蹇　右目無瞳．偏視寡明．十步之外．不知何公．

解　蜩螗歡喜．草木嘉茂．百菓蕃熾．日益多有．

損　常德自如．安坐無尤．幸（宋校本作莘）・入貴鄉．到老安榮．

益　狡兔趯趯．良犬逐咋．雄雌受害．爲鷹所獲．

夬　春桃生花．季女宜家．受福多年．男爲封君．

宋本焦氏易林（叢書集成初編據學津討原排印四卷本）

姤　山石朽弊．稍（何本作消）崩墜落．上下離心．君受（別本作失）其祟．（別本作崇）

萃　水壞我里．東流爲海．龜凫讙囂．（別本作讙）不睹我家．

升　七（別本作十）竅龍身．造化八元．法天則地．順時施恩（別本作行）．富貴長存．

困　四夷慕德．來興我國．文君陟降．同受福德．（別本作合受其德．）

井　華首山頭．仙道所遊．利以居止．長無咎憂．

革　鵠鳩徙巢．（別本作來）西至平州．遭逢雷霆．闢（別本作損）我葦蘆．室家飢寒．思吾故初．

鼎　狗無前足．陰謀（別本作雄）叛背．（別本作北）爲身害賊．

震　陽孤亢極．多所恨惑．車傾蓋亡．身常驚惶．乃得其願．雌雄相從．（別本作存）

艮　空槽注（別本作住）豬．豚彘不至．（宋校本作到）張弓（宋校本作公）祝雞．雄父飛去．

漸　長夜短日．陰爲陽賊．萬物空枯．藏於北陸．

歸妹　爪牙之士．怨毒祈父．轉憂與（別本作於）己．傷不及母．

豐　拜跪請免．不德（毛本何本作得．）臭腐．挽眉（別本作俛首．）銜指．低頭（別本作不得．）北去．

旅　有莘季女．爲王（宋校本作夏．）妃后．貴夫壽子．母字四海．

巽　季姜踟躕．待孟城隅．終日至暮．（別本作旦．）不見齊侯．

兌　邯鄲反言．父兄生患．涉此憂恨．宋校本作涉叔援俎．今从別本與坤之睽合．卒宋校本作一．死不還．

渙　逐鹿山巔．利去我西．維邪南北．利無別本作所求．不得．

節　穿鼻繫株．別本作珠．爲虎所拘．王母祝禱．別本作福．禍不成災．突然自來．

中孚小過既濟未濟　虎豹熊羆．遊戲山谷．君子仁賢．皆得所欲．

梅李冬實．國多盜賊．擾亂並作．王不能別本作得．制．

望幸不到．文章未就．王子逐兔．犬踦不得．

千柱百梁．終不傾僵．仁智輔聖．周宗寧康．

豫之第十六

豫　冰將泮散．鳴雁嗈嗈．丁男長女．可以會同．生育聖別本作賢．人．

乾　龍馬上山．絕無水泉．喉焦脣乾．口不能言．

坤　蔡侯朝楚．留連江濱．踰時歷月．思其后君．

屯　文厄羑里．湯拘別本作囚．夏臺．仁聖不害．數困何憂．免於縲索．別本作纔．爲世雄別本作明．侯．

蒙　典冊法書．藏在蘭臺．雖遭亂潰．獨不遇災．

需　氈裘羶國．文禮不飾．跨馬控弦．伐我都邑．

訟　星隕如雨。弓（別本作力。）弱無輔。強陽制陰。（別本作強陰制陽。）不得安土。

師　蝗齧我稻。驅不可去。實穗無有。但見空藁。

比　虎飢欲食。爲蝟而（別本作所。）伏。禹導龍門。避咎除患。元醜以安。

小畜　蝙蝠夜藏。不敢晝行。酒爲酸漿。魴鯿鮑羹。

履　精華墮（別本作墜。）落。形體醜惡。齟齬頓挫。枯槁腐蠹。

泰　兩足不獲。難以遠行。疾步不能。後旅（別本作倡。）失時。

否　令妻壽母。宜家無咎。君子之歡。得以長久。

同人　飢蠶作室。緡（宋校本作昏。）多亂纏。緒不可得。

大有　子鉏執麟。春秋作隱。（宋校本作元。毛本何本作陰。此从姜本。）元聖將終。尼父悲心。

謙　螟蟲爲賊。害我稼穡。禾殫麥盡。秋無所得。

隨　憂在腹內。山崩爲疾。禍起蕭牆。竟制其國。

蠱　茹芝餌黃。飲食玉瑛。與神（別本二字倒。）流通。長無憂凶。

臨　一夫兩心。拔（宋校本作枝。姜本毛本作拔。今从何本。）刺不深。所爲無功。求事不成。

觀　十里望烟。散渙四方。形容滅亡。終不見君。

噬嗑　張弓控（宋校本作鞚。）弩。經涉山道。雖有伏虎。誰敢害諸。（別本作者。）

賁　泉閉澤竭。干（別本作主。）母飢渴。君子困窮。乃徐有說。

剝　野虎（別本作猿。）山鵲。弈棋六博。三梟四散。主人勝客。

復　羊驚馬走。上下揮擾。鼓音不絕。頃公奔敗。

无妄　黃帝神明。八子聖聰。俱受大福。天下康平。

大畜　住車（別本作馬。）醊酒。疾風暴起。泛亂福器。飛揚位草。（別本作早。）明神降祿。（別本作佑。）道無害寇。

頤　騰蛇乘龍。宋鄭飢凶。民食草蓬。

大過　揚水潛鑿。使石潔白。裏素表朱。遨遊皐澤。得君所願。心志娛樂。

坎　西過虎廬。驚其（別本作我。）前樞。（別本作軀。）離憂無尤。（別本作危。）

離　衣成無袖。（別本作闕。）不知所穿。客指東西。未得便安。

咸　晨風文翰。隨時就溫。雄雌（別本二字倒。）相和。不憂危殆。（別本二字倒。）

恆　心多恨悔。（別本二字倒。）出言為怪。梟鳴于（別本作室。）北。聲醜可惡。請謁不得。

遯　離女去夫。閔思苦憂。齊子無良。使我心愁。（別本作悲。）

大壯　過時不歸。雌雄苦悲。徘徊外國。與叔分離。

晉　鵲巢柳樹。鳩奪（宋校本作集・今从別本・與御覽引合・）其處。任力德薄。天（毛本作人・御覽引亦作天・與宋本合・）命不佑。

明夷　鶴盜我珠。逃於東都。懷（別本作鵠・）怒追求。郭氏之墟。不見蹤跡。使伯心憂。

家人　夫婦相背。和氣弗處。陰陽俱否。莊姜無子。

睽　月走日步。逃（別本作趣・）不同舍。夫妻反目。主君失位。（別本作居・）

蹇　洛陽嫁女。善逐人走。三寡失夫。夫婦妬無子。

解　周德旣成。杼軸不傾。太宰東西。夏國康寧。

損　日中爲市。交易資寶。名利所有。心悅以喜。

益　童妾獨宿。長女未室。利無所得。

夬　忠言輔成。王政不傾。公劉兆基。文武綏之。

姤　牛驥同堂。郭氏以亡。國破爲虛。主君奔逃。（別本作走・）

萃　中原有菽。以待雉食。飲御諸友。所求大得。

升　多虛少實。語不可覆。（別本作知・）尊虛（別本作空・）無酒。飛言如雨。

困　青蠅集藩。君子信讒。害賢傷忠。患生婦人。

井　履株覆輿，馬驚傷車。步爲我憂。

革　商風召寇。呼我北燕。間諜內應。與我爭鬬。殫己寶藏。主人不勝。

鼎　逸豫好遊。不安其家。惑於（別本作或有）少姬。久迷不來。

震　吾有騹騮。畜之以時。東家翁孺。來請（別本作詣）我車。價極可與。後無賤（別本作賊）悔。

艮　厄窮上通。與堯相逢。登升大麓。國無凶人。

漸　衆兔俱走。羆（別本作熊羆）。雄在後。踦（別本作騎）不能進。失信寡處。

歸妹　旁行不遠。三思復返。心多畏惡（別本作患）。中日（別本作十日）止舍。

豐　倉唐奉使。中山以孝。文侯悅喜。子擊徵召。

旅　人天門。守地戶。居（別本作君）安樂。不勞苦。（原註一作文山蹲鴟。肥腯多脂。王孫獲願。載福巍巍。）

巽　登階上堂。見吾父兄。左酒右漿。與福相迎。

兌　秋蛇向穴。不失其節。夫人姜氏。自齊復入。

渙　忍醜少羞。無面有頭。耗減（宋校本作減耗。疑形訛。）寡虛。日以削消。

節　景星照堂。麟鳳遊（別本二字倒）翔。仁施大行。頌聲以（別本作並）興。

中孚　于旄旄旌。執幟在郊。雖有寶珠。無路致之。

小過　李華再實。鴻飛降集。仁德以興。陰國受福。

既濟

白馬（別本作烏。）赤烏。戰於東都。天輔有德。（別本無此四字。）敗悔爲憂。

未濟

採薪得麟。大命隕顛。豪雄爭名。天下四分。

焦氏易林卷二

隨之第十七

隨　烏鳴東西。迎其羣侶。（別本此下有有所屬四字·似）不得自專。空返獨還。

乾　鼻目易處。不知香臭。君迷於事。失其寵位。

坤　唐虞相輔。鳥獸喜舞。安樂（別本作康·）無事。國家富有。

屯　左輔右弼。金玉滿匱。（宋校本作櫃·）常盈不亡。富如敖倉。

蒙　蒼（別本作東·）龍單（別本作見·）獨。與石相觸。摧折兩角。

需　釣目（別本作日·）厭部。善逐人走。來嫁無夫。不安其廬。

訟　逐虎（別本作兔·）驅狼。避者（別本作去·）不祥。凶惡北行。與善相逢。

師　齎貝贖狸。不聽我辭。繫於虎鬚。牽不得來。

比　同載共輿。中道別去。喪我元夫。獨爲孤苦。（姜本何本作居·）

小畜　奮翅鼓翼。將之嘉國。愆期失時。反（別本作乃·）得所欲。

履　目傾心惑。夏姬在側。中公顛倒。巫臣亂國。

泰　搏鳩彈鵠。逐（別本作獵。）兔山北。丸盡日暮。失獲無得。

否　鹿求其子。虎廬之里。唐伯李耳。貪不我許。

同人　敗魚鮑室。臭不可息。上山履塗。歸傷我足。

大有　華燈百枝。消衰晻暗（別本二字倒。）微。精光訖盡。奄有（應从艮之眹作如。）灰靡。（姜本何本作靡。毛本作飛。）

謙　顏叔子夏。邀遊仁字。溫良受福。不失其所。

豫　梁柱堅固。子孫蕃盛。（別本作熾。）福喜盈積。終無禍悔。

蠱　邊鄙不聳。（別本作寧。）民狎於野。穡（別本作嗇。）人成功。年歲大有。

臨　虵牛（別本作蝸池。）鳴呴。（別本作呵。）呼求（別本作我。）水潦。雲雨大會。流成河海。

觀　志合意同。姬姜相從。嘉耦在門。夫子悅喜。

噬嗑　白馬駮騮。更生不休。富有商人。利得如邱。

賁　大姒夏禹。經啓九道。各有攸家。（別本作處。）民得安所。

剝　甲戌己庚。隨時轉行。不失其心。得且安寧。（別本不失其心下。作唐季發憤。擒滅子嬰。無末句四字。）

復　穆違百里。使孟（別本作明。）厲武。將帥襲戰。敗於殺日。（別本作右。）

无妄　茅茹本居。與類相扶。（別本作投。）顧（別本作顧。）慕羣旅。不離其巢。

大畜　伯仲叔季．日暮寢寐．坐臥失明．喪其貝囊．

頤　亡羊捕（別本作補．古捕補通．）牢．張氏失牛．辟驅奔走．鵠淤我魚．

大過　雀目燕頸．昃昏無光．思我狡童．不見子充．

坎　入暗（別本作和．）出明．動作有光．運轉休息．常樂允康．

離　不勝私情．以利自嬰．北室出孤．毀其良家．

咸　稱幸上靈．媚悅於神．受福重重．子孫蕃功．

恆　齊姜叔子．天命（宋校本作文．）在位．實沈參墟．封爲康侯．

遯　遨遊無患．出入安全．長受其懽．君子萬年．

大壯　被服文德．升入大麓．四門雍肅．登受大福．（別本此下有慈烏鳴鳩．執一無尤．寢門內治．君子悅喜．）

晉　負金懷玉．南歸嘉國．蜂蠆不螫．利入我室．

明夷　日在阜顛．嚮昧爲昏．小人成羣．君子傷倫．

家人　水父海母．（別本作水火父母．）先來鳴响．澤皋之上．從高而處．

睽　東鄰少女．爲王長婦．柔順利貞．宜夫壽（姜本何本作受．）子．

蹇　戴缾望天．不見星辰．願小失大．福逃於外．（願一作顧．）

解　王喬不（別本作無）病．狗頭不痛．三尸（別本作亡跛）失履．乏我逆（別本作徙）從．

損　使燕築室．身無庇宿．家不容車．徹（別本作後）我衣服．

益　威權分離．烏夜徘徊．爭（毛本作羣）蔽月光．大人誅傷．

夬　辯變白黑．巧言亂國．大人失福．君子迷惑．

姤　衣鋸（宋校本作依鋸）甲鎧．敝筐受（別本作爲）具．大人不顧．少婦不取．棄捐於道．

萃　燕雀銜茅（別本作泥）．以生孚乳．兄弟六人．姣（別本作交）好孝悌（宋校本二字倒）．得心歡欣．和悅相樂．

升　登几上輿．駕驪南遊．合從散衡．燕秦以強．

困　黯黯（宋校本作黷黷）．許許（別本注．當作訏訏）．仇偶（別本作禍）相得．冰入炭室．消亡不息．

井　鴟鴞破斧．邦人危殆．賴其忠德．轉禍爲福．傾亡（別本作危）復立．

革　載金販狗．利棄我走．藏匿淵渠．悔折爲咎．

鼎　淵（宋校本作泉．疑仍唐諱）．坑復平宇．室（別本作穴）安寧．憂患解除．賴福長生．

震　驪姬讒嬉．與二孽謀．譖啄（別本作我）恭子．賊害忠孝．駕出嘉（別本作喜）門．商伯有喜．（別本作害）

艮　刺（別本作封）羊不當．血少無羹．女執空筐．不得採桑．

漸　牧羊稻園．聞虎喧讙．（別本作嚾）畏懼悚息．終無禍患．

歸妹　明德隱伏．麟鳳遠匿．周室傾側．不知所息．

豐　鄰不我顧而求玉女．身多禿癩．誰肯媚者．

旅　初雖無與．後得戰（別本作戩）車．賴幸逢福．不羅（別本作得離）兵革．

巽　水壞我里．東流爲海．龜凫讙囂．不睹王母．

兌　兩心不同．或欲西東．明論終始．莫適所從．

渙　天帝懸車．廢禮不朝．禳福（別本作攜服）不制．失寵其家．

節　交川合浦．遠濕難處．水土不同．思吾皇祖．

中孚　句踐之危．棲於會稽．太宰機（別本作譏）言．越國復存．

小過　慈烏鳴鳩．執一無尤．寢門內治．君子悅喜．

既濟　當（別本作富）年早寡．獨立孤居．（別本作孤與獨居）雞鳴犬吠．無敢問諸．（別本作者）我生不遇．獨罹寒苦．

未濟　江河（別本作海）變服．淫湎無測．高位顚崩．寵祿反覆．

蠱之第十八

蠱　魴生江淮．一轉爲百．周流天下．（毛本姜本作四浸何本作四海）無有難惡．

乾　首澤（別本作釋）與目．載受福慶．我有好爵．與汝（別本作書）相迎．

坤　輈輈轊轊.(別本作輈輈轊轊.)歲暮偏蔽.(別本作編轍.)龍名捐棄.(別本二字倒.)君衰(別本作蹇.)在位.

屯　折箬(宋校本作若.)蔽日.蘭屏(闌古通欄.別本幽屏作屏遮.)王目.司馬無良.平子沒傷.

蒙　家在海隅.繞旋(宋校本作撓繞.)深流.王孫單行.无妄以趨.(別本下有固陰沍寒.常冰不溫.淩人情怠.大暑爲害四句.)

需　執義秉德.不危不殆.延頸盤桓.安其室垣.(宋校本作桃.)屯耗未得.終無大恤.

訟　長舌亂家.(別本作國.)大斧破車.陰陽不得.(別本作順.)姬姜衰憂.

師　二人異(別本作共.)路.東趨西步.千里之外.不相知處.

比　視暗不見.(別本作明.)雲蔽日光.不見子都.鄭人心傷.

小畜　初憂後喜.與福爲市.八佾列陳.飲御嘉友.

履　童(別本作僮.)妾獨宿.長女未室.利無所得.

泰　元黃四塞.陰雌伏謀.呼我牆屋.爲巫所識.

否　中歲(宋校本作復.)摧隤.常恐衰微.老復賴慶.五穀爲相.

同人　伯氏殺羊.(別本作牛.)行悖天時.毫社夷燒.朝歌邱墟.

大有　日短夜長.祿命分張.(別本作不光.)早離父兄.免見憂傷.(別本作分張.)

謙　采唐沫鄉.期于(別本作徵期.)桑中.失期(別本作心.當从臨之大過作信.)不會.憂思約帶.(別本作忡忡.)

豫　昧視無光．夜不見明．冥抵空床．季葉逃亡．

隨　舉趾振翼．南至嘉國．見我伯姊．與惠相得．

臨　則天順時．周流其墟．與樂並居．无有咎憂．

觀　蠢室蜂戶．螫我手足．不可進取．爲我害咎．

噬嗑　公孫駕驪．載遊東齊．延陵悅產．遺季紵衣．

賁　轉作驪山．大失人（別本作元）心．劉季發怒．禽滅子嬰．

剝　羊腸九縈．相推稍前．止須王孫．乃能（別本作得）上天．

復　蟠蟀充側．佞人傾惑．女謁橫行．正道壅塞．

无妄　福祿不遂．家多怪祟．（宋校本訛祟）麋鹿悲啼．（姜本何本作吟・毛本作鳴）思其大雄．

大畜　雲雷因積．大雨重疊．久不見日．使心悒悒．（別本作使我心悒）

頤　三河俱合．水怒涌躍．壞我王室．民困無食．

大過　旦雨夜行．早遍都（臨宋本訛辟）城．更相覆傾．終無所成．（別本下有三頭兩眼不見其眞二句）

坎　褒后生蛇．垂老肓微．（別本作經老育微）側跌哀公．西滅（別本作酒滅）黃離．

離　鴻雁南飛．隨時（別本作陽）休息．轉逐天和．千歲（別本作里）不衰．（別本作衰）

咸　後時失利．不得所欲．莫亨偕結．自逐自逐．（末二句別本無）

恆　心多恨悔．出言爲怪．梟鳴室北．醜聲（別本二字倒）．可惡．請謁不得．

遯　四馬過隙．時難再得．尼父孔聖．繫而不食．

大壯　陰變爲陽．女化爲男．治道得通．君臣相承．

晉　崑崙源口．流行不止．龍門（別本作伊闕）．砥柱．民不安處．母歸孩（別本作扶）子．黃麕（別本作麏）悅喜．

明夷　葛藟蒙棘．華不得實．讒佞亂政．使恩壅塞．

家人　公無長驅．大（別本作天）王駿（別本作駮）馬．非其當所（別本作所當）．傷折爲患．

睽　大倉充盈．庶民蕃盛（別本作萬物蕃成）．年歲熟榮．

蹇　執贄（別本作贄）．照犧．爲風所吹．火滅無光．不見元黃．

解　鳥反故巢．歸其室家．心平意正．與叔相和（別本作鳴）．登高殞墜．失其寵貴．

損　弩弛弓藏．良犬不行（別本作烹）．內無怨女．征夫在堂．

益　特（姜本作牲．何本毛本作牡）．犧孔博．日新其德．文公燎（別本作君出）．獵．姜氏受福．

夬　季秋孟冬（毛本作秋季冬孟）．寒露霜降．大陰在庭．品（別本作庶）物不生．雞犬夜鳴（別本作雞鳴犬吠）．家憂數驚．

姤　心多恨悔．出門見怪．有（別本作反）蛇三足．醜聲可惡．嫫母爲媒．請求不得．

萃　虎豹爭強。道閉不通。小人讙訟。貪天之功。宋校本作貪夫受空。

升　雞方啄粟。爲狐所逐。走不得食。惶懼別本作怖。惕息。

困　陳嬀敬仲。兆興齊姜。乃適營邱。八世大昌。

井　昊天白日。照臨我國。萬民康寧。咸賴喜福。

革　雲夢大藪。嘉別本作棗。有所在。廣人共職。驪駒樂喜。

鼎　獐鹿雉兔。羣聚東國。別本下有盧黃白脊四字。俱往逐追。別本二字倒。九齕十得。主君有喜。

震　德惠孔明。雖衰別本作主君。復章。保其室堂。

艮　天之所壞。不可強支。衆口嘈嘈。雖貴必危。

漸　天之奧隅。堯舜所居。可以全身。保我邦家。

歸妹　下泉苞稂。十年无別本訛九。王。荀伯遇時。憂念周京。

豐　江河別本作淮。海偶。衆利聚居。可以遨遊。卒歲無憂。

旅　南山黃竹。三身六目。出入制命。東皇宣政。主尊君安。鄭國無患。

巽　重譯宋校本作驛。置之。來除我憂。與喜別本作喜樂。俱居。

兌　南山高崗。麟鳳室堂。含和履中。國無災殃。

渙　紫芝朱草．與仙爲侶．別本作生長和氣．公尸侑食．福祿來下．

節　宮成室就．進樂相舞．英俊在堂．福祿光明．

中孚　商人別本作之．子孫．貧無所有．別本作食．貪狼別本作貝．逐狐．留連都市．還轅內鄉．嘉喜何咎．

小過　執贄入朝．獻其狐裘．元戎變安．沙漠以懽．

既濟　涉泉汨汨．南流不絕．別本下有滂爲淮海四字．壞敗別本二字倒．邑里．家無所處．

未濟　困陰沍寒．常冰不溫．凌人惰怠．大雹爲災．

臨之第十九

臨　弱水之上．別本作西．有西王母．生不知老．與天相保．行者危殆．利居善喜．

乾　黃獹生馬．別本作子．白戊爲母．晉師在郊．虞公出走．

坤　倉唐奉使．中山以孝．文侯悅喜．子擊徵召．

屯　機關不便．不能出言．精誠不通．爲人所冤．

蒙　白茅醴酒．靈巫拜禱．神嗜飲食．使君壽考．

需　重瞳四乳．耳聰目明．普爲仁表．聖作元輔．

訟　水長別本作漲．無船．破城壞堤．大夫從役．困於泥塗．四字別本無．一朝喪何本作亡．妻本毛本作無．殞，不見少妻．

師　二（別本作六．）人俱行．各遺其囊．鴻鵠失珠．無以爲明．

比　隨時轉行．不失其常．咸樂厥類．身無咎殃．

小畜　蔡女蕩舟．爲國患憂．褒后在側．屏蔽王目．播擾六國．（何本毛本作旱衰．六畜．姜本衰作喪）

履　駕龍騎虎．周遍天下．爲人所（別本作神人．）使．西見王母．不憂不（別本作危．）殆．

泰　員怨（別本作胥恐．）之吳．盡策闔閭．鞭平服荊．除大咎殃．威震敵國．還受上卿．

否　唐邑之墟．晉人之（別本作以．）居．虞叔受福．實沈是國．世載其樂．

同人　管鮑相知．至德不離．三言相（別本作於．）桓．齊國以安．

大有　三十無室．長女獨宿．心勞未得．憂在胸臆．

謙　散渙水長．風吹我鄉．火滅無光．隨敗桓公．（別本作功．）

豫　蜎飛蠕動．各有配偶．小大相保．咸得其所．

隨　安樂几筵．未出玉門．

蠱　火生月窟．上下恩塞．（別本作大生災禍．下上恩塞．）觝亂我國．

觀　長生無極．子孫千億．柏柱載青．（別本作梁．）堅固不傾．

噬嗑　欽敬昊天．歷象星辰．宣授民時．陰陽和調．

賁　三河俱合．水怒踴躍．壞我王屋．（別本作室．）民困於食．

剝　壽如松喬．與日月俱．常安康樂．不見（別本作離．）禍憂．

復　天之所予．福祿常在．不憂危殆．

无妄　受讖六符．招搖空（別本作室．）虛．雖跌無憂．保我全財．（別本作命則．）

大畜　齎金買車．失道後時．勞罷為憂．我心則休．（四字別本無．）

頤　華首山頭．仙道所遊．利以居止．長无咎憂．

大過　采唐沫鄉．要期桑中．失信不會．憂思約帶．

坎　八（別本作人．）面九（姜本作鬼．）口．長舌為斧．斲破瑚璉．殷商絕後．

離　臨溪蟠枝．（別本作橋疚．）雖恐不危．樂以笑歌．

咸　泱泱沸溢．水泉為害．使我無賴．

恆　蝗螟為賊．傷害（別本作害我．）稼穡．秋飢於年．農夫鮮食．

遯　八（姜本毛本作六．）百諸侯．不期同時．慕西文德．興我宗族．（毛本姜本作旅．）家門雍睦．（宋校本作雍雍．）

大壯　長男少女．相向笑語．來歡致福．和悅樂喜．

晉　平國不君．夏氏作亂．烏號竊發．靈公殞命．

明夷　春多膏澤．夏潤優渥．稼穡熟成．(別本二字倒)畝獲百斛．

家人　客宿臥寒．席蓐不安．行危爲害．留止(別本作不)得歡．

睽　乘桴於(別本作槎桴)．海雖懼不殆．母載其子．終焉何咎．

蹇　手拙不便．不能伐檀．車無軸轅．行者苦難．

解　唐虞相輔．鳥獸率(宋校本作喜)舞民安無事．國家富有．

損　秋蛇向穴．不失其節．夫人姜氏．自齊復入．

益　病篤難醫．和不能治．命終期(別本作永)訖下卽蒿廬．

夬　青蛉如雲．城邑閉門．國君衛守．民困於患．

姤　牙孽生齒．室堂啓戶．幽人(別本作出人)．利貞鼓翼起舞．

萃　鳧游江海．沒(別本作役)行千里．以爲死亡．復見空桑．長生樂鄉．

升　黃帝出遊．駕龍乘馬(別本作鳳)．東上太山．南遊齊魯．邦國咸喜．

困　履危不止．與鬼相視．驚恐失氣．如騎虎尾．

井　秋南春北．不失消息．涉和履中．時無隱慝(別本作陰匿)．

革　龍門砥柱．通利水道．百川順流．民安其居．

鼎　千歲廟堂．棟橈傾僵．天厭周德．失其寵光．

震　折箬（宋校本作若）．蔽目．不見稚叔．三足孤烏．遠離室家．

艮　望叔山北．陵隔我目．不見所得．使我憂（別本作心）惑．

漸　匏瓠之恩．一畝千（別本作上）室．萬國都邑．北門有福．

歸妹　域域牧牧．憂禍相半．（別本作和相伴．憂）隔以（別本作我．）巖山．室家分散．

豐　騏驎（別本作麒麟）．騄耳．遊食萍草．逍遙石門．循山上下．不失其所．（姜本毛本無末句．）

旅　天所祚昌．文以爲良．篤生武王．姬受其福．

巽　羊腸九縈．相推稍前．止須王孫．乃能上天．

兌　貧鬼守門．日破我盆．孤牝不駒．雞不成雛．

渙　飽食從容．出（別本作出入）門上堂．不失其常．家無凶（別本作咎）殃．

節　陰淫不止．白馬爲洶（別本作海）．皐澤（別本二字倒）．之子．就高而處．

中孚　執戈俱立．以備暴急．千人守門．因以益卑．（別本作千人舉龍．困危得海．）終安何畏．

小過　夾河爲婚．水長（別本作漲）．無船．遙（別本作追）．心失望．不見歡君．

既濟　陰陽變化．各得其宜．上下順通．奏爲膚功．

夬　任〈別本作狂〉劣德薄。失其臣妾。田不見禽。犬無所齕〈別本作得〉。

觀之第二十

觀　歷山之下。虞舜所處。躬耕致孝〈毛本訛敎〉。名聞四海。爲堯所薦〈別本作禪〉。位天子。

乾　蜎飛蠕動。各有所配。歡悅相逢〈別本作迎〉。咸得其處。

坤　繼祀宗邑。追明成康。光照萬國。享世久長。疾病不醫。下即蒿廬〈別本注下二句疑衍〉。

屯　秋冬探巢。不得鵲雛。銜指北去。媿我少姬。

蒙　童〈別本作僮〉妾獨宿。長女未室。利無所得。

需　鴻波〈別本作洪魚〉逆流。主〈別本作至〉人潛去。蒿蓬代柱。大屋顚仆。

訟　日闇不明。讒夫在堂。左辟疾痒〈別本作右臂疾痺〉。君失其光。

師　王孫季子。相與孝友。明允篤誠。升擢薦舉。爲國幹輔。

比　麟趾龍身。日取〈別本作馭〉三千。南上蒼梧。與福爲昏。道理夷〈別本作平。姜本何本理作里〉。易安全無患。

小畜　三子成駒。破其堅車。〈別本作折損輹軸〉輪載空輿。後時失期。

履　逐禍〈別本作福〉。除患道德。神仙遏〈別本作避〉惡。萬里常歡以安。

泰　黃池之盟。吳晉爭強。句踐爲患。夷國〈別本作鬥〉不安。〈別本此下有探㲉得鷇所願不喜二句〉

否　青牛白咽．呼我俱田．（別本注・一作招我于田・）歷山之下．可以多耕．歲露（別本作緎・）時節．

同人　有頭無目．不見菽粟．（別本作赫赫粟粟・）消耗爲疾．三年不復．

大有　山沒邱浮．陸爲水魚．燕雀無巢．民無室廬．

謙　高崗鳳凰．朝陽梧桐．噰噰喈喈．菶菶萋萋．陳辭不多．以告孔嘉．

豫　鰥寡獨宿．憂動胸臆．莫與宿（別本作笑・）食．

隨　馬蹟（別本二字倒・）破車．惡婦破家．（別本作惡神降家・）青蠅汙白．共子離居．

蠱　長女三（別本作二・）嫁．進退無差．逐狐作妖．行者離憂．

臨　人無定（別本作足・）法．緩除才出．（別本作緩行長姦・）地雄走歸．陽不制陰．男失其家．

噬嗑　茹芝餌黃．飲食玉英．與神流通．長無憂凶．

賁　東行無門．西出華山．道塞畏（別本作於・）難．遊子爲患．

剝　壽如松喬．與日月俱．常安康樂．不罹禍憂．

復　探鷇得鑫．所願不喜．道宜小人．君子咎蹇．（別本所願不喜下作黃池之盟・吳楚爭强・句踐爲患・夷門不安・無道宜小人二句・）

无妄　蝸（別本作蝠・）螺生子．深目黑醜．雖飾相就．衆人莫取．

大畜　喜怒不時．雪霜爲災．稼穡無功．后稷飢憂．（別本作寒・）

頤　烏升鵲舉。照臨東海。尨降庭堅。爲陶叔後。封圻蓼六。（別本作邸・）履祿綏厚。

大過　黃離白日。照我四國。元首昭明。民賴其福。

坎　黍稷醇醲。敬奉山宗。神嗜飲食。甘雨嘉降。獨蒙福力。時災不至。

離　福過我里。（別本句首有禍不更生四字・）入門笑喜。與吾利市。

咸　晝臥里（別本作牢・）門悚（別本作怵・）惕不安。目不得閡。（別本作闔・）鬼搔我足。

恒　春草榮華。長女宜夫。受福多年。世有封祿。

遯　雍門內崩。賊賢傷仁。（宋校本作人・）暴亂狂悖。簡公失位。

大壯　心志（別本作壯・）無良。昌披（別本作猖獗・）妄行。觸抵牆壁。不見戶房。

晉　膠車木馬。不利遠賈。出門爲患。安止得全。（別本作不危・）

明夷　家在海隅。橈短流深。企立望宋。無木以趨。

家人　冬集（別本作桑・）枯槁。當風於（姜本毛本作佚・何本作失・）道。蒙被塵埃。左右勞苦。

睽　過時不行。妄逐王公。老女失度。不安其居。

蹇　履泥汚足。名困身辱。兩仇相當。身爲疾病。（別本作自爲痛疾・）

解　精華墮落。形體（別本作容・）醜惡。齟齬挫頓。枯槁腐蠹。

損　長生無極・子孫千億・柏柱載青・別本作松柏爲梁・堅固不傾・

益　去辛就蓼・毒愈酷毒・別本作甚・避穽別本作井・入坑・憂患日生・

夬　行堯欽德・養賢致福・別本作禮・衆英積聚・國無寇賊・

姤　狗逐兔走・俱入谷口・與虎逢晤・別本作之・迫不得去・

萃　望尚阿衡・太宰周公・藩屏湯武・立爲侯王・

升　清人高子・久屯野外・別本二字倒・逍遙不歸・思我慈母・

困　三虫作蠱・削跡無與・勝母盜泉・君別本作居・不安處・

井　獵宋校本作獵・作龍身・進無所宋校本二字倒・前・三日五夜・得其所欲・

革　黃裏綠衣・君服不宜・淫湎毀常・失其寵光・

鼎　天所顧祐・禍災不至・別本作到・安吉不別本作無・懽・

震　盤紆九回・行道留難・止須子別本作于・邸乃睹所歡・

艮　暴虐失國・爲下所逐・北奔陰月・王居旄頭・別本月作胡・王居作主君・

漸　御騂從龍・至于別本作饗・華東・與離別本作萬・相逢・送致于邦・別本作送至子邦・

歸妹　銅人鐵距・雨露勞苦・終日卒歲・無有休息・

豐　大人（姜本毛本作夭・）失宜。盈滿復虧。長冬（別本作成長・）之木。盛者滅衰。

旅　梅李冬實。國多盜賊。亂擾並作。王不能制。

巽　澤枯無魚。山童無（別本作雜・）株。長女嫉妒。使身空虛。

兌　天門東（別本作冬・）虛。既盡（別本作晉季・）爲災。臨睽黯（別本作暌默・）蒼。秦伯受（姜本毛本訛舜・）殃。

渙　褰衣涉河。水深漬衣。賴幸舟子。濟脫無他。

節　推車上山。高仰重難。終日至暮。惟（別本作不・）見阜顛。

中孚　鼎易其耳。熱不可舉。大路壅塞。旅人心苦。

小過　四野（別本作亂・）不安。東西爲患。退身止足。無出邦域。乃得完全。賴其生福。

既濟　班馬還師。以息勞罷。役夫嘉喜。入戶見妻。

未濟　積德不怠。遇主（別本訛生・）逢時。載喜濶陽。身受榮光。

噬嗑之第二十一

噬嗑　麒麟鳳凰。善政德（別本作得・）祥。陰陽和調。國無災殃。

乾　北風相牽。提笑語言。伯歌叔舞。燕樂以喜。

坤　甲戊己庚。隨時運行。不失常節。達性任情。各樂其類。（別本不失常節下・作咸達出生・各樂其類・達性任情・）

屯　破亡之虛・神祇哀憂・進往無光・（別本作神所憂衰進德無光）・留止有慶・

蒙　沬斯脊澤・扞（別本作斫）・衛百毒・防以江南・虺不能螫・

需　日月相望・光輝盛昌・三聖茂（別本作成）・功仁德大降・

訟　大蛇巨魚・戰於國郊・上下隔（別本作濟）・塞・衛侯廬曹（別本作漕）・

師　龍入天關・經歷九山・登高上下・道里險難・日晏不食・絕無甘酸・

比　沙漠北塞・絕無水泉・君子征凶・役夫苦艱（別本作力殫）・

小畜　關柝門啓・衿帶解墮・福與善生（宋校本作坐）・憂不爲禍・

履　狼虎所嗥・患害必遭・不利有爲・宜以遁逃・

泰　金精耀怒・帶劍過午・兩虎相距・弓弩滿野・雖憂無苦・

否　朽根枯樹・葉落花去・卒逢火焱・相隨偃仆・

同人　入和出明（別本作暗）・動作有光・轉運休息・常樂永（別本作允）・康・

大有　國多忌諱・大人恆畏・結口無患・可以長存・

謙　天地淳厚（別本作亨）・六合光明・陰陽順序・以成厥功・（別本作陰序陽順厥功以成）・

豫　羸裎逐狐・爲人觀笑・牝雞雄（別本作鳴）・晨・主作亂妖・

隨　陰升陽伏。（別本作陰失陽復。）桀失其室。相餧不食。

蠱　蛸飛蝨動。各有配偶。小大相保。咸得其所。

臨　鬼守我廬。欲呼伯去。曾孫壽考。司命不許。與生相保。

觀　禍走患伏。喜爲我福。凶惡消亡。災害不作。

賁　智不別揚。張狂（別本作誑。）妄行。蹈（別本作陷。）淵仆顚。傷殺伯身。

剝　凶憂災殃。日益章明。（別本作二字倒。）禍不可救。三郤（別本作都。）夷傷。

復　長尾蜲蛇。畫地爲河。深不可涉。阻絕以亡。惆然憒息。（別本作絕無以北。悵然憒息。）

无妄　愛我嬰女。牽引不與。冀幸高貴。反得賤下。（別本作反門下賤。）

大畜　兔游江海。（別本作湖。）甘樂其餌。既不近人。雖驚不駭。

頤　明滅光息。不能復食。精魄既喪。以夜爲室。

大過　奇適無偶。習靜獨處。所願不從。心思勞苦。

坎　葛藟蒙棘。華不得實。讒佞亂政。使忠壅塞。

離　鵲笑鳩舞。來遺我酒。大喜在後。授我龜紐。龍喜張口。起拜福祉。

咸　搖尾逐災。雲沈孽除。（別本作雲蝗辟除。）洿泥生梁。下爲田主。

恆　白鶴銜珠．夜食爲明．膏潤優渥．國歲年豐．

遯　內執柔德．止訟以默．宗邑賴德．禍災不作．

大壯　大吠驚駭．公拔戈起．元冥厭火．消散瓦解．

晉　公悅嫗喜．孫子俱在．榮譽日登．福祿來處．

明夷　烏鳴捕鷇．長欲飛去．循枝上下．適與風遇．顛隕樹根．命不可救．

家人　析薪熾酒．使媒求婦．和合齊宋．姜子悅喜．

睽　鄰不我顧．而望玉女．身多疾別本作疣．癩誰肯媚者．

蹇　遠視無明別本作光．不知青黃．黈纊塞耳．使君闇聾．

解　尅身整己宋校本二字倒．逢禹巡狩．賜我元圭．蒙受福祐．宋校本祐作祉．

損　遠望千里．不見黑子．離婁之明．無益於光．

益　斧斤所斫別本作研．瘡痏不息．鍼石不施．下即空室．

夬　齊侯少子．才略美好．求我長女．賤薄不與．反得醜陋．後乃大悔．

姤　失儷後旅．天門地戶．不知所在．安止無咎．

萃　爲孫氏女．深目黑醜．嗜欲不同．過時無偶．

升　叔（別本作伯・）駕純騮。南至東萊。（別本作華・）求索駒（別本作車・）馬。道闕中止。

困　二女寶珠。誤鄭大夫。君父無禮。自爲作笑。

井　陽城太室。神明所息。仁智（別本作者・）之居。（別本作君・）獨無兵革。

革　大蛇爲殃。使道不通。歲露尠少。（姜本何本作歲利甚少・毛本利作敗・）年穀敗傷。

鼎　三足孤烏。靈明爲御。司過罰惡。自殘其家。毀敗爲憂。

震　車雖（別本無此字・）駕。兩軔絕。馬欲步。雙輪脫。行不（別本無此字・）至。道遇害。（別本注・一作膠車乃駕・兩引如繩・馬絕絅走・雙輪脫去・）

艮　鬱快（別本作映・）不明。爲陰所傷。衆霧集聚。（別本作麗集・）共奪日光。

漸　鷞鳩鷗鴞。治成（別本作城・）禦（姜本何本作遇・）災。周公勤勞。綏德（別本作得・）安家。

歸妹　名成德就。項領不試。景公耄老。尼父逝去。

豐　一夫兩心。拔刺不深。所爲無功。求事不成。

旅　羿張烏號。彀射天狼。趙國雄勇。敗於滎陽。

巽　東家殺牛。汚臭腥臊。神背（別本作揹・）西顧。命絕衰（別本二字倒・）周。

兌　火起我後。喜炙我鹿。（別本作廬・）倉龍銜水。泉噀柱屋。雖憂（別本作雖・）無咎。

渙　桃雀竊脂。巢於小枝。搖動不安。爲風所吹。寒心慄慄。（別本作飄搖・）常憂危殆。（宋校本作不殆・）

節　徙（別本作徒）足去域。飛入東國。有所畏避。深藏隱（別本作遠）匿。

中孚　瓊英朱草。仁政得道。凫鷖在渚。福祿來下。

小過　陳蔡之危（別本作厄）。從者飢罷。明德上通。憂不爲凶。

既濟　春桃生花。季女宜家。受福多年。男爲封（別本作邦）君。

未濟　徑邪賊田。政惡傷民。夫婦呪詛。太上（別本作山）覆顚。

賁之第二十二

賁　政不暴虐（別本作政不暴仁）。鳳凰來舍。四時順節。民安其居。

乾　八口九頭。長舌破家。帝辛沈湎。商滅其墟。

坤　鬼守我門。呼伯入山。去其室家。舍其兆墓。

屯　日出阜東。山蔽其明。章甫薦履。箕子佯狂。

蒙　戴盆望天。不見星辰。顧小失大。福逃牆外。

需　兩輪並（別本作日）轉。南上大阪。四馬共轅。無有重難。與語笑言。

訟　羊驚狼虎。悚（別本作聳）耳羣聚。行旅稽難。留連愁苦。

師　梗生荊山。命制輸班。袍衣剝脫。夏熱冬寒。立（別本作飢）餓枯槁。衆人莫憐。

比　鳥飛無翼．兎走折足．不常其德．自爲羞辱．
小畜　條風制氣．萬物出生．明庶長養．花葉茂榮．別本作壯茂．
履　坤厚地德．庶別本作萬物蕃息．平康正直．以綏大福．
泰　昂畢附耳．將軍求何本作笑．毛本作乘．姜怒．徑路隔塞．燕雀驚駭．
否　東風啓戶．黔啄翻舞．各樂其類．咸得生處．
同人　兩足四翼．飛入家國．寧我伯姊．與母相得．
大有　歲暮花落．陽入陰室．萬物伏匿．藏別本作歲不可得．
謙　釋然遠咎．避患害早．別本作高阜．田獲三狐．以貝爲寶．別本末有君子所在．安寧不殆二句．
豫　遷延卻縮．不見頭目．日以困急．不能自復．末句別本無．
隨　秋隼冬翔．數被嚴霜．雞別本作雄犬夜鳴．家擾不寧．
蠱　班馬還師．以息勞罷．役夫嘉喜．入戶別本作室見妻．
臨　老楊日衰．條多枯枝．爵級不進．逐下別本作遂至摧隤．
觀　順風吹火．牽騎驥尾．易爲功力．因懼受福．
噬嗑　六人俱行．各遺其囊．黃鶴別本作鵠失珠．無以爲明．

剝　依叔牆隅．志下勞苦．別本作心勞．楚相別本作王．晨食．韓子低頭．

復　三牛生狗．以戌爲母．荆夷上侵．姬伯出走．

无妄　鶴盜我珠．逃於東都．鵠起追求．郭氏之墟．不見蹤跡．反爲患別本作禍．災．

大畜　升輿別本作外輿．中退．舉事不遂．哺別本作餔．麋毀齒．失其道理．

頤　鴻鵠高飛．鳴求其雌．雌來在戶．雄哺嘻嘻．甚獨勞苦．炰鱉膾鯉．

大過　褰衣涉河．水深漬衣．幸賴舟子．濟脫無他．

坎　虎齧龍指．太山之崖．天命不佑．不見其雌．

離　明不處暗．智不履危．終日別本作年．卒歲．樂以笑歌．

咸　三足俱行．傾危善僵．六指不便．慁累弟兄．樹柱關車毛本作居．失其正當．

恆　舍車而徒．亡其駮牛．雖喪白頭．酒以療憂．

遯　折薪熾酒．使媒求婦．和合齊宋．姜子悅喜．

大壯　夜視無明．不利賈商．別本作不離商賈．子反笑歡．與市爲仇．

晉　徒行離車．不冒別本作胃厭．泥塗．利以休居．

明夷　作室山根．人以爲安．一昔別本作夕．崩顛．破我壺飧．

家人　山東山西。別本作山西山東。各自言安。雖相登望。竟未同堂。

睽　君子在朝。凶言去消。別本二字倒。驚駭逐狠。不見英雄。別本二字倒。

蹇　轞轞墳墳。別本作轞轞憤憤。火燒山根。不潤我鄰。獨不蒙恩。

解　南山之蹊。眞人所在。別本作遊。德配唐虞。天命爲子。保佑歆享。身受大慶。

損　龍蛇所聚。大水別本作小。來處。泱泱濡濡。淡淡。別本濡濡作濡濡淡淡作淡淡。礚礚。使我無賴。

益　旃裘菅蓋。別本作若闇。慕德獻服。邊鄙不聳。別本作悚。以安王國。

夬　光體春成。陳倉雞鳴。陽明失道。不能自守。消亡爲咎。

姤　下泉苞稂。十年无王。荀伯遇時。憂念周京。

萃　仁德不建。五精就舍。四牧別本作序。允豫。民安其居。

升　隨和重寶。衆多別本作所。貪有。相如睨柱。趙王危殆。

困　鳳生五雛。長於南郭。君子康寧。悅樂身榮。

井　二人爲侶。別本作旅。俱歸北海。入門上堂。拜謁王母。勞賜我酒。女功悅喜。

革　逐憂去別本作除。殃。洿泥生粱。下田爲王。

鼎　東門之壇。別本作墠。茹蘆在坂。禮義不行。與我心反。

震　鳧遇稻廬．廿樂趨（別本作鸐）．鮪．雖驅不去．

艮　清人高子．久屯外野．逍遙不歸．思我君母．公子奉（別本作謁）．請．王孫嘉許．

漸　讒人（別本作佞）所言．語不成全．虎狼之患．不爲我殘．

歸妹　張羅捕鳩．鳥麗其災．雌雄俱得．爲網所賊．

豐　安仁尙德．東鄰慕義．來安吾國．

旅　猾醜如（別本作假）誠．前後相違．言如鼈咳．語不可知．

巽　懷璧越鄉．不可（毛本作如）遠行．蔡侯兩裘．久苦流離．

兌　伯氏歸國．多所恨惑．車傾蓋亡．（別本作車頓蓋傾）身常驚惶．乃得其願．雌雄相從．

渙　火石相得．乾無潤澤．利少囊縮．祇益迫促．（末句別本無）

節　君知（別本作明）聖哲．嗚呼其友．鎭（別本作顯）德之徒．可以禮仕．

中孚　騎豚逐羊．不見所望．經涉虎廬．亡羝（別本作豚）失羊．

小過　元黃虺（別本作尵）隤．行者勞罷．役夫憔悴．處子畏哀．（別本作猥衰）

既濟　右手掩目．不見長叔．失其所得．悔吝相仍．

未濟　免冠進賢．步出朝門．儀體不正．賊孽爲患．

剝

剝之第二十三

剝　行觸大忌（別本作諱）。與司命牾。執囚束縛。拘制於吏。幽（別本作憂）人有喜。

乾　穿胸狗邦。僵離旁舂。天地易紀。日月更始。

坤　從風縱火。荻芝俱死。三害集房。十子中傷。

屯　北山有棗。橘柚所聚。荷囊載香（御覽引作舂）。盈我筐筥。

蒙　齎貝（別本作金）贖狸。不聽我辭。繫於虎鬚。牽不得來。

需　上下惟邪。戾其元夫（別本作寡婦無夫）。歡心隔塞。君子離居。

訟　二人輦車。徙去其家。井沸釜鳴。不可安居。

師　蹇驢不才。駿驥失時。筋力勞盡。罷於沙邱（宋校本二字倒）。

比　明傷之初。爲穆出交（別本作郊）。以讒復歸。名曰豎牛。剝亂叔孫。餧於空邱。

小畜　天火大起。飛鳥驚駭。作事不時。自爲身（別本作多）咎。

履　士與山連。共保歲寒。終無災患。萬世長安。

泰　日出阜東。山蔽其明。章甫薦履。箕子佯狂。

否　龍馬上山。絕無水泉。喉焦脣乾。口不能言。

同人　雄處弱水．雌在海濱．別將（別本二字倒）．持食．悲哀於心．

大有　庭燎夜明．追嗣日光．陽軟不制．陰雄生（宋校本作坐）．戾．

謙　三婦同夫．忽不相思．志恆悲愁．顏色不怡．

豫　鵠盜我珠．逃於東都．鵠怒追求．郭氏之墟．不見武（姜本何本作蹤）．跡．反爲患災．

隨　獼（別本作沐）．猴冠帶．盜載（別本作在）．非位．衆犬共吠．鹽走（別本作倉狂）．蹶足．

蠱　黍稷禾稻．垂畝方好．中旱不雨．傷風病燎（別本作槁）．

臨　雄聖伏名．人匿麟遠．走鳳飛北．亂禍未息．

觀　王（別本作三）．母多福．天祿所伏．居之寵光．君子有福．

噬嗑　班馬還師．以息勞疲．役夫忻（別本作嘉）．喜．入戶見妻（別本作復卦）．

賁　褰裳涉河．水流（別本作流深）．漬衣．賴幸舟子．濟脫無他．

復　被服文德．升入大麓．四門雍肅．登受大福（別本作噬嗑卦）．

无妄　東鄰嫁女．爲王妃后．莊公築館．以尊王母．歸于京師．季姜悅喜．

大畜　百足俱行．相輔爲強．三聖翼事．王室寵光．

頤　危坐至暮．請求不得．膏澤不降．政戾民忒．

大過 百川朝海。流行（別本作泛流）不止。路雖遼遠。無不到者。

坎 乘騮駕驪。東至於齊。遭遇仁友。送我以資。厚得利歸。

離 禮壞樂崩。欲求致理。力疲心爛。陰陽不調。成子驕慢。爲簡生殃。（別本下三句在禮壞樂崩句下。陰陽不調作陰晴不當。）

咸 二（別本作一）人輦車。乘入虎家。王母貪饕。盜我犂牛。

恆 羊頭兔足。少肉不飽。漏囊敗粟。利無所得。

遯 新田宜粟。上農得穀。君子懷德。以紓（別本作干）百福。

大壯 夷羿所射。發輒有獲。雙鳧俱得。利以伐（別本作王）國。

晉 鳧舞鼓翼。嘉樂堯德。虞夏美功。要荒賓服。

明夷 登邸上山。對酒道歡（宋校本作觀）。終年卒歲。優福無患。

家人 歲暮花落。陽入陰室。萬物伏匿。藏不可得。

睽 螟蟲爲賊。害我禾穀。簞瓶空虛。飢無所食。

蹇 陽虎晉主。使得（別本作德）不通。火（別本作炎）離爲殃。年穀病（別本作患）傷。

解 四馬共轅。東上泰山。騂驪（宋校本作驪）同力。無有重難。與君笑言。

損 牧羊稻園。聞虎喧嚾。畏懼悚息。終無禍患。

益　揚花不時．冬實生危．憂多橫賊．生不能服．崑崙之玉．所（別本作取．）求必得．

夬　高阜所在．陰氣不臨．（別本作淋．）洪水不處．為家利寶．

姤　釋然遠咎．避患害早．（別本作革害．）田獲三狐．以貝為寶．君子所在．安寧不殆．

萃　兩目失明．日奪無光．脛足跛曳．不可以行．頓於邱旁．亡妾莫逐．嵬然獨宿．

升　鴻飛循陸．公出不復．伯氏客宿．

困　桑方將落．隕其黃葉．失勢傾側．如無所得．（別本作震卦．側作倒．得作立．）

井　載船渡海．雖深難（別本作何．）咎孫子俱在．不失其所．

革　鵠求魚食．道遇射弋．繒加我頸．繳縛羽（別本作兩．）翼．欲飛不能．為羿所得．

鼎　泥面亂頭．忍恥少羞．日以削消．凶其自搯．（末句別本無．）

震　佩玉蕊蘂．無以繫之．孤悲獨處．愁哀相憂．（別本作困卦．悲作怨．）

艮　巨蛇大鰌．戰於國郊．上下隔塞．逐（別本作主．）君走逃．

漸　已勤死連．商子揚沙．石流狐狢．擾軍鼓振．吏士恐落．（別本無流字落字．作三字句．）

歸妹　二人俱行．別離持食．一身五心．亂無所得．（一作張羅搏鵠．鳥麗其災．雌雄俱得．為網所滅．）

豐　三聖相輔．烏獸喜舞．安樂富有．二人偕偶．

旅　三奇六耦．相隨俱市．王孫善賈．先得利寶．居止不安．洪水爲咎．姜本毛本安作移・洪水作大盜・

巽　三人俱行．一人言北．伯仲別本作叔・欲南．少叔不得．中路分爭．道別本二字倒・鬭相賊．

兌　播天舞光．地乳神所守．樂無咎．言不信．按宋校本亦疑錯誤・渠別本參豐之渙・當作播天舞地・亂神所守・安樂無咎・

渙　坐爭立訟．紛紛匆匆．別本作洶洶・卒成禍亂．災及家別本作我・公．

節　蛇行蜿蜒．不能上阪．履節安居．可以無憂．

中孚　隙大牆壞．蠹衆木折．狼虎爲政．天降罪伐．別本末有高殺望夷・胡亥以斃二句・

小過　陽不違德．高山多澤．顏子逐兔．未有所得．

既濟　心多畏惡．時愁自別本作日・懼．雖有小咎．終無大悔．

未濟　衆神集聚．相與議語．南國虐亂．百姓愁苦．與別本作舉・師征討．更別本作別・立賢主．

復之第二十四

復　周師伐紂．尅於牧野．甲子平旦．天下悅喜．

乾　任重別本作武・負力．東征不伏．陷泥履別本二字倒・塗．雄師敗覆．

坤　義不勝情．以欲自營．覬利危寵．別本作躬・折角摧頸．

屯　縣貆素飡．食非其任．失輿剝廬．休坐徙居．室家何憂．

蒙　鷂（宋校本作鷂。疑形誤。）鵰娶婦。深目窈身。折腰不媚。與伯相背。

需　東風解凍。河川流通。西門子產。升擢有功。

訟　三足俱行。傾危善僵。六指不便。恩累（別本作累恩）。弟兄。樹柱關中。（毛本作閞車。姜本何本作開車。）失其正當。

師　京庾積倉。黍稷以興。極行疾至。以饜飽食。

比　南山之蹊。眞人所在。德配唐虞。天命爲子。保祐歆享。身受大慶。

小畜　車馳人趍。卷甲相仇。齊魯寇戰。敗於犬邱。

履　十五許室。柔順有德。霜降既（別本作歸）嫁。文（別本作夫）以爲合。先王日至。不利出域。

泰　任力劣薄。遠託邦國。輔（宋校本作轉。疑形誤。）車不彊。（別本作僵。）爲邏所傷。

否　千歲舊室。將有困急。荷糧負囊。出門直北。

同人　惡災殆盈。日益彰明。禍不可救。三卻夷傷。

大有　冠危戴（別本作截）忠。身驚不安。與禍馳逐。凶來入門。

謙　虎狼並處。不可以仕。（別本作事。）忠謀轉政。（別本作改。）禍必及己。退隱深山。身乃不殆。

豫　卯與石鬬。縻碎無處。挈瓶之使。不爲憂懼。

隨　五心六意。歧道多怪。非君本志。生我恨悔。

蠱　雨雪載塗．東行破車．旅人無家．利益咨嗟．別本末句無．

臨　倘刑懷義．別本作倘利壞義．月出平地．國亂天常．咎徵滅亡．

觀　東行破車．步入危．別本作范．家．衡門穿射．無以爲主．賣袍續食．糟糠不飽．

噬嗑　逐禽出門．幷失玉丸．往來井上．破甑缺盆．

賁　孟春醴酒．使君壽考．南山多福．宜行賈市．稻別本作秋．梁雌雉．所至利喜．

剝　持刃操肉．對酒不食．夫亡從軍．少別本作長．子入獄．抱膝獨宿．

无妄　騎牛傷暑．不能成畝．草萊不墾．年歲無有．

大畜　南邦大國．別本作域．鬼魅滿室．讙聲相逐．爲我行賊．

頤　噂噂所言．莫如我垣．宋校本作恆．歡樂堅固．可以長安．

大過　堯舜禹湯．四聖敦仁．允施德音．民安無窮．旅人相望．未同朝卿．

坎　桎梏拘獲．身入牢獄．髡刑受法．終不得釋．耳閉道塞．求事不得．

離　桀跖並處．民困愁苦．行旅遲遲．留連齊魯．

咸　求雞獲雛．別本作雉．買鱉失魚．出入鈞敵．別本作均貨．利得無餘．宋校本作饒．齊姜宋子．婚姻孔嘉．別本作喜．

恆　雨師駕駟．風伯吹雲．秦楚爭強．施不得行．

遯　仲冬無（別本作寒）秋。鳥鵲飢（別本作散飲）憂。困於米食。數驚鶴鶥。

大壯　三羝上山。俱至陰安。遂到南陽。見（別本作完）其芝香。兩崖相望。未同（別本作有）枕床。

晉　飛至（別本作之）日南。還歸遼東。雌雄相從。和鳴雍雍。解我迴（別本作胸）春。

明夷　堯飲舜舞。禹拜上酒。禮樂所豐。可以安處。保我淑女。

家人　太乙置酒。樂正起舞。萬福（別本作神）攸同。可以安處。綏我齯齒。（何本作兒齒・姜本毛本作齒兒・）

睽　白馬驪（別本作驊）騮。生乳不休。富我商人。得利饒優。

蹇　宛（姜本何本作蹏・毛本作踠・）馬疾步。盲師坐御。目不見路。中止不到。

解　春桃萌生。萬物華榮。邦君所居。國樂無憂。

損　把珠入口。蓄爲玉寶。得吾所有。欣然嘉喜。

益　襦襓袴燸。羸剝飢寒。病瘧（別本作症）凍攣。

夬　水沫沈浮。汨溺不居。爲心疾憂。

姤　行如桀紂。雖禱不祥（別本作祐）。命衰絕周。文王（別本作君）乏祀。

萃　蜱蜉（別本作蜉蝣・御覽引與宋校本合・）戴盆。不能上山。脚摧跛（御覽引作趺・）蹶。頓（別本御覽引皆作損・）傷其顏。（別本作頭・御覽引與宋校本合）

升　長子入獄。婦饋母哭。霜降愈甚。嚮晦伏法。

困　求犬得兔。請新遇故。雖不當路。踰吾舊舍。

井　鳥鳴葭端。一呼三顛。搖動東西。危而不安。蠱祝（別本作衿。）禱祉。疾病無患。

革　天厭禹德。命興湯國。祓社釁鼓。以除民疾。

鼎　陰霧作匿。不見白日。邪徑迷道。使君亂惑。

震　猿墮高（別本作喬。）木。不踒（別本作跛。）手足。握珠懷玉。還歸我室。

艮　三驪負衡。南取芝香。秋蘭芬馥。盛滿匣匱。（何本作盈滿匧篋。姜本毛本盛作盈。）利我少姜。

漸　春生夏（別本作孚。）乳。羽毛成就。舉不失宜。君臣相好。盜走奔北。終無有悔。

歸妹　東行破車。遠反室家。天命訖終。無所禱凶。

豐　九雁列陳。雌獨不羣。爲罾所牽。死於庖人。

旅　二人輦車。徙去其家。井沸釜鳴。不可以居。

巽　閉塞復通。與善（別本作喪。）相逢。甘棠之人。解我憂凶。

兌　賦斂重數。政爲民賊。杼軸空虛。去其家室。

渙　怒非其怨。貪垢（別本作姤。）腐鼠。而呼鵲鴟。自分（別本作令。）失餌。致（別本作到。）被災患。

節　跰跌（姜本作短·何本）帶長．幽思窮（別本作最）苦．瘠貌小瘦（別本作少疲）．以病疾（別本字倒）·二降．

中孚　三人俱行．各別採桑．蘊其筐筥．留我嘉旅（別本作侶）．得歸無咎．四月來處．

小過　逐鳩南飛．與喜相隨．并獲鹿子．多得利歸．雖憂不（別本作无）危．

既濟　驅羊南行．與禍相逢．狼驚吾馬．虎盜我子．悲恨自咎．

未濟　東鄰西國．福喜同樂．出得隋珠．留獲和玉．俱利有喜（別本作息）．

无妄之第二十五

无妄　夏臺羑里．湯文厄處．皐陶聽理（別本作斷）．岐人悅喜．西望華首（宋校本作夏）．東歸無咎．

乾　儋耳穿胸．僬離旁舂．天地易紀．日月更始．蝮螫我手．痛爲吾毒．

坤　慈母之恩．長大無孫．消息襁褓．害不入門．

屯　僞（別本作譌）言妄語．轉相詿誤．道左失跡．不知鄉處．

蒙　鬱怏（別本作映）不明．陰積無光．日在北陸．萬物雕藏．

需　干（別本作主）母多福．天祿所伏．居之寵光（別本作昌）．君子有昌（別本作光）．

訟　不耕而獲．家食不給．中女無良．長子徒（別本作跛）足．疏齒善市．商人而息（別本作喜）．

師　火起上門．不爲我殘．跳脫東西．獨得生（姜本作先·何本）完．不利出鄰．爲（別本作病）疾憂患．

比 持刀操肉．對酒不食．夫亡從軍．長（別本作少）子入獄．抱膝獨宿．

小畜 鮹鰕去海．遊於枯里．街巷迫狹．不得自在．南北四極．渴餒成疾．

履 啞啞笑喜（別本作語）．與歡飲酒．長樂行觴．千秋起舞．拜受大福．

泰 登高上山．賓于四門．吾士（別本作士伍）．得懽福爲我根．

否 天厭周德．命我（別本作於）南國．以禮靜民．兵革休息．

同人 壅遏隄防．水不得行．火光盛陽．陰蜺（別本作魄）伏匿．走歸其鄉．

大有 河海（宋校本二字倒）都市．國之奧府．商人受福．少子玉食（別本作石）．

謙 東行避兵．南去不祥．西逐凶惡．北迎（別本作逃）福王．與喜相逢．

豫 東家中女．嫫母最醜．三十無室．媒伯勞苦．

隨 破亡之國．天所不福．難以止息．

蠱 驂駕蹇驢．日暮失時．居者無憂．保我樂娛．

臨 蝃蝀充側．佞幸傾惑．女謁橫行．正道壅塞（別本作王道充塞）．

觀 三羖五牂（別本作羊）．相隨俱行．迷入空澤．循（別本作有）谷直北．經（別本作徑）涉六駮．爲所傷賊．

噬嗑 戴喜抱子．與利爲友．天之所命．不憂危殆．荀伯勞苦．未（別本作西）來王母．

賁　織縷未就．針折不復．宋校本作勝折無後．女工多能．別本作態．亂我政事．

剝　行露之訟．貞女不行．君子無食．使道壅塞．

復　羿張烏號．彀射天狼．鐘鼓不鳴．將軍振旅．趙國雄勇．鬬死滎陽．

大畜　延頸望酒．不入我口．商人勞苦．利得無有．夏臺羑里．雖危別本作雖爲．復喜．

頤　冠帶南遊．與喜相期．邀於嘉國．拜爲別本作位．逢時．

大過　東西觸垣．不利出門．魚藏深水．無以樂賓．爵級摧頹．光威滅別本作咸．古咸滅通．衰．

坎　兩母十子．轉息無已．五乳百雛．騂駁驪駒．

離　重黎祖後．司馬太史．陸別本作陽．氏之災．離害別本作宮．悲苦．

咸　內執柔德．止訟以默．宗邑賴福．禍災不作．

恆　采唐沫鄉．要期桑中．失信不會．憂思約帶．一作牛驥同堂郭氏以亡國破爲墟．君奔走逃．

遯　宮別本作宜．成立政．衣衣就缺．袂．恭謙爲衞．終無禍尤．

大壯　麒麟鳳凰．子孫盛昌．少齊在門．利以合婚．招衣彈冠．別本無此句．貴人大宋校本作所．歡．

晉　亂危之國．不可涉域．機發身頓．遂至偃覆．別本作機機發發身頓偃覆．

明夷　千雀萬鳩．與鷂爲仇．威勢宋校本訛挈．御覽引作或勢．今从別本．不敵．雖衆無益．爲鷹所擊．別本此下有鳶事無失四字．

易學經典文庫

家人　衆神集聚。相與議語。南國虐亂。百姓愁苦。興師征討。更立賢主。

睽　顏淵閔騫。以禮自閑。君子所居。禍災不存。

蹇　三桓子孫。世秉國權。僭世（別本作勢•）上卿。富於周公。

解　鶴鳴九皐。處子失時。載土販鹽。難爲功力。

損　方軸圓輪。車（宋校本作東•疑形誤•）行不前。組囊以錐。失其事便。還師振旅。兵革休止。

益　魚擾水濁。桀亂我國。駕龍出遊。東之樂邑。天賜我祿。與生爲福。

夬　白虎黑狼。伏伺山陽。（宋校本作伏司•亦長•）遮過牛羊。病我商人。

姤　履危不安。跌傾我顏。傷腫爲瘢。（宋校本作傷瘇爲瘢•）

萃　三人輦車。乘（別本作東•）入旁家。王（別本作主•）母貪饕。盜我資財。亡失犂牛。

升　三雁（別本作鶴•）南飛。俱就井地。（別本作塘池•）鰕鰌饒有。利得過倍。

困　鷹棲茂樹。候（宋校本姜本何本作猴••寬引作候•與毛本合•）御雀往來。一擊獲兩。利在枝柯。（宋校本作伏不枝梧•）

井　堯舜欽明。禹稷股肱。伊尹往來。進履登堂。顯德之徒。可以輔王。

革　枯旱三年。草萊（宋校本作巢•）不生。桑盛空乏。無以供靈。

鼎　方口緩脣。（別本作吅舌•）爲和（別本作知•）樞門。解釋鉤帶。商旅以歡。

震　鳧鷖池水．（別本作池水溢・鳧）高陸為海．江河橫流．魚鼈成市．千里無牆．鸞鳳游行．

艮　烹魚失刀．駕馬車亡．鉛刀不及．（別本作刅不入・錫）魴鯉腥臊．

漸　戎狄蹲踞．無禮貪饕．非吾族類．君子攸去．

歸妹　渡河踰水．濡跨（別本作狐濡・）其尾．不為禍憂．捕魚遇蟹．利得無幾．

豐　河水（別本作出・）小魚．不宜勞煩．苛政苦（別本作害・）民．君受其患．

旅　假武修文．兵革休安．清人逍遙．未（別本作來・）歸空閑．

巽　九疑鬱林．氾濕不中．鸞鳥所（別本作易・）去．君子不安．

兌　持（別本作搏・）狷逢虎．患厭不起．遂至懽國．與福笑語．君王（別本作子・）樂喜．

渙　狗生龍馬．公勞嫗苦．家無善駒．（別本作筐筥・）折悔為吝．

節　嬰孩求乳．慈母歸子．黃麑悅喜．得其甘餌．

中孚　有兩赤鶴．從五隼噪．操矢無括．（毛本作筈・姜本何本訛筈・）趣釋爾射．（宋校本作財・）扶伏聽命．不敢動搖．

小過　伊尹智士．去桀耕野．執順以強．天祐（宋校本作文和・）无咎．

既濟　逐鹿西山．利入我門．陰陽和調．國無災殃．長子東遊．須其三仇．

未濟　龍興之德．周武受福．長女宜家．與君相保．（別本作德・）長股遠行．狸且善藏．

易學經典文庫

大畜之第二十六

大畜 朝鮮之地。箕伯所保。宜人宜家。業處子孫。求事大喜。

乾 金柱鐵關。堅(別本作膠)。固衛災。君子居之。安無憂危(別本作疑)。

坤 轉禍爲福。喜來入屋。春成夏國(別本作春城夏國)。可以飲食。保全家室。

屯 水暴橫行。緣(別本作浮)。屋壞牆。泱泱溢溢。市師驚惶。居止不殆。與母相保。

蒙 虎豹熊羆。遊戲山隅。得其所欲。君子無憂。旅人失利。市空無人。

需 躬禮履仁。尙德止訟。宗邑以安。三百無患。

訟 江淮易服。元黃朱飾。靈公夏徵。哀禍(宋校本作相)。無極。高位崩顚。失其寵室。

師 不虞之患。禍至無門。奄忽暴卒。痛傷我心。

比 三塗五嶽。去危入室。凶禍不作。桀盜堯服。失其寵福。貴人有疾。

小畜 配合相迎。利之四鄉。昏以爲期。明星熠熠(別本作煌煌)。欣喜君奭(別本作奭懌)。所言得當(別本作償)。

履 三手(毛本作首)。六身。莫適所閑。更相(別本作伏)。搖動。失事便安(別本作失事便動)。箕子佯狂。國乃不昌。

泰 虎臥山隅。鹿過後胸。弓矢設張。猬爲功曹。伏不敢起。遂全其軀。得我美章。

否 麟鳳執獲。英雄失職。自衛反魯。猥昧不起。福祿訖已。

同人　孿子作殃．伯氏誅傷．州犂奔楚．失其寵光．

大有　黃帝出遊．駕龍騎（別本作乘）．馬．東至太山．南過齊魯．王良御左．（別本作右）．文武何咎．不利市賈．

謙　齊魯爭言．戰於龍門．邂怨致禍．三世不安．

豫　道禮和德．仁不相賊．君子往之．樂有其利．

隨　嫗妒公姥．毀盆亂賴．（別本作類）．使我家憒．（別本作憤）．利得不（別本二字倒）．遂．

蠱　一巢九子．同公共母．柔順利貞．出入（別本作君子）．不殆．福祿所在．

臨　崔嵬北嶽．天神貴客．溫仁正直．主布恩德．閔哀不已．蒙受大福．

觀　三蛆（宋校本作雎）．逐蠅．陷墮釜中．灌沸淬殪．與母長訣．

噬嗑　東山西陵．高峻難升．滅夷掘壘．使道不通．商旅無功．復反其邦．

賁　常得自如．不逢禍災．福祿自來．

剝　范子妙材．戮辱傷膚．後相秦國．封爲應侯．

復　狼虎結集．（別本作謀）．相聚爲保．（別本作儔）．伺（別本作同）．囓牛羊．道絕不通．病我商人．

无妄　不宜杜公．與我爭訟．媒伯無禮．自令塞壅．

頤　上天樓臺．登降（別本作拜）．受福．喜慶大來．

大過　三羊上山．東至平原．(別本作康．)黃龍服箱．南至魯陽．完(宋校本作兒．疑形誤．)其佩囊．執綏車中．行人無功(別本作有)慶．

坎　天地閉塞．仁智隱伏．商旅不行．利深難得．

離　延陵適魯．觀樂太史．車轔白顛．知秦興起．卒兼其國．一統爲主．

咸　蠢蛾甲兵．歸放馬牛．徑路開通．國無凶憂．朽牆不鑿．疾病難治．

恆　牛驥同堂．郭氏以亡．國破爲墟．君奔走逃．(別本作趨．)

遯　大尾小腰．重不可搖．棟撓榱壞．臣爲君憂．陽大(別本作湯火．)之言．消不爲患．使我復安．

大壯　太一(別本作乙．)置酒．樂正起舞．萬福攸同．可以安處．綏(別本作保．)我齙齒．指空(姜本作暗室．)無餌．不利爲旅．

晉　飲酒醉酗．跳起爭鬭．伯傷叔僵．東家治喪．

明夷　山(別本作陵．)險難登．澗(宋校本作渭．)中多石．車馳轉擊．重載傷軸．載擔(別本作擔負．)善蹎．跌踒右足．

家人　爭訟不已．更相咨詢．張事(別本作李．)弱口．被髮北走．耳順從心．躬行至仁．不須以兵．天下太平．

睽　心志無良．傷破妄行．觸牆觝壁．不見戶房．先干閉關．商旅委弃．

蹇　鶉鵪鴟鴞．治成禦災．綏德安家．周公勤勞．

解　清人高子．久在(別本作屯．)外野．逍遙不歸．思我慈母．

損　兩虎爭鬬．股（宋校本誤服）．創無處．不成仇讎．行解卻去．

益　天女推床．不成文章．南箕無舌．飯多沙糖．虛象（別本作虛來）．盜名．雄雞折頸．

夬　太子扶蘇．走出遠郊．佞幸成邪．改命生憂．慈母之恩．無路致之．

姤　寒暑相推．一明一微．赫赫宗周．光榮（別本二字倒）．滅衰．

萃　雞狗相望．仁道篤行．不吠昏明．各安其鄉．周鼎和餌．國富民有．八極蒙祐．

升　銜牖戶旁（別本作房）．道（別本作通）．利明光．賢智輔聖．仁施大行．家給人足．海內殷昌．

困　雨雪三日（別本作月）．鳥獸飢乏．旅人失宜．利不可得．幾言解患．以療紛（別本作篤）．難危者（別本作身）．復安．

井　白鵠銜珠．夜食為明．膏潤渥優（別本二字倒）．國歲年豐．中子來同．見惡不凶．

革　從豕牽羊．與虎相逢．雖驚不凶．

鼎　鳧雁啞啞．以水為宅．雌雄相和．心志娛樂．得其所欲．絕其患惡．（末句別本無）

震　逐狐平原．水遏我前．深不可涉．暮無所得．

艮　窮寇逢戶．寒賤所處．十（別本作千）里望煙．散渙（別本二字倒）．四方．形體滅亡．下入深淵．終不見君．

漸　桀紂之主．悖不可堪（別本作）輔．貪棼為人．必定其咎．聚斂（別本作斂）積實．野在鄙（別本作鄙）．邑未得入（別本作來）我室．

歸妹　倉庫盈億。年歲有息。商人留連。雖久有得。陰多陽少。因地就力。

豐　火山不然。釣鯉失綸。魚不可得。利去我北。一作三人同福。以興周國。君子安息。

旅　童女無媒。不宜別本作利。動搖。安其居別本作室。廬。傅母何憂。別本作待母勤憂。

巽　載風雲母。遊觀東海。鼓翼千里。見吾愛子。

兌　鴻盜我襦。逃於山隅。不見其迹。使伯心憂。

渙　視夜無明。別本作夜視失明。不利遠鄉。閉門塞牖。福為我母。

節　三狗逐兔。于東北別本作門。路。利以進取。商人有得。

中孚　武王不豫。周公禱謝。載璧秉珪。安寧如故。

小過　同載共車。中道別去。爵級不進。君子不興。別本作下興。

既濟　六雁俱飛。遊戲稻池。大飲多食。食飽無患。舉事不遂。商旅作憒。別本作債。

未濟　符左契右。相與啓亂。別本作合齒。乾坤利貞。別本作乾以坤利。幸別本作季。生六子。長大成就。颯然別本作風言。如母。不利為咎。

頤

頤之第二十七

家給人足。頌聲並作。四夷賓服。干戈卷閣。

乾　思初道古．哀吟無輔．陽明不制．士失其所．

坤　江河淮海．天之奧府．衆利所聚．可以饒有．樂我君子．

屯　三雁俱行．(別本作飛)避暑就涼．適與繒遇．爲繳所傷．

蒙　秋南春北．隨時休息．處和履中．安無憂凶．

需　履危無患．跳(別本作逃)脫獨全．不利出門．傷我左踝．(別本作膝)疾病不食．鬼哭其室．

訟　東家凶婦．怒(別本作怨)其公姑．毀枓破盆．棄其飯飧．使吾困貧．

師　泥滓汚辱．棄捐溝瀆．衆所笑哭．終不顯祿．(別本作錄)

比　旦往暮還．各與相存．身無凶患．(別本二字倒)

小畜　六翮長翼．夜過射國．高飛冥冥．(別本無此句)羿氏無得．

履　蜂蠆之門．(別本作國)難以止息．嘉媚之士．爲王所食．從去其室．

泰　被(宋校本訛放)狐乘龍．爲王道東．過時不反．(宋校本作及)使我憂聾．

否　苞(別本作害)梅寄墮．(別本作墜)心思情憒．(別本作憒憒．下有懶變少愧四字．)亂我魂氣．

同人　長女三嫁．進退多態．牝狐作妖．夜行離憂．

大有　轟轟輷輷．驅車東西．(毛本作驅東逐西．何本逐作向．)盛盈必毀．高位崩顛．

謙　乘船道（別本作涉）濟.載水逢火.賴得無患.蒙我生全.（別本二字倒）

豫　至德（別本二字倒）.之君.政仁且溫.伊呂股肱.國富民安.

隨　生不逢時.困且多憂.無有冬夏.心常悲愁.

蠱　南歷玉山.東入生門.登福上堂.飲萬歲漿.

臨　大斧破（別本作斫）.木.讒人敗國.東關二五.禍及三子.晉人亂危.懷公出走.

觀　一室百孫.公悅婦（別本作嫗）.歡相與笑.言家樂以安.

噬嗑　隨陽轉行.不失其常.君安於鄉.國無咎殃.

賁　羣虎入邑.求索肉食.大人禦守.君不失國.

剝　弱足刖跟.不利出門.商賈無贏.折崩（宋校本訛明）.為患湯火之憂.轉解喜來.

復　夏臺幽戶.文王（宋校本作君）.厄處.鬼侯飲食.岐人悅喜.

无妄　棟撓榱壞.廊屋大敗.宮闕空廓（宋校本訛廓）.如冬枯樹.

大畜　讒（宋校本作說）.以內安.不利（別本作離）.其國.室家大懼.（別本作相懽）.幽囚重閉.疾病多求.罪亂憒憒.

大過　六龍俱怒.戰於陂下.倉黃不勝.旅人艱苦.

坎　天下雷行.塵起不明.市空無羊.疾人憂凶.三木不辜.（別本作喜）.脫歸家邦.

離　一指食肉．口無所得．染其鼎鼐．舌饞於腹．

咸　喜笑不常．失其福慶．口辟（別本作辨）．言疷（別本作疥）．行者畏忌．

恆　毛生毫背．國樂民富．侯王有德．

遯　豬豕童牛．童（別本作害）傷不來．三女（別本作光）同堂．生我福人．（別本作仁）

大壯　江河淮海（別本作濟）．盈溢為害．邑被其瀨．年困無歲．

晉　兩虎爭鬬．股瘡無處．不成仇讎．行解卻去．

明夷　五嶽四瀆．潤洽為德．行不失理．民賴恩福．

家人　椎車乘馬．南逢君子．與我嘉喜．（別本作福）雖（別本作離）憂无咎．

睽　缺囊破筐．空無黍粱．（宋校本作稷）不媚如（別本作始）公．棄於糞牆．（別本作場）

蹇　殺行桃園．見虎東還．螳螂之敵．使我無患．

解　飢人（別本作貧仁）入室．政衰弊極．抱其彝器．奔於他國．因禍受福．

損　庭燎夜明．追古傷今．陽弱不制．陰雄坐戾．

益　懸貆素飧．食非其任．失輿剝廬．休坐徙居．

夬　喜門福善．（別本作開福喜嘉）繒帛盈熾．（別本作織）日就為得．財寶敵國．（末句別本無）

姤　執綏登車。驂乘東遊。說齊解燕。霸國以安。

萃　水深無桴。蹇難何游。商伯失利。庶人愁憂。

升　三鳥鷙鷙。相隨俱行。南到饒澤。食魚與粱。君子樂長。（別本二字倒。）見惡不傷。

困　遠視目瞯。臨深苦眩。不離越都。旅人留連。（別本作離。）

井　終風東西。散渙（別本二字倒。）四分。終日至暮。不見子懽。

革　言無要約。不成券契。殷叔季姬。公孫爭之。彊入委禽。（別本作命。）不悅於（別本作我。）心。

鼎　牛馬聾聵。不知聲味。遠賢賤仁。自合（別本作令。）亂憒。疾病无患。生福在門。

震　從商近遊。俛食無憂。囹圄之困。中子見囚。

艮　据斗運樞。順天無憂。與樂並居。

漸　姬頰姜望。爲武守邦。藩屏燕齊。周室以彊。子孫億昌。

歸妹　亡羊東澤。循隄直北。子思其母。復（別本作隨。）返其所。

豐　張鳥閉（別本作開。）口。舌直距齒。然諾不行。政亂無緒。

旅　載船逢火。憂不爲禍。家在山東。入門見公。

巽　絕言（別本作國。）異路。心不相慕。蛇子兩角。使我心惡。

兌　鼻頂別本作項移徙．君別本作居不安坐．枯竹復生．失其寵榮．

渙　殷商以亡．別本無此四字．火息無光．年別本作千歲不長．殷湯光別本作遠明．

節　文王四乳．仁愛別本作孝．芥隱筆記引作愛．與宋校本合．篤厚．子畜十男．無有折夭．

中孚　熊羆豺狼．在山陰陽．伺鹿取麐．道候別本作伏畏難．

小過　雛葉被霜．獨蔽不傷．駕入喜門．與福爲婚．

既濟　黃雛白日．照我四國．元首昭明．民賴恩別本作爲福．漢有游女．人不可得．

未濟　順風在北．與歡相得．歲熟年樂．豐別本作邑無寇賊．長女行嫁．子孫不昌．係疾爲殃．

大過之第二十八

大過　典册法書．藏在蘭臺．雖遭亂潰．獨不遇災．

乾　日在北陸．陰蔽陽目．萬物空虛．不見長育．

坤　鬼泣哭社．悲傷無後．甲子昧爽．殷人絕祀．

屯　涉涂履危．不利有爲．安坐垂裳．堂別本作乃無災殃．門戶自開．君憂不昌．

蒙　陽失其紀．枯木復起．秋葉冬華．姜本何本作賓．毛本作秋華冬實．君不得息．失別本作

需　大樹之子．百條共母．當夏六月．枝葉盛茂．鸞鳥鳳別本作以庇．召伯遊暑．翩翩偃仰．甚各別本作得其所．

訟　秉鉞執殳．挑戰先驅．不從（別本作役．）元帥敗破爲憂．

師　啓室開關．巡狩（宋校本訛透得．）釋冤．夏臺羑里．湯文悅喜．

比　衰滅無成．（別本作幾．）淵溺在傾．狗吠夜驚．家乃不寧．枯者復華．幽人無憂．（末二句別本無．）

小畜　西鄰少女．未有所許．志如委衣．不出房戶．心無所處．傳母何咎．

履　狗吠夜驚．履鬼頭頸．危者弗傾．患滅（別本作者．）不成．

泰　當年少寡．獨與孤處．雞鳴犬吠．無敢難者．我生不辰．獨嬰寒苦．

否　無道之君．鬼哭其門．命與下國．絕不得（宋校本二字倒．）食．

同人　乘龍南遊．夜過糟邱．脫厄無（別本作增．）憂．緡絕弩傷．羿不得羑．

大有　馬躓車傷．長舌破家．東關二五．晉君出走．

謙　瓜葩匏（別本作花瓠．）實．百女同室．苦醯（別本二字倒．）不熟．未有妃合．（別本作配合．妃古配字．）

豫　晨風文翰．大舉就溫．昧過我邑．羿無所得．

隨　浼浼浞浞．（別本作促促．）塗泥至轂．馬（別本作兩．）濘不進．虎齧我足．（別本作不得．）

蠱　膠車傷束．與雨相逢．故革懈惰．頹輪（別本作頓禹．）獨坐．憂不爲禍．

臨　六家作權．公室剖分．陰制其陽．唐叔失明．

觀　去室離家．來奔大都．火息復明．姬伯以昌．商人失功．

噬嗑　牧羊稻園．聞虎喧讙．危懼喘息．終無禍患．

賁　嬰孩（別本作兒）求乳．母歸其子．黃麑懽（別本作悅）喜．（別本此下有乃得甘飽四字）

剝　廓落失業．跨禍度（別本作變）福．利無所得．

復　出入無時．憂禍（別本作患）爲災．行人失牛．利去不來．老（別本作若）馬少（別本作遺）駒．勿與久居．

无妄　風怒漂木．女惑生疾．陽失其服．（別本作時）陰孽爲賊．

大畜　車馬病傷．不利越鄉．幽人元亨．（別本作無食）去晦就明．

頤　三奇六耦．各有所主．周南召南．聖人所在．德義流行．民悅以喜．

坎　坐爭立訟．紛紛匆匆．（姜本何本作詾詾．毛本作詾詾）卒成禍亂．災及家公．

離　憂凶（別本二字倒）爲殘．使我不安．從之南國．以除心疾．

咸　愛我嬰女．牽引不與．（別本作得）冀幸高貴．反得（別本作日）賤下．

恆　宜行賈市．所聚（別本作取）必倍．載喜抱子．與利爲友．

遯　坐席未溫．憂來扣門．踰牆北走．兵交我後．脫於虎口．

大壯　赤帝懸車．廢職不朝．叔帶之災．居于汜廬．（別本作君子記廬）

晉　子畏於匡．厄困陳蔡．明德不危．竟自免害．

明夷　逐雁南飛．馬疾牛罷．不見魚池．失利憂危．牢戶之冤．脫免無患．

家人　推輦上山．高仰重難．終日至暮．不見阜顛．

睽　發不爲患．福在堂門．使吾（別本作君・）假安．

蹇　春桃始（別本作生・）華．季女宜家．受福多年．男爲邦君．

解　高山之巔．去谷（別本作地・）億千．雖有兵寇．足以自守．

損　過時歷月．役夫顦顇．處子嘆室．思我伯叔．

益　太微復明．說升傳巖．乃稱高宗．（宋校本訛室・○別本注・一作疾在頭顙・和不能生・滅其令名・）

夬　旁多小星．三五在東．早夜晨行．勞苦無功．

姤　東鄉煩煩．相與笑言．子般鞭犖．圉人作患．

萃　鼻移在頭．枯葦復生．下朽上榮．家乃不寧．其金（別本作舍・）不成．

升　蝦蟆羣聚．從天請雨．雲雷疾（別本作集・）聚．應時輒下．（別本作與・）得其願所．（別本二字倒・）

困　大步上車．南到喜家．送我貂裘．與福載來．

井　賊仁傷德．天怒不福．斬刈宗社．失其宇守．（別本作土字・）

革　從猾見虎．雖危不殆．終已无咎．別本作不處．

鼎　履素行別本二字倒．德卒蒙祐福．與堯侑食．君子有息．

震　利在北陸．寒苦難得．憂危之患．福爲道門．商叔生存．

艮　四蹇六盲．足痛難行．終日至暮．不離其鄉．別本作鄰．

漸　臺駘昧子．明知地理．障澤宣流．別本作德．封君河水．別本作封居河涘．

歸妹　畜水得別本作待．時．以備火災．柱車絆馬．郊行出旅．可以无咎．

豐　歲暮花落．君衰於德．榮宋校本作勞．寵隕宋校本作訛損．墜．陰奪別本作棄．其室．

旅　夏販別本作敗．蔡悲．千里爲市．黃葉殰別本作落澧．鬱利得無有．

巽　仲春巡狩．東見羣后．昭德允明．不失其所．

兌　栵潔縲縲．結締別本作締構．難解．嫫母銜嫁．媒不得坐．自爲身禍．

渙　鳥鳴庭別本作噂夜．中．以戒災凶．重門擊柝．備憂暴別本作外．客．

節　朝霧暮露．織我衣襦．退無得牛．別本作道無行牛．

中孚　抱璞懷玉．與桀相觸．姜本毛本作跼觸．詘坐不中．別本作中．道無良人．

小過　兩心相悅．共其柔筋．姜本何本作蒱蓟．毛本蓟作虒．夙夜在公．不離房中．得君子意．

既濟　載餽如田．破鉏失食．（別本作餐．）苗穢（別本作稼．）不闢．獨飢於年．

未濟　甘露醴泉．太平機關．仁德感應．歲樂民安．

坎之第二十九

坎　有烏黃（宋校本二字倒．）足．歸呼季玉．從我睢陽．可避刀兵．與福俱行．有命久長．

乾　太王爲父．季歷孝友．文武聖明．仁德興起．宏（別本作孔．）張四國．載福綏厚．

坤　猿墮高木．不矮手足．保我金玉．（別本作全生．）還歸其室．

屯　重耳恭敏．遇讒出處．北奔狄戎．經涉齊楚．以秦代懷．誅殺子圉．身爲霸主．

蒙　倚鋒據戟．傷我胸臆．拜（別本作耗．）折不息．

需　狗冠雞（宋校本作雛．）步．君失其所．（宋校本作居．）出門抵山．行者憂難．水灌我園．高陸爲泉．

訟　衆烏所翔．中有大怪．（宋校本訛壯．）爪牙長頭．（別本作丈身長頸．）爲我驚憂．

師　雷（別本作虎．）行相逐．未有休息．戰於平陸．爲夷所覆．

比　禹鑿龍門．通利水泉．同注滄海．民得安然．

小畜　堯舜仁德．養賢致福．衆英積聚．國無寇賊．商人失利．來爭寶貨．（末二句別本無．）

履　陸居少泉．山高無雲．車行千里．塗不污輪．渴爲我怨．佳思廣德．（末句別本無．）

泰　朝視不明。夜不見光。別本作朝不見光夜不見明。皆別本作瞑。抵空床。季女奔亡。愴焉心傷。

否　齊魯求別本作永。國。仁聖輔德。進別本作造。禮雅言。定公以安。

同人　東吊元圭。君以布德。伊呂百里。應聘輔國。

大有　棘鉤我襦。爲絆所拘。靈巫拜禱。別本作祝。禍不成災。東山之邑。中有肥土。宋校本作土服。可以饒飽。

謙　門燒屋燔。爲下所殘。西行出戶。順其道理。虎臥不起。牛羊歡喜。

豫　牆高蔽日。別本作目。崑崙翳月。別本作日。遠行無明。不見懽叔。

隨　天地際會。不見內外。祖辭遺送。與世長訣。

蠱　深水難涉。泥塗宋校本作塗難。至轂。牛罷不進。濘陷爲疾。

臨　羊驚狼虎。別本二字倒。羅猴羣走。無益於僵。爲齒所傷。

觀　履蛇躡虺。與鬼相視。驚恐失氣。如騎虎尾。

噬嗑　車驚人隮。別本作傾。兩輪脫去。行者不至。別本作止。主人別本作人生。憂懼。結締復解。夜明爲喜。

賁　南販北賈。與怨別本作喜。爲市。利得自治。別本作百倍。

剝　延陵適魯。觀樂太史。車鄰白顛。知秦興起。卒兼其國。一統爲主。

復　出門逢患。姜本毛本作惡。與禍爲怨。別本作患。更別本作反。相擊刺。傷我手端。

无妄　獐鹿同（別本作麞．）走．自燕嘉喜．（別本作自然燕喜．）公子好遊．他人多有．

大畜　恭寬信敏．履福不殆．從其邦域．與喜相得．

頤　欲飛無翼．鼎重折足．失其喜（別本作福．）利．苞羞爲賊．上妻之家．（別本下有富其冢宰一句．）喜除我憂．解吾思愁．

大過　府藏之富．王以賑貸．捕魚河海．罟（別本作布．）網多得．

離　陰生麋（別本作麑．）鹿．鼠舞鬼哭．靈龜陸處．釜甑草土．（別本作塵生．）仁智盤桓．國亂無緒．（別本作敘．）

成　風塵暝迷．（別本作坎坷．）不見南北．行人（別本作迷．）失路．（別本作利．）復反其室．

恆　金革白黃．宜利戒（別本作戎．）市．嫁娶有息．商人悅喜．

遯　匏瓜之德．宜繫不食．君子失與．（宋校本作輿．）官政懷憂．

大壯　乘船渡濟．載冰（別本作水．）逢火賴得免患．蒙我所恃．（別本作我有所持．）

晉　道途（別本作險．）多石．傷車折軸．與市爲仇．不利客宿．

明夷　託寄之徒．不利請求．結衿無言．乃有悔患．

家人　三羊（別本作年．）爭妻．相逐奔馳．終日不食．精氣竭罷．

睽　退惡防患．見在心苗．（別本無此四字．）日中之恩．（別本作日之中息．）解釋倒懸．

蹇　兩足四翼．飛入家（宋校本作嘉．）國．寧我伯姊．與母相得．

解　寒露所降．凌制堅冰．別本作寒露所凌．漸致堅冰．草木瘡傷．別本作瘍．花落葉亡．

損　后稷農功．富利我國．南畝治理．一室百子．

益　設網張羅．捕魚園池．網罟自決．雖得復失．危訴之患．受其忻宋校本作低．懽．

夬　路與縣休．侯伯恣驕．上失其盛．別本作威．周室衰別本作相．微．

姤　逐走追亡．相及扶桑．復見其鄉．使我悔喪．

萃　履祿綏厚．藏福受別本二字倒．祉．衰微復起．繼世長久．疾病獻娄．別本作无咎．晉人赴告．

升　鰥寡孤獨．祿命苦薄．入宮無妻．武子哀悲．

困　山沒邱浮．陸爲水魚．燕雀無巢．民無室廬．

井　冠帶南遊．與福喜期．徼于別本作邀遊．嘉國．拜爲別本作位．逢時．

革　東行亡羊．失其羝牂．少婦別本作女．無夫．獨坐空廬．

鼎　探巢捕魚．耕田捕鯆．費日無功．右手空虛．別本二字倒．

震　東行飲酒．與喜相抱．福吾家利．來從父母．別本作福爲吾家．利來從母．水澤之徒．望邑而處．

艮　妄怒失精．自令毀悔．忪忪之懼．別本作怡怡之懽．君子无咎．

漸　白雲如帶．往往旗別本作來．處．飛風送迎．大雹將下．擊我禾稼．僵死不起．

易學經典文庫

歸妹　南至之日。陽消不息。北風烈寒。萬物藏伏。

豐　火中仲夏。鴻雁來（別本作解）。含。體重難移。未能高舞（別本作舉）。君子顯名。不失其譽。

旅　北行出門。履陷（別本作蹈）。躓顛。踒足據塗。汙我襦袴。

巽　輕車醱祠。焱（別本作疾）。風暴起。促亂祭器。飛揚錯華（別本作鼓舞）。明神降佑。道無害寇。

兌　酒爲歡伯。除憂來樂。福喜入門。與君相索。使我有得。

渙　三足孤烏。靈明（別本作虛鳴）。督郵。司過罰惡。自賊其家。毀敗爲憂。

節　三河俱合。水怒踴躍。壞我王屋（毛本作室）。民飢於食。

中孚　南行遊園。惡虎畏班。執火銷金（別本作鋒）。使我無患。

小過　求鹿過山。與利爲怨。鬧聾不言。誰知其懽。

既濟　行旅困蹶。失明守宿。囹圄之憂。啓執（別本作縶）。出遊。

未濟　据棘履危（別本作杞）。跌刺爲憂。夫婦不和。亂我良家。

離之第三十

離　時乘六龍。爲帝使東。達命宣旨。無所不通。

乾　執轡四驪。王以爲師。陰陽之明。載受東齊。

坤　春秋禱祝。（別本作祀）解禍除憂。君子无咎。

屯　坐車。（別本作朝）乘軒。據國子民。虞叔受命。和合六親。

蒙　開戶下堂。與福相迎。祿于公室。曾孫以昌。

需　高木腐巢。漏濕難居。不去甘棠。使我無憂。

訟　三女爲姦。俱行高園。倍室夜行。與伯笑言。不忍（別本作認）主母。爲設醴（別本作歡）酒。宛尤誰禱。

師　漏卮盛酒。無以養老。春貸黍稷。年歲實有。履道坦坦。平安何（別本作无）咎。

比　松柏枝葉。常茂不落。君子惟體。（別本作儺寧）日富安（別本作求）樂。

小畜　夫婦不諧。爲燕攻齊。良弓不張。騎劫憂亡。

履　出令不勝。反爲大災。強不克弱。君受其憂。

泰　奔牛（別本作走）相錯。敗亂緒業。民不得作。

否　載璧秉珪。請命于河。周公克敏。沖人瘳愈。

同人　素車僞（別本作爲）馬。不任重負。王侯出征。憂危爲咎。

大有　大樹之子。同（別本作百）條共母。比至火中。枝葉盛茂。

謙　壅遏隄防。水不得行。火盛陽光。陰蜺伏藏。走歸其鄉。（宋校本作婦其歸走）

豫　五嶽四瀆.合潤爲德.行不失理.民賴恩福.

隨　駕駿南遊.虎驚我羊.（別本作牛.）陰不奉陽.其光顯揚.（別本作滅亂.）言（別本作譬.）之謙謙.奉義解患.

蠱　早霜晩雪.傷害禾麥.損功弃力.飢無所食.

臨　岐周海隅.有（別本作獨.）樂無憂.可以避難.全身保財.

觀　陰蔽其陽.目暗不明.君憂其國.求騂得黃.駒犢從行.

噬嗑　金城鐵郭.上下同力.政平民歡.寇不敢賊.

賁　平公有疾.迎醫秦國.和不能治.晉人赴告.（別本作疑惑.）

剝　戴（別本作截.）堯扶禹.從喬彭祖.西過（別本作遇.）王母.道里（別本作路.）夷易.無敢難者.

復　羔羊皮革.君子朝服.輔政天德.以合萬國.

无妄　振鐸鼓樂.（宋校本作鐃鼓翼據.）將軍受福.安帖之家.虎狼爲（宋校本作與.）憂.履危不殆.（宋校本作強.）師行何咎.

大畜　嫡庶不明.孽亂生殃.陳失其邦.

頤　鳥驚孤鴻.國亂不寧.上弱下強.爲陰所刑.（別本作行.）

大過　六月采芑.征伐無道.張仲方叔.克勝飲酒.（別本作坎卦.）

坎　被繡夜行.不見文章.安坐玉堂.乃无咎殃.長子帥師.得其正常.（別本作大過卦.）

咸　昧暮乘車．東至伯家．踰梁越河．濟脫無他．

恆　東風解凍．和氣兆升．年歲豐登．

遯　三狸搏鼠．遮遏前後．死於圜域．不得脫走．

大壯　綏德孔明．履祿久長．貴且有光．疾病憂傷．

晉　三虎搏狼．力不相當．如摧腐枯．一擊破亡．

明夷　使伯采桑．很不肯行．與叔爭訟．更相毀傷．

家人　抱空握虛．鴟鷲我雛．利去不來．

睽　李花再實．鴻升降集．仁哲以興．隆國无賊．

蹇　東山皐落．勇悍不服．金玦玩好．衣爲身賊．（別本此下有絲麻不作四字・）

解　飛蚊汚身．爲邪所牽．青蠅（妻本毛本作蠅・）分白．貞孝放逐．

損　南山大木．文身其目．（別本作文身六目・）制命出令．（別本作文・）東里田畝．（別本作宣數・）尊主安居．鄭國無患．

益　泉起崑崙．東（別本作西・）出玉門．流爲九河．無有憂患．

夬　命短不長．中年夭傷．鬼泣（別本作思及・）哭堂．哀其子亡．

姤　君臣不和．上下失宜．宗子哭（別本作哀・）歌．

萃　苛政日作．螟食華葉．割下啖上．民被其賊．秋無所得．

升　南行載鎧．登場（別本作履）．九魁車傷．牛罷．日暮嗟咨．

困　春東夏南．隨陽有功．與利相逢．

井　頭尾顛倒．不知緒處．君失其國．

革　言無要約．不成券契．殷叔季姬．公孫爭之．強入委禽．不悅子南．

鼎　缺破（別本作陷）．不成．胎卵不生．不見其形．

震　見蛇交悟．（毛本作臥）．惜蜿（別本作蟃）．畏惡．心乃无悔．

艮　河水孔穴．壞敗我室．水深無涯．魚鼈傾倒．

漸　五居四瀆．地得以安．高而不危．敬慎（別本作驚懼）．避患．

歸妹　南至之日．陽消不息．北風烈寒．萬物藏伏．

豐　五利四福．俱田居（別本作高）．邑．黍稷盛茂．多獲高積（別本作稻）．

旅　公孫駕車．載遊東齊．延陵子產．遺季（別本作我）紵衣．疾病哀悲．

巽　交亂（別本作蛟虬）．當道．民困愁苦．望羊罝羣．長子在門．

兌　金玉滿堂．忠直乘危．三老凍餓．鬼奪其（別本作我）室．求魚河海．網舉必得．

渙

日入幽匿。（別本作明匿。）陽明。（姜本何本作精。毛本作晶。）隱伏。小人勞心。（別本二字倒。）求事不得。

節

頻逢祉。（別本作招。）飲失利後福。不如子息。舊居故處。（別本作舊器故杵。）申請必與。（別本作得。）乃無大悔。

中孚

南有嘉魚。駕黃取遊。魴鱮翊翊。利來無憂。

小過

黃裳建元。文德在身。祿祐（別本作佑。）洋溢。封為齊君。買市無門。股肱多根。（末二句別本無。）

既濟

口不從心。欲東反西。與意乖戾。動舉失仗。（別本作便。）

未濟

虎狼之鄉。日爭凶訟。叨爾為長。不能定從。（別本作證。）

焦氏易林卷三

咸之第三十一

咸　雌單獨居。歸其本巢。毛羽顦顇。志如死灰。

乾　小（宋校本作十）。窗多明。道理利通。仁智（別本作賢）君子。國安不僵。

坤　心惡來怪。衙衙何懼。顏淵（宋校本作伯）子騫。尼父聖誨（宋校本作母）。

屯　烏鳴呼子。哺以酒脯。高棲（宋校本作樓）水處（別本作起）。來歸其母。

蒙　國馬生（何本作比）角。陰孳萌作。變易常服。君失于宅。

需　入宇（何本作八年。姜本毛本作入年。）多悔。耕石不富。衡門屢空。使士失意。

訟　情懦（姜本毛本作諸孺。何本作諸儒。）行賈。遠涉山阻。與旅爲市。不危不殆。利得十倍。

師　梁破橋壞。水深多畏。陳鄭之間。絕不得前。

比　雙鳧俱飛。以歸稻池。經涉萑澤。爲矢所射（別本作傷）。傷（別本作損）我胸臆。

小畜　讒誕不成。倍（別本作信）梁滅文。許人買（別本作賣）牛。三夫爭之。失利後時。公孫懷憂。

履　南國凶饑（別本二字倒）。民食糟糠。少子困捕。利無所得。

泰　狗吠非主。狼虎夜擾。驚我東西。不爲家咎。

否　望龍無目。不見手足。入水求玉。失其所欲。

同人　以鹿爲馬。欺誤其主。聞言不信。三口爲咎。黃龍三子。中樂不殆。

大有　養幼新婚。未能出門。登宋望齊。不見太師。

謙　王孫季（別本作貴。）子。相與爲友。明允篤誠。升擢薦舉。

豫　山水暴怒。壞梁折柱。稽難行旅。（別本作稽旅難行。）留連愁苦。

隨　鷁鳩徙巢。西至平州。遭逢雷電。破我葦蘆。（別本作碎我君廬。）室家饑寒。思吾故初。

蠱　登高傷軸。上阪弃粟。販鹽不利。賈牛（別本作市賈。）折角。（姜本毛本作陷。）

臨　祝鮀王孫。能事鬼神。節用綏民。衛國以存。饗我旨酒。（別本無此句。）眉壽多年。

觀　九里十山。道却嶮難。牛馬不前。復反來還。（還一作道。）

噬嗑　枯樹不花。空淵無魚。雋（宋校本作蕉。）烏飛翔。利弃我去。

賁　雉狐唯唯。（別本作綏遺。）登上山嵬。（別本作登山崔嵬。）昭告顯功。大福允興。

剝　啞啞笑喜。（別本作言。）相與飲酒。長樂行觴。千秋起舞。拜受大福。

復　大推（疑作椎。）破轂。長舌亂國。床笫之言。三世不安。

无妄　男女合室。二（別本作三）姓同食。婚姻孔云。宜我孝孫。

大畜　千仞之牆。禍不（別本作不得）入門。金籠鋏疏。利以避兵。欲南上（別本二字倒）阪。軸方（宋校本作轉萬）不轉。還車復反。

頤　華言風語。自相詿誤。終無凶事。安寧如故。

大過　汎汎柏舟。流行不休。耿耿寤寐。（別本作耽耽寐寐）公懷大憂。仁不遇時。退隱窮居。

坎　大尾小頭。重不可搖。上弱下強。陰制其雄。

離　一身三口。語無所主。東西南北。迷惑失道。

恆　南行求福。與喜相得。封受上賞。鼎足輔國。

遯　過時不歸。雌雄苦悲。（宋校本作苦悲雄惟）徘徊外國。與母分離。

大壯　堯舜在國。陰陽和德。涿聚衣裳。晉人無殃。

晉　周城（別本作公疑作成）之隆。（宋校本作降疑形訛）越裳夷通。疾病多祟。鬼哭其公。狠（宋校本作鳥）子野心。宿客（別本二字倒）不同。

明夷　中西脫服。牛馬休（毛本作依）息。君子以安。勞者得懽。

家人　凱風無母。何恃何怙。幼孤弱子。爲人所咎。（別本作苦）

睽　出門上堂。從容臚房。不失其常。天牢比（別本作地）戶。勞者憂苦。

蹇　天厭周德．命與南國．以禮靜民．兵革休息．

解　常葉折衡．（別本作堂桑折衝）佐鬭者傷．暴臣反國．良臣被（宋校本作破）殃．

損　合歡之國．嘉喜我福．東岳西山．朝齊成恩．（別本作恩）

益　耕石不生．弃禮無名．縫衣失針．襦袴不成．

夬　璺蕃闌脅．（別本作嚚）跛倚不行．坐尸爭（別本作尸孚）骸．身被火（別本作大）災．因（別本作困）其多憂．

姤　生長太平．仁政流行．四方歸德．社稷康榮．

萃　桀跖竝處．民之（別本作人）愁苦．擁兵荷糧．戰於齊魯．合迻同（別本作得）牢．姬姜竝居．

升　南與凶俱．破車失襦．西行無袴．亡其寶賂．

困　空曹注器．豚彘不至．張弓祝雞．雄父飛去．

井　望尚阿衡．太宰周公．藩屏湯武．立為王侯．

革　朝鮮之地．箕子（別本作姬伯）所保．宜家宜人．業處子孫．

鼎　昔（別本作息）憂解笑．故貧（別本作貧）今富．載榮（別本作樂）履善．與福俱過．（別本作憂．注疑作憂．）

震　叔迎伯兄．遇巷（宋校本作卷）在陽．君子季姬．並坐鼓簧．

艮　順風縱火．芝艾俱亡．（宋校本作死）三官集房．一子中傷．

漸　駕車入(別本作八)里．求鮮魴鯉．非其肆居．自令失市．君子所在．安無危咎．(別本作殆)

歸妹　拔劍傷手．見敵不起．良臣無佐．困辱爲咎．(別本作苦)

豐　亂君之門．佐鬬傷跟．營私貪祿．身爲悔殘．東下泰山．見我所歡．

旅　慈母望子．遙思不已．久客外野．使我心苦．

巽　魴生淮卻．一轉爲百．周流四海．無有患惡．(淮卻一作江睢)

兌　甘露醴泉．太平機關．仁德感應．歲樂民安．

渙　采薇出車．魚驪思初．上下役急．君子免憂．

節　豕生魚魴．鼠舞庭堂．雄佞施毒．上下昬荒．君失其邦．

中孚　三頭六目．道畏難宿．寒苦之國．利不可得．

小過　燕(宋校本作鷰)雀銜茅．以生孚乳．昆弟六人．姣好孝悌．各同心願．和悅相樂．

既濟　文君之德．(別本作德義)仁義(別本作聖)．致福年無胎夭．國富民實．君子(別本作臥者)．在室．曾累益恩．(別本作息)

未濟　秋粱未成．無以至陳．水深難涉．使我不前．

恆之第三十二

恆　黃帝所生．伏羲之宗．(別本作字)兵刀(別本作刃)．不至．利以居止．

乾　登墀踒足．南行折角．長夜之室．不逢忠直．

坤　燕雀衰老．悲鴻（別本作鳴．）入海．憂不在鄉．（別本作憂在不飾．）差池其羽．頡頏上下．在（別本作寡．）位獨處．

屯　開（別本作陽．）門除憂．伯自外來．切切無（別本作之．）患．我之（別本作心．）得歡．

蒙　郊耕釋耟．（別本作擇耜．）有所疑止．空虛無子．（別本下有蒙昧不知四字．）

需　張牙切齒．齗齗怒相視．（宋校本作及．）禍（宋校本作咎．）起蕭牆．牽引吾子．患不可解．憂驚吾母．

訟　履不容足．南山多棘．母出房闥．（別本作闔．）乃無疾病．

師　牛驊亡子．鳴於大野．中後陰徵．罡歸其母．（別本作中后陰徵．還歸其母．）

比　龍生于淵．因風昇（宋校本作身．）天．章虎炳文．爲禽（宋校本作凶．）敗軒．發蜺（毛本作鯢．）溫谷．暮宿昆崙．終身無患．光（宋校本作充．）精照耀．不被患（宋校本作禍．）難．

小畜　既嫁宜吉．出入無憂．（別本作告．）三聖並居．國安無災．

履　北陸陽伏．不知白黑．（別本二字倒．）君子傷讒．正害善人．

泰　一身兩頭．近（別本作延．）適二家．亂不可治．

否　牝馬牡駒．歲字（別本作學．）不休．君子衣服．利得有餘．

同人　南行懷憂．破其金輿．安坐故廬．乃無災患．

大有　憂人之患．履傷浮顚．別本作顔爲身禍殘．篤心自守．與喜相抱．

謙　咸陽辰巳．長安戌亥．邸陵生上．別本作心非魚鰌市．可以避不．別本作水終無凶咎．

豫　不知何孫．夜來扣門．我愼外寢．別本作寇兵戎且來．

隨　昧旦不明．日暗宋校本作暗我無光．喪滅失常．使我心傷．

蠱　江陰水側．舟楫破乏．狐宋校本作孤．疑形訛．不得南．豹无以北．雖欲會盟．河水梁絕．

臨　神之在北．逆破爲咎．不利西南．商人止後．別本作傷人休止．

觀　然諾不行．欺天別本作訟誤人．使我靈別本作虛宿．夜歸溫室．神怒不直．鬼擊別本作繫無目．欲求福利．適反自賊．

噬嗑　攘臂極別本作拯肘．怒不可止．狠戾愎宋校本作復很．無與爲市．

賁　販馬賈別本作買牛．會値空虛．宋校本二字倒．利得尠少．留連爲憂．

剝　高樓陸處．以避風雨．深堂邃宇．君安其所．牝雞之晨．別本作息爲我利福．宋校本作弗．疑作茀．求得別本作請求．弗得．

復　阿衡服箱．太乙載行．逃時歷舍．所之別本作求吉昌．

无妄　飛來之福．入我居宋校本作嘉．室以安吾國．

大畜　不孝之患・子爲母殘・別本作子孫爲殘・老耄莫養・獨坐空垣・

頤　南過棘門・鉤別本作駒・裂我冠・闕之別本作斷衣・傷襦・使君恨憂・

大過　重門射平・宋校本作重或射卒・不知所定・質疑蓍龜・孰可避火・宋校本作大・明神報答・告以犧牲・宋校本作肌如下無・宜利止居・宜利止居・

坎　麟宋校本作麟・鹿鳳雛・宋校本作稚・安樂無憂・捕魚河海・利蹤徙宋校本作從・姜本作徙・此從毛本何本・居・

離　新田宜粟・上農得穀・君子懷德・以干百祿・宋校本作干百以福・

咸　鷸知帶長・幽別本作出・思苦窮・揹蠡小瘦・以病之降・別本作癃・

遯　爭訟之門・不可與鄰・出入爲憂・生我心患・別本作出入有爲憂生我患・

大壯　朽根枯株・不生肌膚・病在心腹・別本作腸・日以焦勞・別本作燋枯・

晉　雨師娶婦・黃巖季子・別本作女・成禮就婚・相呼南上・膏我下土・年歲大茂・

明夷　冬採薇蘭・地凍堅難・利走失北・暮無所得・

家人　昧之東域・誤過虎邑・失我熊羆・宋校本作熊・饑無所食・

睽　日莫閉目・隨陽休息・箕子以之・乃受其福・舉首別本作事・多言・必爲悔殘・

蹇　蓼蕭瀼瀼・君子龍光・鳴鸞噰噰・福祿來同・

解　烏飛無翼。兔走折足。雖不會同。(別本二字倒·)未得醫工。(別本作未能利達·)

損　五勝相賊。火得水息。精光消滅。絕不長(別本作能·)續。

益　東賁齊魯。得騂大(宋校本作犬·)馬。便辟能言。巧賈善市。(別本作市人善賈·)八鄰(別本作鄰人·)併戶。請火不與。人道閉塞。鬼守(別本作祟·)其字。

夬　爭雞失羊。亡其金囊。利不得長。陳蔡之患。賴楚以安。

姤　九登十陟。馬跌不前。管子佐之。乃能上山。

萃　東鄰愁苦。君亂天紀。甘(別本作自·)貪祿寵。必受其咎。意合志同。自(別本作內·)外相從。見吾伯公。

升　三狸捕鼠。遮遏前後。(別本作遮過我前·)死於壞城。(姜本何本作外城·)不得脫走。

困　狼虎爭彊。禮義不行。兼吞其國。齊晉(別本作晉·)無王。

井　五岳四瀆。合潤爲德。行不失理。民賴恩(別本作恩·)福。

革　六月種黍。歲晚無雨。秋不宿酒。神失其所。先困後通。與福相逢。(別本作從·)

鼎　騋牝龍身。日取三千。南上蒼梧。與福爲婚。道理夷易。身安無患。

震　出入休居。安止相(別本作無·)憂。上室之權。(別本作懽·)虎(別本作慮·)爲季殘。

艮　南山昊天。刺政閔(宋校本作闕·疑訛·)身。疾病無辜。背憎爲仇。

漸　蒼耳東從。別本作滿頓東徙。道頓跂。別本作路跛。踦。日辰不良。病為祟禍。

歸妹　兄征東燕。弟伐遼西。大克勝還。封君別本作居。河間。

豐　播輪。宋校本作輪疑形訛。折幅。馬不得行。豎牛之讒。賊其父兄。布裘別本作衣。不傷。終身無殘。別本作患。

旅　駕之南海。晨夜不止。君子勞罷。僕使別本作大。憔苦。

巽　怨亂燒被。別本作怨重被燒。忿怒生禍。偏別本作褊。心作難。別本作事。意如為亂。

兌　張狂妄行。竊食稻粱。狗吠非主。嚙傷我足。

渙　警蹕戒別本作式。道。先驅除害。王后親桑。以率羣功。安我祖宗。

節　門戶乏食。困無別本作死。誰告。對門不通。莫所歸急。穜別本作積。藏五穀。一花百別本作千。葉。別本下有市賈有息四字

中孚　破敝復完。宋校本作彼敝復貌。危者得安。鄉善無患。別本作損。商人有息。利來入門。

小過　疊疊累累。宋校本作疊疊疊疊。按疊字字書未見。如岐之室。一身別本作息。十子。古公治邑。

既濟　老嫗治民。不勝其任。兩馬爭車。敗壞室家。別本二字倒。

未濟　蔽銳無光。不見文章。少女不市。棄其卻王。別本作棄於相望。

遯之第三十三

遯　三塗五岳。陽城太室。神明所保。別本作仕。獨無兵革。

乾　軟弱無輔。不能自理。意在外野。心懷勞苦。雖憂無殆。

坤　周成之隆。刑措无凶。大宰（別本作大衆）讚佑。君子作仁。

屯　穴有孤（別本作狐）鳥。坎生蝦蟆。象出（姜本何本作去•毛本作云）萬里。不可得捕。

蒙　俱爲天民。雲過吾西。（別本作面）伯氏（別本作治民）嫉妬。與我無恩。

需　三手（毛本作首）六目。政多煩惑。皋陶瘖聾。亂不可從。

訟　德積不輕。辭王釣耕。（姜本毛本作辭出眞心）三媒不已。大福來成。

師　堅固相親。曰篤無患。（別本作日用日完）六體不易。執以（別本作執爲）安全。雨師駕西。濡我轂輪。張伯李季。各坐（別本作嚎）關門。

比　方內不行。幅摧輪傷。馬楚踶甚。（別本作馬禁踶與）受（別本作愛）子閔時。

小畜　畜牝無駒。養雞不雛。羣羊三歲。不生兩頭。

履　老耄罷極。無取中直。懸輿致仕。得歸鄉里。（別本作國）

泰　縮緒亂絲。手與爲哭。（別本作災）越畝逐兔。斷其禪（別本作襌）襦。

否　海老水乾。魚鼈蓋（別本作薾）索。藁落无潤。獨有沙石。

同人　入市求鹿。不見頭（別本作頓）足。終日至夜。竟無所得。

大有　築門牽戶．虎臥當道．驚我驊騮．不利出處．

謙　陶朱白圭．善賈息資．公子王孫．富貴不貧．

豫　王良善御．伯樂知馬．周旋步驟．行中規矩．止息有節．（別本作前）延命壽考．

隨　堯問大（宋校本作伊）舜．聖德增益．使民不懼．安無悚（別本作怵）惕．

蠱　昭公失常．季氏悖狂．遜齊處鄆．喪其寵身．

臨　昏暮不行．候待旦（別本二字倒）明．復住止後．未得相從．

觀　安上（別本作止）宜官．一日九遷．升擢超等．牧養常山．

噬嗑　去惡就凶．東西多訟．行者无功．

賁　老馬垂耳．不見百里．君子弗恃．商人莫取．無與爲市．

剝　蝸（別本作蟣）螺生子．深目黑醜．似類其母．雖或相就．衆人莫取．

復　百足俱行．相輔爲彊．三聖翼事．王室寵光．

无妄　容民畜衆．履德有信．大人受福．童蒙憂惑．利無所得．

大畜　左跌右僵．前躓觸桑．其指（別本作稽）據石．傷其弟兄．老蠶不作．家無（姜本毛本作貧）織帛．貴貨賤身．久留連客．

頤　昏人宜（別本作且。）明。寶食老昌。國祚東表。號稱太公。

大過　皦筍在梁。魴逸不禁。漁父勞苦。藏空（別本作焦喉。）乾口。（別本下有虛空無有四字。）

坎　盛中後跌。衰老復掇。盈滿減（別本作或。）毀疾羸肥腯。鄭昭失國。重耳與（別本作輿。）立。

離　折亡破甕。使我困貧。與母生分。別離異門。

咸　野有積庾。嗇人駕取。不逢虎狼。暮歸其宇。

恆　襁褓孩呱（別本作孤。）冠帶成家。出門如賓。父母何憂。

大壯　陳力就列。官職竝（別本作無。）廢。手不勝岔。失其龍門。

晉　積雪大寒。萬物不生。陰制庶士。時本冬（別本作寒。）貧。

明夷　龍鬬時（別本作海。）門。失理傷賢。內畔生賊。自爲心疾。

家人　狗（別本作不。）畏猛虎。依人爲輔。三夫執戟（別本作猷。）伏不敢起。身安无咎。

睽　南山高崗。回隤難登。道里（別本作路。）遼遠。行者無功。憂不成凶。惡亦消去。

蹇　逢時陽遂。富且尊貴。

解　求我所欲。得其利福。終身不辱。岔盛之門。高屋先（別本作先。）覆。君一邦國。（別本作君先其固。）

損　安坐至暮。禍災不到。利詰奸妖（別本作姤姝。）罪人（別本作皇宥。）不赦。

益　膠車駕東．與雨相逢．五楘解墮．頓輗獨宿．憂為身禍．別本作福．

夬　擇日高飛．遂別本作遠．至東齊．見孔聖師．使我和諧．別本作徒我相諧．

姤　陳媯敬仲．兆興齊姜．乃適營邱．八世大昌．

萃　缺埒無墿．別本作缺將无憚．難從東西．毀破我盆．泛棄酒食．

升　中夜狗吠．盜在廬外．神光祐別本作佐．助．消散歸去．

困　甾車不藏．隱隱西行．霖雨三旬．流為河江．使國憂凶．毛本國作我．姜本何本作使我憂心．

井　老河空虛．雋井無魚．利得不饒．避患東鄰．禍別本作福．來入門．使我悔存．

革　福德之士．歡悅日喜．夷吾相國．三歸為臣．賞別本作賚．流子孫．

鼎　清人高子．久屯外野．逍遙不歸．思我慈母．

震　驄驪黑鬣．東歸高鄉．白虎推輪．蒼龍把衡．朱雀導引．靈．宋校本作虛．疑形訛．烏載遊．宋校本遠作遼．扣天門．入見眞君．馬全人安．宋校本全安二字互換．

艮　路多枳棘．別本作步前．刺我足．不利旅客．為心作毒．

漸　端坐生患．憂來入門．使我不安．

歸妹　小隙之市．利不足喜．二世積仁．蒙其祖先．匪躬之言，狂悖為患．

豐　登高望時．見樂无憂．求利南國．與寶相得．

旅　疏（別本作跛．）足息肩．有所忌難．金城鐵廓．以銅爲關．藩屏自衛．安上（姜本毛本俱注疑作士．）無患．

巽　江水沱汜．思附君子．伯仲受歸（別本作處市．）不我肯顧．姪娣悔恨．（何本二字倒．姜本毛本作恨悔．）

兌　芽蘖生達．陽倡於外．左手執籥．公言錫爵．

渙　雲夢苑囿．萬物蕃熾．犀象玳瑁．荊人以富．

節　渠戎萬里．晝夜愁苦．鑿甲戎（別本作戍．）服．雖荷不賊．鷹鶻之殘．（別本作殃．）害不能傷．

中孚　鎡基逢時．稷契皐陶．貞良願得．（別本二字倒．）微子解囚．市空无虎．謾誕（別本作言．）安語．（別本作既濟卦．）

小過　騎驊與蒼．南賈太行．逢駮（別本作較．）猛虎．爲所吞傷．（別本作食．）葬於渭陽．

既濟　出門東行．日利時（別本作辰．）良．步騎與駟．經（別本作徑．）歷宗（別本作京．）邦．暮宿北燕．與樂相逢．（別本作中孚卦．）

未濟　洒爲獄伯．除髮來樂．福善入門．與君相索．使我有得．

大壯之第三十四

大壯　左有嚙熊．右有嚙虎．前觸鐵矛．後躓彊弩．無可抵者．

乾　金齒鐵牙．壽考宜家．年歲有儲．貪利者得．雖（別本作有．）其咎憂．

坤　家給人足．頌聲並作．四夷賓服．干戈橐（宋校本作櫜．）閣．

屯　獼猴冠帶．盜載非位．衆犬嘈吠．狂走蹷（宋校本作蹶）足．

蒙　心患其身．不念安存．忠臣孝子．爲國除患．

需　君不明德．臣亂爲惑．丞相命馬（別本作駕）．胡亥失所．

訟　東行西窮．南北无功．張伯買鹿．從者失羊．

師　鹿下西山．欲歸（別本作保）其羣．逢羿箭鋒．死於矢端．

比　明夷兆初．三日（別本作見）爲災．以讒後（別本作復）歸．名曰豎牛．剝亂叔孫．餧卒虛邱．

小畜　秦失嘉居．河伯爲怪．還其御（毛本作衛）璧（姜本毛本俱作蠆）．神怒不祐．織組无文．燒香弗芬．

履　德至（別本二字倒）之君．禍不過鄰．使我世存．身无患災．

泰　衆惡之堂．相聚爲殃．出（別本作幽）毒良人．使道不通．

否　三痴六狂．欲之平鄉．迷惑失道．不知昏明．

同人　老弱無子．不能自理．郭氏雖憂．終不離咎．管子治國．侯伯來服．乘輿八百．尊祀祖德．（一作大有卦）

大有　褒后生蛇．經老皆（別本作孝曰）．微．追跌衰光．（別本作耄）酒（別本作復）．滅黃離．（一作同人卦）

謙　驄鬣黑鬃．東歸高（別本作南）鄉．白虎推輪．蒼龍把衡．遂至夷傷．不離咎殃．

豫　信讒龍且．塞水上流．半渡決囊．楚師覆亡．

隨 有莘季女．爲王妃后．貴夫壽子．母字(別本作尊)．四海．

蠱 德被八表．蠻夷率服．盜賊不作．道無苛慝．

臨 載日精光．驂駕六龍．祿命徹天．封爲燕王．

觀 纓急縮頸．行不得前．五石示象．襄霸不成．

噬嗑 蛇失(別本作鄉)．其穴．(宋校本作公)．載廉當喪．哀悲哭泣．送死離鄉．

賁 囘(別本作四)．潰不安．兵革爲患．掠我妻子．客屬(別本作歷)．饑寒．

剝 乘風雨．(姜本毛本作禹)．橋．與烏飛(別本二字倒)．俱．一舉千里．見吾愛母．

復 雷霆所擊．誅者五逆．磨(別本作劘)．滅無迹．有懼方息．

无妄 張氏揖酒．請謁左右．王(原注作平)．一叔(別本作時)．枯槁．獨不蒙所．

大畜 坐爭立訟．紛紛訩訩．卒成禍亂．災及家公．

頤 霜降門戶．蟄蟲隱處．不見日月．與死爲伍．

大過 鼠聚生怪．爲我患悔．道絕不通．商旅失意．

坎 寒暑不當．軌度失常．一前一後．年歲鮮有．

離 築室水上．危於一齒．丑寅不徙．辰卯有咎．

咸　畜雞養狗．長息有儲．耕田得黍．王（別本作主）母喜舞．

恆　東壁餘光．數暗不明．主母嫉妒．亂我業事．（別本二字倒）

遯　剛柔相傷．火爛銷金．鵰鷹制兔．伐楚有功．

大壯　鄭國譏多．數被楚憂．商人（別本作征夫）愁苦．民困無聊．（毛本注．一作三豕俱走．鬬於虎口．白豕不勝．死於坎下．姜本何本豕作家．走作是．）

晉　弓矢斯（宋校本作其）張．把彈弦折．丸發不至．道遇（宋校本作過）害患．

明夷　舉觴飲酒．未得至口．側弁醉酗．拔劍相（姜本何本毛本作斫）怒．武侯作悔．

家人　蒼鷹羣行．相得旅前．王孫申公．驚奪我雄．北天門開．神火飛災．如不敬信．事入塵埃．（宋校本云．睽卦卦辭缺．別本有之．）

睽

蹇　穿容（別本作屋）相宜．利倍我北（姜本何本作比）．術邪詭道．逃（別本作迎）不可得．南北望邑．遂歸入室．

解　壽如松喬．與日月俱．常安康樂．不羅（宋校本何本姜本作離．此从毛本）禍憂．

損　出門望東．伯仲不來．疾病爲患．使母憂歎．

益　太姒（別本作姬）之孫．周文九子．咸遂受成．寵貴富有．

夬　桃李花實．累累（別本作欒欒）．日息長大．成熟甘美．可食爲我利福．

姤　婚禮不明．男女失常．行露反言（別本作行路有言）．出爭我訟．

萃　空穿漏敝。破桴殘缺。陰弗能完。瓦碎不全。（別本空一作室。）

升　數窮廓落。困於歷室。往登玉堂。與堯（別本作老。）侑食。

困　道濕爲坑。輪陷躓蹷。南國作諱。使我多畏。

井　鰥寡孤獨。福祿苦薄。入室無妻。武（別本作我。）子哀悲。

革　舉袂覆目。不見日月。衣衾杖几。就其夜室。

鼎　長尾蜲蛇。（別本作跎。）蛬地爲河。深不可涉。絕无以北。惘（宋校本作惆。）然憒息。

震　晨風文翰。大舉就溫。昧過我邑。羿无所得。

艮　出入節時。南北无憂。行者亟至。（別本作亟行所逐。）在外歸來。（別本二字倒。）

漸　陽氏狂惑。季孫亂憒。陪臣執政。平子拘折。（疑作執。）我（別本作季。）心不快。

歸妹　五烏（別本作烏。）六鵙。相對蹲跂。禮讓不興。虞芮爭訟。

豐　顧（別本作顧。）念所生。隔在東平。遭離滿沸。河川決潰。幸得无恙。復歸相室。（別本作復生歸室。）

旅　追獵東走。兔逃我後。吾銳不利。獨空無有。

巽　犬吠非主。上下膠（別本作渾。）擾。敵人襲戰。閔王逃走。

兌　嵩高岱宗。峻直且神。觸石膚寸。千里蒙恩。

渙　陳魚觀社．假荒（別本作狼虎）．踰矩（別本作距）．爲民開緒．亡其祖考．

節　四壁无戶．三步一止．東西南北．利不可得．

中孚　求君衣裳．情不可當．觸諱西行．爲伯生殃．君之上歡（別本作安）．得其（別本作生）安存．

小過　春鴻飛東．以馬貿（別本作貨）金．利可得深．

既濟　禾生蟲蠹．還自尅賊．使我无得．

未濟　桀亂無道．民散不聚．背室棄（別本作之）家．逃遁（別本二字倒）出走．

晉之第三十五

晉　銷鋒鑄耜．休牛放馬．甲兵解散．夫婦相保．

乾　一衣三冠．無所加元（別本作冠無所絆）．衣服不成．爲我（別本作身）災患．

坤　百足俱行．相輔爲彊．三聖翼事．王室寵光．

屯　魚蛇之怪．大人憂懼．梁君好城．失其安居．

蒙　少無彊輔．長不見母．勞心遠思．自傷憂苦．

需　前涉（別本作不）溽著．解不可取．離河三（別本作門二）里．敗我利市．老牛病馬．去之何悔．

訟　君明有德．登天大祿．布政施惠．以成（宋校本作感）恩福．中子南遊．翺翔未復．

師　曉然唯諾．敬上尊客．執恭除患．禦悔致福．

比　黍稷禾稻．垂秀方造．中旱不雨．傷風病蟲．

小畜　三羸六罷．不能越跪．東賈失馬．往反勞苦．

履　倚立相望．引衣欲莊．陰雲蔽日．暴雨所降（別本作集）．阻（宋校本作降）我歡會．使道不通．（別本二句倒轉）

泰　高脚疾步．受肩善（別本作喜）．趨．日走千里．賈市有得．

否　北風寒涼．雨雪益（別本作盈）冰．憂思不樂．哀悲傷心．

同人　貞鳥鳴（別本作鳴）鳩．執一无尤．寢門治理．君子悅喜．

大有　蓼蕭露穠．君子龍光．鳴鸞雝雝．福祿來同．

謙　南行求福．與喜相得．封受（別本二字倒）．上賞．鼎足輔國．

豫　桑華腐蠹．衣敝如絡．女功不成．絲布為玉．

隨　左服易右．王良心歡．嘉（別本作喜）利從己．

蠱　壽考不忘．駕騂（別本作騮）東行．之（別本作三）適陳宋．南賈楚荊．得利息長．旅身（宋校本作自）多罷．畏晝喜夜．

臨　羔羊皮弁．君子朝服．輔政扶德．以合萬福．（別本作國）

觀　鵲鳩徙巢．西至平州．遭逢雷電．破我葦蘆．室家飢寒．思吾故初．

噬嗑　大尾小頭，重不可搖．上弱下彊．陰制其雄．(別本作雌．)

賁　疏足息肩．有所忌難．金城銅郭．以鐵爲關．藩屏自衛．安止(別本作心．)无患．

剝　天命元鳥．下生大商．造定四表．享國久長．

復　賦斂重數．政爲民賊．杼軸空虛．家(別本作我．)去其室．

无妄　陰陽隔塞．許嫁不答．宛邱新臺．悔往歎息．

大畜　願望登虛．意常欲逃．賈辛醜惡．妻不安夫．

頤　蹶(姜本毛卜作跡．何本作迹．)行竊視．有所畏避．蔽目伏藏．以夜爲利．

大過　信敏恭謙．敬鬼尊神．五岳四瀆．克厭帝心．受福宜年．

坎　懸懸南海．去家萬里．飛兔腰裹．一日見母．除我憂悔．

離　雖污不辱．因何洗(別本作跣．)足．童子褰衣．五年(別本作步．)平復．

咸　宮成立見．衣就袂裾．(按此似與說苑宮成缺隅．衣成缺裾．二語同義．而傳寫舛訛耳．)恭謙自衛．終无禍尤．

恆　敝笱在梁．不能得魚．望食(宋校本作貪．)千里．所至空虛．

遯　千里騂駒。爲王服車．嘉其驪榮．君子有成．

大壯　鼎足承德．嘉謀生福．爲王開庭．得心所欲．

明夷　右手无合。獨折左指。禹湯失佐。（別本作位）事功弗立。

家人　變凶憎（別本作增）累。患近不解。心意西東。（別本二字倒）事无成功。

睽　東行食檢。困於枯株。失（別本作夫）妻无家。志窮爲憂。

蹇　五經六紀。仁道所在。正月繁霜。獨不離咎。

解　懈緩不前。惱怠（別本作怠墮）失便。二至之戒。家无禍凶。刻木象形。聞言不信。

損　仁愛篤厚。不以所忿。害其所子。徙（宋校本作從）我舊都。日益富有。

益　缺破不成。胎卵未生。弗見兆形。

夬　摧角不傷。雖折復長。秉德无愆。（宋校本作癒）老賴榮光。

姤　乘桴渡（別本作浮）海。免脫厄中。雖困无咎。（別本作凶）

萃　孔鸞鴛雛。鴐鵝（別本作鶵鷄）鵜鴣。翺翔紫淵。嘉禾之圃。（別本作國）君子以娛。（別本作說）

升　衆來得願。甘露湛潤。（別本二句倒轉）樂易君子。不逢禍亂。

困　東騎墮落。千里獨宿。高岸爲谷。陽失其室。

井　八才（別本訛入村）既登。以成善（別本作嘉）功。尨降庭堅。國無憂（別本作災）凶。

革　邯鄲反言。父兄生患。竟涉憂恨。卒死不還。

鼎　五（姜本何本作玉・）銳鐵頤。倉庫空虛。賈市无盈。與利爲仇。

震　白鳥銜餌。鳴呼其子。施（姜本何本作旋・）枝張翅。來從其母。

艮　學靈三年。聖且明神。（別本二字倒・）先見善祥。嘉吉福慶。餌吉知來。告我无咎。（別本作吉盛福慶・神馬來見・告我無憂・）

漸　雲夢蒸起。失其道理。傷害年穀。神君之精。

歸妹　春耕有息。秋入利福。獻豜大豵。以樂成功。（大疑作私・）

豐　羸豕躑躅。虎入（別本作來・）都邑。遮遏左右。國門敕急。

旅　東行西維。南北善迷。逐旅失羣。亡我襦衣。

巽　居室之倫。夫婦和親。小人乘車。碩果失豢。（別本乘車下有車在夫家四字・失豢下有不知孰是四字・按此二句明係校者之詞・訛入正文・）

兌　東方孟春。乘冰戴盆。懼危不安。終身所歡。

渙　風吹塵起。十地（何本作一里・）无所。南國年傷。不可安處。

節　重載傷車。婦女（宋校本作失・）无夫。三十不室。獨坐空廬。

中孚　敗牛羸馬。與利爲市。不我嘉喜。

小過　日（別本作月・）出阜東。山蔽其明。章甫薦履。（別本作章父憂憊・）箕子佯狂。

既濟　出入門所。與道開通。杞梁之信。不失日中。少季渡江。來歸其邦。疾病危亡。

未濟　邑兵（別本作居）衞師．如轉蓬時．居之凶危．（宋校本二字倒）

明夷之第三十六

明夷　他山之錯．（宋校本作儲）與璆爲仇．來攻吾城．傷我肌膚．邦家騷憂．

乾　踐履寒冰．十步九尋．雖有苦痛．不爲憂病．（別本二字倒）

坤　太公避紂．七十隱處．卒逢聖文．爲王室輔．

屯　日月之塗．所行必到．无有患悔．

蒙　諷德訟（別本作誦）功．美周（別本作鳳）盛隆．旦輔成周．光濟冲人．

需　童女（別本作子）无室．未有配合．空坐獨宿．

訟　穿鼻繫株．爲虎所拘．王母祝祠．（別本作詞）禍不成災．遂然脫來．

師　黃帝神明．八子聖聰．佚受大福．天下平康．

比　深谷爲陵．衰者復興．亂傾之國．民得（別本作德）安息．中婦病困．遂入冥室．

小畜　道遠遼絕．路宿多悔．頑囂（姜本毛本作嚚）相聚．生我畏忌．（宋校本作惡）

履　旦樹菽豆．暮成藿羹．心之所樂．志快心歡．

泰　切切之患．凶憂不成．虎不敢齚．（別本作嚙）利當我身．

否 王伯遠宿．長婦在室．異庖待宋校本作袍特．食所求不得．

同人 寒燠失時．陽旱爲災．雖耗无憂．

大人 雖窮復通．履危不凶．保別本作得．其明功．

謙 狠虎所宅．不可以居．爲我患憂．

豫 喋囁處耀．味冥別本作明味．相傳多言．少實．語無成事．

隨 履冰蹈凌．雖困不窮．播鼓宋校本作雀．登巖．卒無憂凶．

蠱 文文罍罍．別本作文罍且罍．憂禍何本毛本作禍福．相雜．南北失志．東西不得．

臨 爭訟不已．更相談詢．別本作詢．張季弱口．被髮北走．

觀 德積逢時．宜其美才．相明輔聖．拜受福休．長女不嫁．後爲大悔．

噬嗑 江水沱汜．思附君子．伯仲姜本毛本二字倒．何本作仲氏．叜歸．不我肯顧．姪娣恨悔．

賁 光禮春成．陳寶別本作室．雞鳴．陽別本作師．明失道．不能自守．消亡爲咎．

剝 驚虎無患．虒爲我言．賴得以安．

復 僞毛本作譌．言妄語．轉爲詿誤．不知狠處．姜本何本作虎．

无妄 履悖別本作慄．自敵．凶憂來到．痛不能笑．別本作死哭，

大畜　牢尾不前。逆理失臣。惠朔以奔。

頤　三狸搏（別本作捕）鼠。遮遏前（別本作我）後。死於環城。不得脫走。

大過　言笑未畢。憂來暴卒。身墨丹索。檻囚裝束。（別本作檻內裝來）

坎　陰積不已。雲作淫雨。傷害平陸。民無室屋。

離　山林麓藪。非人所處。鳥獸無禮。使我心苦。

咸　新作初陵。踰蹈（姜本毛本作限。注云。當作險。）難登。三駒推車。跌頓傷頤。

恆　魂微惙惙。屬纊（宋校本屬作行。姜本何本作行曠。此从毛本。）聽絕。擴（宋校本作曠）然大通。復更生活。

遯　孌子作殃。伯氏誅傷。州犁奔楚。去其邑鄉。

大壯　驕胡犬形。造惡作凶。無所能成。還自滅身。

晉　陳辭達誠（別本作情）。使安不傾。增榮益譽。以成功名。

家人　三杞无髮。家无積蓄。使媾求婦。頑不我許。

睽　憤禍重病（別本作患）。顏子爲友（別本作尤）。乃能安存。牢戶繫羊。乃能受慶（別本作福）。

蹇　鹿得美草。鳴呼（別本作喚）其友。九族和睦（宋校本作穆）。不憂飢乏。

解　亡玉失鹿。不知所伏。利以避危。全我生福。甘雨時降。年穀有得。

損　逢時得當（別本作積德・）。身受福慶。

益　鵠思其雄。欲隨鳳東。順理羽翼。出次日中。須留北邑。復反（別本二字倒・）其室。

夬　環堵倚鉏。斗升屬口。貧賤所處。心寒咋（別本作悲・）苦。

姤　孤獨特處。莫依爲輔。心勞志苦。

萃　稷爲堯使。西見王母。拜請百福。賜我喜子。長樂富有。

升　鳴條之郊（別本作災・）。北奔犬胡。左衽爲長。國號匈奴。王（別本作主・）君旄頭。立尊（別本作爲・）單于。

困　絕而復通。雖危（宋校本作達・）。不窮。終得其願。姬姜相從。

井　陽并悖狂。拔劍自傷。爲身坐（別本作生・）殃。

革　方圓不同。剛柔異鄉。掘井得石。勞而无功。

鼎　乘駕雨會。與飛鳥俱（別本作乘風駕雨・與飛鳥俱・）。動舉千里。見我愛母。

震　三塗五嶽。陽城太室。神明所扶。獨無兵革。

艮　鴟鴞娶婦。深目窈（別本作窕・）身。折腰不媚。與伯相背（別本作悖・）。

漸　轉行軌軌。行近不遠。旦夕入門。與君笑言。

歸妹　求利難一（別本原註・作離・）國。逃去我北。復歸其城。不爲吾賊。

豐　日月之塗。所行必到。无凶无咎。安寧不殆。

旅　管仲遇桓。得其願歡。膠目啓牢。（別本作殺糾。）振冠無憂。笑戲不止。（別本作喜笑不莊。）空言妄行。

巽　出入蹈踐。動順天時。俯仰有節。禍災不來。

兌　內崩中傷。（宋校本二字倒。）上亂无常。雖有美（別本作米。）粟。我不得食。

渙　逐禍除患。道德神仙。過惡萬里。福常在前。身樂以安。

節　牛驚馬走。上下渾擾。鼓音不絕。頭公奔敗。

中孚　西上九陂。往來留連。止（別本作心。）須時日。虛（別本作鑪。）與有德。

小過　虎怒捕羊。猬不能攘。

既濟　湧泉涓涓。南流不絕。卒爲江海。敗壞邑里。家無所處。（二句別本無。）將帥襲戰。獲其醜虜。（二句疑下未濟卦辭錯簡。）

未濟　桃弓葦戟。除殘去惡。敵人執服。

家人之第三十七

家人　天（別本作王。）命赤烏。與君徼期。征伐無道。取其君傲。居止何憂。

乾　千歲槐根。身多斧瘢。（別本作痕。）傷癱擣理。（別本作傷夷倒痼。）枝葉不存。

坤　嗲嗲諤諤。虎豹相齚。畏懼（宋校本二字倒。）悚息。終無難惡。

屯　娶於姜呂．駕迎新婦．少齊在門．夫子歡喜．

蒙　膏別本作高．壤肥澤．民人孔樂．宜利居止．長安富有．別本作有福．

需　主有聖德．上配太極．皇靈建中．授我以福．

訟　耆老蒙鈍．不見東西．少者弗慕．君不與謀．懸輿致仕．退歸里居．

師　三狂北行．近姜本毛本俱作道．逢大狼．暮宿患澤．別本作宅．為禍堪別本作所．傷．

比　更旦初歲．振除禍敗．新衣元服．拜受利福．

小畜　杲杲白日．為月所食．損上毀下．別本作損上毀上．鄭昭出走．

履　君子失意．小人得志．亂擾別本作變．並作．姦邪充塞．雖有百堯．顛不可救．

泰　仁德履．別本作優．洽恩及異域．澤被殊方．福慶隱伏．作蠶不織．寒无所得．

否　東求金玉．反得弊石．名曰无宜．字曰醜惡．衆所賤薄．

同人　轚鼓合戰．士怯叛亡．威令不行．敗我成功．

大有　仲春孟夏．和氣所舍．生我嘉福．國無殘賊．

謙　尹氏伯奇．父子生別本作相．離．无罪被辜．長舌為災．

豫　三別本作丘．穀不熟．民苦困極．別本作困民惡極．駕之新邑．嘉樂有德．別本作嘉禾有得．

隨　登虛望貧．暮食无飧．長子南戍．與我生分．

蠱　東市齊魯．南賈荊楚．羽毛齒革．爲吾利寶．

臨　節情省欲．賦斂有度．家給人足．公劉以富．

觀　恭寬信敏．功加四海．辟去不祥．喜來從母．（姜本何本作我）

噬嗑　張狂妄作．（別本作行）與惡相逢．不得所欲．生我獨凶．

賁　畫龍頭頸．文章不成．甘言美語．詭辭無名．

剝　騎龍乘鳳．（宋校本作鳳）上見神公．彭祖受刺．（別本作制）王喬（別本作高）贊通．巫咸就位．拜壽无窮．

復　溫仁君子．忠孝所在．八國爲鄰．禍災不處．（別本作起）

无妄　威權分離．烏夜徘徊．翠蔽目（別本作月）光．大人誅傷．

大畜　學靈三年．聖且明神．（別本二字倒）先知善（別本作吉）祥．吉（別本作言）喜福慶．神烏來見．告我无憂．（別本作窮）

頤　東山辭家．處婦思夫．伊威盈室．長股嬴．（宋校本毛本姜本作嬴．此从何本）戶歎我君子．役日未已．

大過　張頜開口．否直距（別本作絕）齒．然諾不行．政亂无緒．

坎　吹角高邦．有夫失羊．（別本作有失牛羊）衆民驚惶．敬慎避咎．赦不行（別本二字倒）殃．

離　南行出城．世得（別本作德）福祉．三姬嫁齊．賴其所欲．

咸　心狂老（別本作志・）悖．視聽從（宋校本作聳）類．政令无常．下民多孽．

恆　安上宜官．一日九遷．踰羣超（別本作越・）等．牧養常山．

遯　東鄰嫁女．爲王妃后．莊公築館．以尊王（別本作事主・）母．歸于京師．季姜悅喜．

大壯　六甲無子．已喪其戊．五丁不親．庚失曾孫．癸走出門．

晉　陰霧不清．濁政亂民．孟秋（別本作春・）季夏．水壞我居．

明夷　騎豚（別本作豘・）逐羊．不見所望．經（別本作徑・）涉虎廬．亡身失羔（毛本作羊・）．

睽　安牀厚褥．不歸（別本作得・）久宿．棄我喜宴．困於南國．投杼之憂．弗成禍災．

蹇　五方（姜本作百・何本毛本作日・）四維．平安（別本字倒・）不危．利以居止．保有玉女．

解　西賈巴蜀．寒雪至轂．欲前不得．復反（別本字倒・）其室．

損　剛柔相呼．二姓爲家．霜降既同．惠我以仁．

益　天馬五道．炎火（別本作夾大・）分處．往來上下．仕又駒亡．衣柔中麻．（別本無此二句・）相隨哭歌．凶惡如何．

夬　出門懷憂．東上禍邸．與凶相遇．自爲災患．

姤　西行求玉．冀得隋璞．反見凶惡．使我驚惑．

萃　出門无妄．動作失利．銜憂懷禍．使我多悴．

升　高樓無柱。顛僵不久。紂失三仁。身死牧野。

困　避禍逃殃。身外別本作全不傷。高貴疾顛。華落墜亡。宋校本作蹈凶

井　張牙反目。怒鬭作別本作忿怒。狂馬撓犬。道驚別本作瞽傷軫。

革　泉涸龍憂。箕子爲奴。干叔隕命。殷破其家。

鼎　向食飲酒。嘉賓聚會。別本二字倒牂羊大豬。君子饒有。

震　黃牛騂犢。東行折角。冀得百牂。別本作祥反亡我囊。

艮　路多枳棘。步刺我足。不利旅客。爲心作毒。

漸　執斧破薪。使媒求婦。和合二姓。親御斯酒。居比別本作召彼鄰里。姑公別本二字倒悅喜。

歸妹　駕車出門。顯別本作順時宜西。福祐我身。安寧無患。

豐　日新東徙。別本作升魁杓爲禍。僕別本作漢臺爲秦。使我久坐。

旅　山陵邱墓。魂魄室屋。精光竭盡。長臥無覺。

巽　孩子貪別本作含餌。爲利所悅。探把叅別本二字倒甑。爛其臂手。別本二字倒

兌　何材別本作村待時。門戶獨愁。蚯蚓冬行。解我無憂。桑蠶不得。女紅弗成。

渙　解商別本作傷驚惶。散我衣裝。別本作裳君不安邦。

節　害政養賊．背主入惩．跛行不安．國爲危患．

中孚　禍走患伏．喜爲我福．凶惡消亡．災害不作．

小過　老馬無駒．何本無作爲．姜本毛本作爲病．病雞不雛．三雌獨宿．利在山北．

既濟　播天舞地．曉亂神所．居樂无咎．

未濟　異國殊俗．情不相得．金木爲仇．酉賊稅殼．別本作晉長擅役．

睽之第三十八

睽　倉盈庾億．宜稼黍稷．年歲有息．別本作年豐歲熟．人民安息兩句．

乾　被服冬姜本毛本作文．衣．遊觀別本作視．酒池．上堂見觴．喜爲吾兄．使我憂亡．

坤　邑姜叔子．天文在手．實沈參墟．封爲晉侯．

屯　改柯易葉．飯溫不食．豪雄爭彊．先者受福．

蒙　鑿香陟降．明德上登．社神佑顧．命予別本作爲．大鄰．

需　老狼白驢．別本作駒．長尾大狐．前顛卻躓．進退遇祟．

訟　山沒邱浮．陸爲水魚．燕雀無廬．

師　懿公淺愚．不深受別本二字倒．謀．无援失國．爲狄所滅．

比　鼎爍別本作易．其耳．熱不可舉．大塗塞壅．別本二字倒．旅人心苦．

小畜　凶聲醜言．惡不可聞．佶子舍之．往恨我心．

履　昧暮乘車．履危蹈溝．亡失羣物．摧折兩軸．

泰　南有嘉魚．駕黃取鲂．鲂鱮詡詡．利來毋憂．

否　隔在九山．往來勞難．心結不通．失其所歡．

同人　下流難居．狂夫多龍．別本作任失多態．貞良溫柔．年歲不富．

大有　狐狸雉兔．畏人逃去．分走別本作首．竄匿．不知所處．

謙　異禮殊俗．各有所屬．西鄰孤嫗．欲寄我室．主母罵詈．終不可得．

豫　怒非怨妒．貪得腐鼠．而呼鵠別本作鷹．鶚．自今失餌．致被困患．

隨　五心六意．歧道多怪．非君本志．別本作心．生我恨悔．

蠱　三班六黑．同室共食．日長月息．我家有德．

臨　方船備水．旁河燃火．終身無禍．

觀　翳宋校本作醫．屏獨語．不聞朝市．以利別本二字倒．居服．別本作言．兔跛後開．別本作究被後門．

噬嗑　居處不安．徙反觸患．

賁　剠（別本作剌・）刖兇劓・人所賤棄・批捍之言・我心不快・

剝　皐田禾黍・堆（宋校本作趙・）壞厰皐・衣食我躬・室家饒有・

復　兩目失明・日奪无光・脛足跛踦・（別本作倚・）不可以行・頓於邱傍・

无妄　金城剃方・外國多羊・履霜不時・去復爲憂・

大畜　罷病（別本作痾・）不醫・亂政傷（別本作生・）災・紂作淫虐・商破其墟・

頤　鬼哭泣社・（宋校本作鬼泣哭杜・）悲傷無後・甲子昧爽・殷人（別本作湯・）絕祀・

大過　炎風卒起・車馳袍褐・棄古追亡・失其和節・憂心（宋校本二字倒・）惙惙・

坎　耆老失明・聞善不從・自令顛沛・敗（別本作反・）爲咎殃・

離　隨風騎龍・與利相逢・田（別本作日・）獲三狐・商伯有功・衝衝之邑・長安無他・

咸　三牛五牂・重明作福・使我有得・疾入（宋校本作入・）宦獄・憂在心腹・

恆　孟巳乙丑・哀呼尼父・明德訖終・亂害（別本作虐・）滋起・

遯　華燈百枝・消暗衰微・精光訖盡・奄如灰麋・（宋校本作糜・）

大壯　鷹飛雉退・兔伏不起・弧（別本作狐・）張狼鳴・野雞飛驚・（別本作驚駭・）

晉　闘戰天門・身（別本身字在上句闘字下・）有何患・室家具在・不失其歡・

明夷　東家殺牛．行逆（毛本作污堯）．腥臊．神背西顧．命衰絕（別本二字倒）．周亳社災燒．宋人夷誅．

家人　陰陽辨舒．二姓相合．婚姻孔云．生我利福．

蹇　東人海口．循流北走．一高一下．五邑（別本作色）．無主．七（別本作十）日六夜．死於水涘．

解　孤竹之墟．失婦無夫．傷於蒺藜．不見其妻．東郭棠姜．武子以亡．

損　天戶（別本作門）．東墟．盡既為災．跰（別本作跡）蹊暗聾．秦伯受殃．

益　賴先休光．受福之祉．雖遭亂潰．獨不危殆．

夬　折若（別本作舌）閉目．不見稚叔．三足孤烏．遠去家室．

姤　二（別本作七）人同室．兄弟合食．和樂相好．各得所欲（宋校本作敬）．

萃　纖體守藩．縱欲廢賢．君臣淫遊（別本作佚）．夏氏失身．側室之門．福祿來存．

升　老狐屈尾．東西為鬼．病我長女．坐（別本作哭）涕詘指．或西或東．大華（別本作革）易誘．

困　大樹之子．百條共母．當夏六月．枝葉盛茂（別本二字倒）．鸞鳳以庇．召伯避暑．稗稗卬甚．各得其所．

井　井堙木刊．國多暴殘．秦王失戌（別本作所）．壞其（別本作我）太壇．

革　鴛黃買蒼．與利相迎．心獲所守．不累弟兄．

鼎　庾億倉盈．年歲安寧．稼穡熟成（別本作倉盈庾億．宜稼黍稷．年豐歲熟．民得安息）．

震　人生馬淵。壽考且神。飛騰上天。舍宿軒轅。居常樂安。

艮　思顧（別本作顧）所之。乃令（別本作今乃）。逢時洗我故憂。拜我歡來。

漸　魁罡所當。初爲敗殃。君子留連。困於水漿。求金東山。利在代鄉。賈市有息。子載母行。

歸妹　鉛刀攻玉。無不鑽鑿。龍體其（別本作具）。舉魯般爲輔。三仁（別本作聖）。翼事。所求必喜。

豐　喜來如雲。舉家蒙歡（別本作歡忻）。衆才君子。駕福盈門。

旅　響像無形。骨體不成。微行衰索。消滅無名。

巽　積水不溫。北陸苦寒。露宿多風。君子傷心。

兌　黃馬綠車。駕之大都。謁達才能。使我無憂。

渙　從風放火艾芝（別本二字倒）。俱死。三害集聚。十子患傷（別本作叔子中傷）。

節　一身三手。无益於輔。兩足共節。不能克敏。

中孚　南向陋室。風雨並入。塵埃積濕。王母盲痺。偏枯心疾。亂我家資（別本作次）。

小過　采薇出車。魚麗思初。上下促急。君子懷憂。

既濟　先易後否。告我利市。騷蘇自苦。思吾故止（別本作恩再改正）。

未濟　生宜地乳。上皇大喜。隆我祉福。貴壽無極。

蹇

蹇之第三十九

乾　同載（別本作濟）．共輿．中道別去．喪我元夫．獨與孤居（別本作苦）．

坤　叔肸拘（別本作居）．宛．祁子自邑．乘遽解患．羊舌兔脫．賴得全生（別本二字倒）．

屯　兔聚東郭．衆犬俱獵．圍缺不成．无所能獲．

蒙　作室山根．人以爲安．一旦（別本作夕）．崩顚（別本作顛）．敗我盤（別本作瓮）．飡．

需　疾風塵起．亂擾（別本作我）．崩始．彊大并小．先否後喜．

訟　潔齋沐浴．思明君（別本作居）．德哀公．怯弱．風氏復北．

師　土瘠瘦薄．培塿無柏．使我不樂．

比　褰衣涉河．水深漬罷（別本作多）．（毛本何本作涸．流浸．姜本浸作波）．賴幸（別本作遇）．舟子．濟脫無他．

小畜　送我季女（別本作至）．（變）．于蕩道．齊子旦夕．留連久處．

履　三孫六子．安無所苦．中歲發（別本作廢）．（織）．殆．亡我所使．

泰　揚風假草．塵埃俱起．清濁澗散．忠直隱處．

否　歷險登危．道遠勞疲．元豕（別本作家）．（去）．自歸．困涉大波．

六藝之門．仁義俱存．鎡基逢時．堯舜爲君．傷寒熱溫．下至黃泉．

同人　被服文衣。游觀酒池。上堂見觴。喜爲吾兄。使我憂亡。

大有　生時不利。天命災至。制於斧瘢。晝(別本作當。)夜勤苦。(宋校本二字倒。)

謙　天門開闢。牢戶寥廓。桎梏解脫。拘囚縱釋。

豫　川淵難遊。水爲我憂。多言少實。命鹿爲駒。建(別本作道。)德開基。君子逢時。利以仲(別本作中。)疑。

隨　鄉歲逢時。與生爲期。枝葉盛茂。君子无憂。

蠱　六鷁退飛。爲衰敗祥。陳師合戰。左股夷傷。遂崩不起。霸功不成。

臨　雷君出裝。隱隱西行。霖雨不止。流爲巨(別本作河。)江。南國以傷。(別本作憂凶。)

觀　牙蘗生齒。室蟠啓戶。幽人利貞。鼓翼起舞。(別本首句下作陽倡於外。左手執籥。公言錫爵。)

噬嗑　火起上(別本作土。)門。不爲我殘。跳脫東西。獨得主完。不利出鄰。病疾憂患。

賁　舉事无成。不利出征。言不可用。衆莫能平。

剝　老狼白驢。長尾大狐。前顛卻躓。進退遇祟。

復　日入道極。勞者休息。班馬還師。復我燕室。

无妄　林麓山藪。(別本作山林麓藪。)非人所處。鳥獸无禮。使我心苦。

大畜　蓄利積福。日新其德。高氏飲食。憂不爲患。

頤　張羅百日。毛本作目・鳥不得北。縮頸掛翼。困於賓國。君子治德。獲譽受福。

大過　伯虎仲熊。德義淵宏。使布五教。陰陽順序。

坎　跛踦相隨。日暮牛罷。陵遲後旅。失利亡雌。

離　嬴氏違良。使孟尋兵。老師不已。敗於齊卿。當从艮之益作徵鄉・

咸　日月並居。常暗且徵。高山崩顛。邱陵爲谿。

恆　鳥鵲食穀。張口受哺。蒙被恩別本二字倒・德長大成就。柔順利貞。君臣合別本作相・好。

遯　雖躓復起。不毀牙齒。克免平復。憂除无疾。

大壯　草木黃落。歲暮无室。虐政爲賊。大人失福。

晉　避凶東走。反入禍口。制於牙爪。骨爲灰土。

明夷　欲飛不能。志苦心勞。禍不我來。宋校本作求・

家人　羔裘豹袪。別本作褎・東與禍遇。駕迎吾兄。送我鷗別本作鸝・黃。

睽　東耕破犂。西失良妻。災害不避。家貧无資。

解　魚陸失所。鴕掘困苦。澤無雈蒲。皆國以墟。

損　脫兔无蹤。三步五罷。南行不進。後市身勞別本作・苦。

益　行役未已．新事復起．姬姜勞苦．不得休止．

夬　向日楊光．火爲正王．消金厭兵．雷車避藏．陰雨不行．民定其鄉．

姤　放銜垂轡．奔馬不制．棄法作奸．君失其位．

萃　司命下（別本作不）游．喜解我憂．皇母緩帶．嬰子笑喜．

升　黃帝出遊．駕龍乘馬．東上泰山．南過齊魯．郡國咸喜．

困　既往不說．憂來禍結．比（姜本毛本作北）．戶爲患．無所申雪（別本作冤）．

井　荷蕢隱名（別本作居）．以避亂傾．終身不仕．遂其潔清．

革　折梃舂稷．君不得食．頭痒搔跟．无益於疾．

鼎　植根不固．華葉落去．便爲枯樹．

震　凶門生患（別本作意）．牢戶多冤．沙池（別本作陁）禿齒．使叔困貧（別本作使我困窮）．

艮　登山履谷．與虎相觸．猬爲功曹．班叔（別本作奴）奔北．脫之喜國．

漸　麟鳳所翔．國无咎殃．賈市十倍．復歸（毛本作臨）惠里．

歸妹　路險道難．水遏（別本作過）我前．進往不利．回車復還．

豐　延頸望邑．思歸其（別本作我）室．臺榭不成．未得安息．

旅　蒙生株瞿。棘掛我鬚。小人妒嫉。（別本二字倒。）使恩不遂。

巽　南至隱域。深潛處匿。聽明閉塞。與死爲伍。

兌　機餌設張。司（別本作計。）驀子良。范叔不廉。凶害及身。

渙　從騎出門。（別本作谷。）遊戲空城。（別本作苦城。）坂高不進。利无所得。

節　西國彊梁。爲虎作狼。東吞齊楚。并有其王。

中孚　登山伐輻。虎在我側。王孫无懼。仁不見賊。（宋校本二字倒。）

小過　六月睽睽。各欲有望。後來未壯。俟時旦明。（別本作俟待明旦。）

既濟　道陟多阪。牛馬蜿蟺。車不利（宋校本作[illegible]。）載。請求不得。

未濟　一口三舌。相妨無益。羣羊百群。不爲威彊。亡馬失駒。家耗於財。（別本作時。）

解之第四十

解　禍言出遊。爲闘車前。更相捽滅。兵寇旦來。回車亟還。可以无憂。

乾　大都之居。无物不具。抱布貿絲。所求必得。

坤　膠著木連。不出牢關。家室相安。

屯　孟伯食長。懼其畏王。賴四蒙五。抱福歸房。

蒙　朽。（宋校本作防。疑形訛。）輿疲（別本作瘦。）駟。不任御轡。君子服之。談何容易。

需　許嫁既婚。利福在身。適惠生（姜本何本作王。）桓。爲我君砦。（姜本毛本二字倒。）

訟　入門大喜。上堂見母。妻子俱在。兄弟饒有。（宋校本作友。）

師　推車上山。力不能任。顛蹶蹉跌。傷我中心。

比　鴈（別本作鷹。）飛退去。不食其雛。禽尚如此。何況人與。（別本作乎。）

小畜　福棄我走。利不可得。幽人利貞。終無怨慝。

履　夫妻反目。不能正室。翁（別本作公。）云于南。姬言還北。並后匹嫡。二政亂國。

泰　陽衰伏匿。陰淫爲賊。賴幸（別本二字倒。）王孫。遂至嘉（別本作家。）國。

否　入山（別本作水。）求玉。不見和璞。終日至暮。勞無所得。

同人　鳴鸞四牡。駕出行狩。合格有獲。獻公飲酒。

大有　覆手舉牘。（別本作齊牲。）易爲功力。月正元日。平飲（別本作承平。）致福。

謙　三火高（別本作起。）明。雨滅其光。高位疾顛。驕恣誅傷。

豫　褭（別本作裊。）糗荷糧。與利相逢。高飛有得。（宋校本作德。）君子（宋校本作大。）獲福。

隨　道理和得。人不相賊。君子往之。樂有利福。（別本此爲蠱卦。）

蠱　水土相得。萬物蕃殖。膏澤優渥。君子有德。（別本此爲隨卦）

臨　天孫帝子。與日月處。光榮於世。福祿繁祉。

觀　陪依（別本作部衣）在位。乘非其器。折足覆餗。毀傷寶（別本作我）玉。

噬嗑　鷂飛中退。舉事不遂。且守仁德。猶免（別本作恐）失墜。

賁　經輮（別本作聚）、鼇冠。意盈不廉（別本作厭）。桀紂迷惑。讒佞傷賢。使國亂煩（別本作傾）。

剝　申酉退跌。陰霾（別本作雨）、前作。柯條花枝。復泥不白。

復　平正賤使。主（別本作至）服苦事。

无妄　鈞魴河淵。水長（別本作泛）无涯。振手（別本作衣）徒歸。上下昏迷。屬公孫齊。（別本作屬公經齊）

大畜　胎養前生。始見兆形。遭逢雷電。摧角折頸。采玉山頭。終安不傾。

頤　陽春枯槁。夏多水潦。霜雹俱作。傷我禾黍。年歲困苦。

大過　三身（別本作耳）六齒。痛疾不已。鰥病蠹缺。（姜本毛本作鈌）墮落其宅。

坎　失恃（別本作時）無友。嘉偶出是。傑如喪狗。

離　寅（別本作宣）重徵民。歲樂年豐。有（姜本毛本作害・何本作百）國无咎。君子安喜。

咸　登几上車。駕駟南遊。合散從橫。燕秦以彊。

恆　烏集茂木．心樂願得．烏鵲食穀．張口受哺．柔順利貞．感戴慈母．宋校本作烏集茂木・順柔利貞・心樂願得・感戴慈母・

遯　啓蟄始生．萬物美榮．祉祿未成．別本作福祉來成・市賈无贏．

大壯　驕胡火別本作大・形．造惡作凶．无所能成．還自滅身．別本注・一作草木黃落・歲云暮矣・唐攻高城・大人失福・

晉　巽國他士．出良駿馬．去如奔虿．害不能傷．別本注・一作避亡東走・反入禍口・制於爪牙・骨爲灰土・

明夷　恪敬竟別本作競・職．心不作慝．君明臣忠．民賴其福．

家人　三女求夫．伺候山隅．不見復關．長思憂歎．

睽　駕福乘喜．東至嘉國．戴慶南行．離我別本作家・居室．

蹇　四姦爲殘．齊魯道難．前驅執殳．別本作役・戒守无患．

損　下擾別本作憂・上煩．蠹蠹別本作政・爲患．歲飢无年．

益　雞雉失雛．常畏狐狸．黃池要盟．越國以昌．

夬　堅冰黃鳥．終日悲號．別本作常哀悲愁・不見白別本作米・粒．但觀蓬蒿．數驚鷙鳥．就爲我憂．別本作爲我心憂・

姤　五銳宋校本作銑・何本五作玉・鐵頤．倉庫空虛．市賈爲盈．與我爲仇．別本注・此下一有時不我與・亡利爲作・

萃　竊名盜位．居非其家．霜隕不實．爲陰所賊．別本此下有三年失室四字・

升　賊仁傷德．天怒不福．斬刈宗社．失其本域．

困　萬物初(別本作和．)生．蟄蟲振起．益壽(別本作爵．)增福．日受其喜．

井　和氣所在．物皆不朽．聖賢居位．國无凶咎．

革　龍游鳳舞．歲樂民喜．

鼎　行(別本作珊．)行窘步．次宿(別本作伯．)方舍．居安不懼．姬姜(別本作妾．)何憂．

震　水深難遊．霜寒難涉．商伯失利．旅人稽留．

艮　跛踦相隨．日暮牛罷．陵遲後旅．(別本作徙傷．)失利亡雌．

漸　一年(別本作牛．疑當作牢．)九鎖．更相牽攣．桊明如市．不得東西．請讞得報．日中被刑．

歸妹　春桃生花．季女宜家．受福孔多．男爲邦君．

豐　雷鼓東行．稼穡凋傷．大夫執政．君替(別本訛贊．)其明．

旅　季世多(別本作君．)憂．亂國淫遊．殃禍立至．民無以休．

巽　發悅溫(別本作陽．)過角(別本作兩．)宿房．宜時布和．无所不通．

兌　水中大賈．求利食子．(別本作十千．)商人至市．空無所有．(別本作商人不至市空無有．)

渙　春草萌生．萬物敷榮．陰陽和調．(別本作暢．)國樂無憂．

節　左眇右盲．目視不明．下民多孽．君失其常．

中孚 悅以內安。不利出門。憂除禍消。（別本作禍消除憂。）公孫何尤。

小過 丹（別本作册。）書之信。言不負語。易我驕驥。君子有德。

既濟 上政搔（別本作搖。）擾。螟蟲（別本二字倒。）並起。害我嘉國。年（別本作季。）歲无稷。

未濟 干旄旌旗。執職（古幟通。）在郊。雖有寶珠。（別本作玉。）無路致之。

損之第四十一

損 路多枳棘。步刺我足。不利孤（別本作旅。）客。爲心作毒。

乾 鯉鮪鮒鰕。（姜本毛本作鯽。）積（宋校本作勸。）福多魚。資所有无。富我邦（別本作窮。）家。

坤 景星照堂。麟遊鳳翔。仁施大行。頌聲以興。征者（別本作仁序。）無明。失其寵光。

屯 羊腸九縈。相推稍前。止須王孫。乃能至天。

蒙 四手共身。莫適所閑。（毛本作圖。姜本何本作莫失所圖。）更相放（別本作訪。）接。動失事便。

需 水流趨下。逮至東來。求我所有。買鲂（別本作鱮。）與鯉。

訟 春粟夏聚。少（別本作山。）鮮希有。斗千石萬。貴不可販。（別本作賤。）

師 日往暮還。相佑與聚。无有凶患。

比 大蛇當路。使季畏懼。湯火之災。切直我膚。賴其天幸。歸于室（宋校本作生。）廬。

小畜 徙（宋校本作從）足去域。亂（宋校本作飛）入陳國。有所畏避。深藏遂匿。

履 海爲水宗。聰明且聖。百流歸德。无有叛逆。常饒優足。

泰 夏麥麰麩（別本作麩麵）。霜擊其芒。病（別本作疢）君敗國。使年大傷。

否 秋作冬翔。數被嚴（別本作嚴）霜。雄父（別本作犬）夜鳴。家憂不寧。

同人 樂仁上德。東鄰慕義（別本作梁訛）。來安吾國。

大有 逐憂除殃。污泥生粱（別本作義訛）。上下田爲汪（別本作江）。

謙 暗昧冥語。轉（別本作傳）相註誤。鬼魅所居。誰知臥處。

豫 南歷玉山。東入玉關。登上福堂。飲萬歲漿。

隨 比目四翼。來安吾國。福善上堂。與我同牀。

蠱 乘牛逐驥。日莫不至。路宿多畏。亡其騂騅。

臨 元吉无咎。安寧不殆。

觀 猛翅鼓翼。翱翔外國。逍遙徙倚。來歸温室。

噬嗑 河伯娶婦。東山氏女。新婚三日。浮雲洒雨。露我菅茅。萬家之祐。（別本作萬邦蒙祐）

賁 嬰兒求乳。慈母歸子。黄麑悅喜。得見甘飽。

剝　貧鬼守門。日破我盆。毀罌傷瓶。空虛無子。

復　多載重負。捐棄於野。予母稚子。（別本作王母誰子・）但自勞苦。

无妄　雄狐綏綏。登山崔嵬。昭告顯功。大福允興。

大畜　嬰兒孩（別本作咳・）笑。未有所識。彼（別本作狡・）童而爭。亂我政事。

頤　十九同投。爲雉所維（別本作離・）。獨得跳（姜本何本作越・毛本作逃・）脫。完全不虧。

大過　狐濟濡尾。求橘（別本作來揭・）。得枳。季妣（別本作姜・）懷悔。飽含魚鯁。

坎　跌（別本作跛・）足息肩。所忌不難。金城銅郭。以鐵爲關。藩屏周衛。安止（別本作全・）无患。

離　載堯扶禹。松喬彭祖。西過王母。道路夷易。无敢難者。

咸　京庾積聚。黍稷以極。行者疾至。可以厭飽。

恆　良夫孔（姜本毛本作古比・）姬。脅悝（別本作[illegible]理・）登臺。欒（姜本何本作昆・）季不扶。叔（別本作衛・）輒走逃。

遯　天之所予。福祿常在。不憂危殆。

大壯　行觸妖網。（何本妖作天・姜本毛本作天網・）馬死車傷。身无憀賴。困窮乏糧。

晉　鉛刀切玉。堅不可得。盡我筋力。胝繭爲疾。

明夷　穆違（別本作逢・本訛）百里。使孟奮武。將軍師戰。敗於殽口。

家人　有人追亡。鳥（別本作烏。）言所匿。不旅日得。（別本作不日而得。）

睽　府藏之富。王以振貸。捕魚河海。笱（別本作罟。）網多得。

蹇　鴻飛遵陸。公歸不復。伯氏客宿。

解　鳧過稻廬。（別本作蘆。）甘樂䵷鮞。（別本作䵷鼃。）雖驚不去。田畯懷憂。

益　雨師娶婦。黃岩季子。成禮既婚。相呼面（別本作而。）南。膏澤應時。年豐大喜。

夬　蓄積有餘。糞土不居。美哉輪奐。出有高車。

姤　重門擊柝。介士守護。終有他道。（疑作盜。）雖驚不懼。

萃　大都王市。稠人多寶。公孫宜賈。其貸（別本作資貨。）萬倍。

升　秋隼冬翔。數被嚴霜。甲兵當庭。（別本作庭堂。）萬物不生。雄犬夜鳴。民擾以驚。（二句別本無。）

困　招禍致凶。來螫我邦。痛在手足。不得安息。

井　秦失其鹿。疾走（別本作高足。）先得。勇夫慕義。君子（別本作變率。）服。

革　山陵四塞。遏我徑路。欲前不得。復還敝處。

鼎　一指食肉。口無所得。舌饞於腹。

震　晨夜驚駭。不知所止。皇母相佑。卒得安處。

艮　豺狼所言。語無成全。誤（別本作殺）。我白馬。使乾口來。

漸　呼精靈來。魄生無憂。疾病愈瘳（別本二字倒）。解我患愁。

歸妹　牧羊逐兔。使魚捕鼠（宋校本作相捕）。任非其人。卒歲无功。不免辛苦。

豐　堂祥上樓。與福俱居。席地妃治（別本作帝姬治好）。國安無憂。

旅　禹召諸神。會稽南山。執玉萬國。天下康寧。

巽　太姒文母。乃生聖子。昌發受命。爲天下主。

兌　兩賈同室。兔无誰告。與狂相觸。蒙我以（別本作與）惡。

渙　桃雀竊脂。巢於小枝。動搖不安。爲風所吹。寒恐悚慄（別本作心寒悚傷）。常憂殆危。

節　陽春長日。萬物華實。樂有利福。（別本注一作春陽盛長・萬物成實・福利所鍾・忻忻過日・）

中孚　鄰不我顧（別本二字倒）。而望玉女。身疾瘡癩。誰肯媚者。

小過　涸旱不雨。澤竭无流。魚鱉乾口。皇天不憂。

既濟　狼虎之鄉。日爭凶訟。受性貪饕。不能容縱。

未濟　陰作陽疾。水離其室。舟楫大作。傷害黍稷。民飢於食。亦病心腹。

益之第四十二

益　文王四乳．仁愛篤厚．子畜十男．无有天折．宋校本二字倒．

乾　下堂出門．東至別本作西．九山．逢福値喜．得其安閑．

坤　城上有烏．自名別本作鳴．破家．招呼鴆別本作醜．毒．爲國患災．別本二字倒．

屯　伯虎仲熊．德義淵閒．別本作亂．使布五教．別本作穀．陰陽順序．

蒙　飲酒醉酣．別本作臥．跳起爭鬬．手足紛挐．別本無此句．伯傷仲僵．東家治喪．

需　四目相視．稍近同機．別本作執．日映之後．見吾伯姊．別本作姨．

訟　隨時逐便．不失利門．多別本作靈．獲得福．富於封君．

師　隴西冀北．多見駿馬．去如猋颺．別本作飈．害不能傷．

比　白龍黑虎．起伏俱怒．別本下有期戰盤空四字．蚩尤敗走．死於魯別本作魚．首．

小畜　鴻飛戾天．避害紫淵．雖有鋒門．不能危身．

履　平國不君．宋校本作吉．是君之訛．別本作均．夏氏作亂．烏號竊發．靈公隕命．

泰　江漢上遊．政逆民憂．陰伐其陽．雄受其殃．別本作雄者受殃．

否　東家殺牛．別本作猪．聞臭腥臊．神怒不顧．命衰絕周．別本作命絕衰國．亳社災別本作火．燒．安夷誅愁．別本作公夷誅．宋

同人　西誅不服．恃彊負力．倍道趨敵．師走敗覆．

大有　一婦六夫。擾亂(別本二字倒)。不治。張王季疾(別本作莊)。莫適爲公。政道壅塞(別本二字倒)。周君失國(別本作邦)。

謙　配合相迎。利之四鄉(毛本作澶澤)。昏以爲期。明星煌煌。欣喜爽澤(別本作奭懌)。所言得當。

豫　猿(別本作隮墜)。高木。不踒手足。握金懷玉。還歸其室。

隨　卷領遁世。仁德不害。三聖攸同。周國茂興。

蠱　去患(別本作危)。脫厄。安無忧惕。上福喜堂。見我懽(別本作喜)。悅。

臨　帶季兒良。明知(別本作時利)。權兵將師。合戰。敵不能當。趙魏以彊。

觀　鵠思其雄。欲隨鳳東。順理羽(別本作兩)。翼出次(別本作自)。日中。須留北邑。復反其室。

噬嗑　耳(別本作且)。如驚鹿。不能定足。室家分散。各走匿竄(別本作鼠匿)。

賁　甲乙丙丁。俱位(別本作歸)。我庭三丑六子。入門見母。

剝　躡華顛。觀浮雲。風不搖。雨不薄。心安吉。无患咎。

復　德施流行。利之四鄉。雨師灑道。風伯逐殃。巡狩封禪。以告成功。

无妄　水流趨下。遂成東海。求我所有。買鱣與鯉。

大畜　和氣相薄。膏潤津澤。生我嘉穀。

頤　憂驚以除。禍不成災。安全以來。

大過　堅冰黃鳥。常哀悲愁。不見白（別本作甘・）粒。但覩藜蒿。數驚鷙鳥。□□□□・□爲我心憂。

坎　翕翕輷輷。（別本作軥輷・）□墜崩顚。滅其令名。身命不全。（宋校本崩顚下作滅其身命一句・）

離　因禍致（別本作受・）福。喜盈其室。（別本作身・）

咸　陸（宋校本作佳・疑住字・）居千里。不見河海。無有魚市。

恆　鹿得美草。鳴呼其友。九族和睦。不憂饑乏。

遯　出門得堂。不逢禍殃。人戶自若。（別本作苦・）不見矛戟。

大壯　轟（別本作累・）尊重席。命我嘉（別本作家・）客。福祐久長。不見禍（別本作咎・）殃。

晉　鳴鴻（別本作鴻鴈・）俱飛。北就魚池。鱣鮪鰋鯉。多饒所有。一笱獲兩。得利過倍。（別本魚池下作鱣鰋鮎・鯉・衆鳥饑有・一鳴獲兩得・之過倍・）

明夷　當風奮翼。與鳥飛北。入我嘉（別本作家・）國。見吾慶室。

家人　麒麟鳳凰。善政得祥。陰陽和調。國無災殃。

睽　逐狐東山。水遏我前。深不可涉。失其後便。

蹇　丑戌亥子。饑饉前（別本作所・）生。陰陽（別本作爲・）暴客。水絕我食。

解　狐狸雉兎。畏人逃去。分走竄匿。不知處所。

損　桀跖惡人．使德不通．炎旱爲殃．年穀大傷．

夬　兔乳在室．行來雀食．虎攫（別本作懼）．我子．長號不已．

姤　十階明堂．禮讓益興．雄雌相得．使民（別本作我）．无疾．

萃　送金出門．井失玉丸．往來井上．破甕壞盆．

升　諷德誦功．美周盛隆．加其旦輔．光濟沖人．

困　盜竊滅身．二母不親．王后無黨．毀其寶靈．

井　六月睽睽．各欲有至．專止（別本作正）．未裝．俟待旦明（別本二字倒）．

革　雀行求粒．誤入罟（別本作網）．罭．賴仁君子．復脫歸室．

鼎　仁德孔明．患禍不傷．期誓不至．室人銜恤．

震　黿厭江海．陸行不止．自令枯槁．失其都市．雖憂无咎（別本作憂悔告生）．

艮　孤獨特處．莫依爲輔．心勞志苦（別本爲輔下作正心九濟．神勞志苦）．

漸　伯仲言留．叔子云去．雖自（別本作誰云）．无咎．主母大喜．

歸妹　初憂不安．後得笑懽．雖懼无患．

豐　好戰亡國．師不以律．稱上殞墜．齊侯很戾．其被（別本二字倒）．災祟．

旅　鹿在（別本作主．）澤陂．豺傷其麑．淬（何本作泣．）血獨哀．

巽　天地閉（別本作鈐．）塞．仁智隱伏．商旅不行．利潤難得．

兌　福德之士．歡悅日喜．夷吾相桓．三歸爲臣．賞流子孫．

渙　上無飛鳥．下乏（別本作無．）走獸．亂擾（別本二字倒．）未治．民勞於事．

節　据（別本作提．）斗運樞．順天无憂．（別本下有所行造德四字．）與樂並居．（別本此爲小過卦．）

中孚　戴盆（宋校本作瓶．）望天．不見星辰．顧小失大．福逃廬（別本作牆．）外．

小過　日削月（別本日月互換．）衰．工女（別本作夫．）下機．宇宙滅明．不見三光．（別本此爲節卦．）

既濟　操戟刺魚．被髮立憂．虎脫我衣．（別本作與．）狠取我袍．亡馬失財．

未濟　兩人俱醉．相與悖戾．心乖不同．爭訟匈匈．

夬之第四十三

夬　戴堯扶禹．松喬彭祖．西過（別本作遇．）王母．道里（別本作路．）夷易．无敢難者．

乾　狠戾美（按芥隱筆記引作膝．）謀．無言不殊．允厭帝心．悅以獲佑．

坤　歲暮花落．陽入陰室．萬物伏匿．絕不可得．

屯　雞鳴失時．君騷相憂．犬吠不休．行者稽留．

蒙　鳧驚遊涇．君子以寧．履德．別本作任．不愆．福祿來成．

需　薄爲藩蔽．別本作蕃皮．勁風吹卻．欲上不得．復歸其宅．

訟　東行．毛本作人．破車．步入危家．衡門垂倒．无以爲主．賣袍續食．糟糠不飽．

師　靑牛白咽．呼我俱田．歷山之下．可以多耕．歲稔時節．別本作歲精之節．民人安寧．

比　異國殊俗．情不相得．金木爲仇．百賊擅殺．別本作轂．

小畜　陰陽精液．高熟晚拆．別本作脫折．治卵成鬼．肇生頭目．日有大吉．宋校本作喜．

履　饑蟲作害．蟲宋校本作蟲．恐是飢蠶作繭之訛．偏多亂纏．緒不可得．別本作多亂纏綿不可得秋．

泰　清泠如雲．爲兵導先．長人寃．別本作寬．急不知東西．

否　班馬旋師．以息勞疲．役夫嘉喜．入戶見妻．

同人　坐爭立訟．紛紛匈匈．別本作詾詾．卒成禍亂．災及家公．

大有　鹿食美草．逍遙求飽．趨走山間．宋校本作日暮後門．過期乃還．肥澤且厭．

謙　田鼠野雞．別本作雉．意常．別本作尚．欲去拘制．籠檻不得搖動．

豫　月趨日．別本月日二字互換．步周遍次舍．歷險致遠．无有難處．

隨　天孫帝子．與日月處．光榮於世．福祿祺祉．

蠱　晨風文翰．大舉就溫．昧（別本作時）過我邑．羿無所得．

臨　旦生夕死．名曰嬰兒．（姜本何本作鬼）不可得（別本作潛）視．

觀　疾貧望仕．（別本作幸）使伯南販．開牢擇羊．多得大牂．

噬嗑　長城驪山．生民（宋校本作我）大殘．涉叔（別本作井）發難．唐叔爲患．

賁　娶於姜呂．駕迎新婦．少齊在門．夫子歡喜．

剝　隨時春草．（別本作草木）僊枝（別本作灌時）葉起．扶疎條桃．長大美盛．（別本二字倒）華沃鑠舒．（別本作沃鑠疏華）

復　姬姜既（別本作悅）歡．二姓爲婚．霜降合好．西施在前．

无妄　戴笠獨宿．晝不見日．勤苦無代．長勞悲思．

大畜　始加（宋校本姜本毛本作如．疑形訛．此从何本．）元服．二十繫室．新婚既樂．伯季有德．（宋校本作得）

頤　二室（別本作至）靈臺．文所止遊．雲物備具．（宋校本作故）長樂無憂．

大過　久陰霖雨．塗行泥潦．商人依山．（別本作休止）市空无有．

坎　城壞壓境．數爲齊病．侵伐不休．君臣擾憂．上下屈竭．士民無財．

離　南國盛茂．黍稷醴酒．可以饗養．樂我嘉友．（別本作祐）

咸　憂在心腹．內崩爲疾．禍起蕭牆．意如制國．

恆　杇根刖樹．花葉落去．卒逢火焱．隨風僵仆．

遯　樹表爲壇．相與期（別本作笑）言．午中不會．龍名棄廢．（別本作榮棄被．寵）

大壯　四足俱走．奴（別本作駑）．疲在（別本作任）．後．兩（宋校本作德．疑得字）．戰不勝．敗於東楚．

晉　執轡西（別本作在）．朝回還故處．麥秀傷心．叔父無憂．

明夷　長夜短日（別本作長日短．夜）．陰爲陽賊．萬物空枯．藏於北陸．

家人　鳴鳩七子．均而不殆．長大成就．棄而合好．（別本作合如好．棄）

睽　三羊上山．馳至大原．黃龍負舟．遂到夷傷．（別本作陽．）究（別本作宛．）其玉囊．

蹇　手（別本作首．）足易處．頭尾顛倒．公爲雌嫗．亂其蠶織．

解　登高望家．役事未休．王政（別本作事．）靡盬不得逍遙．

損　畏昏不行．候待旦明．燎獵受福．老賴其慶．

益　孤獨特處．莫依无輔．心勞致苦．

姤　山石朽破．消崩墮墜．上下離心．君受其祟．

萃　文母聖子．无疆壽考．爲天下主．人受其福．

升　倗傀如儀．（宋校本作加俄．）前後相違．言如鼈咳．語不可知．

困　五龍俱起．（宋校本作超．疑形訛）強者敢（別本作敗）走．露我苗稼．年歲大有．

井　虎（別本作雷）除善猛．難（別本作雖）為功醫．驥疲鹽車．困（別本作出）於衡箠．

革　江南多蝮．螫我手足．冤煩詰屈．痛徹心腹．

鼎　心无所（別本作可）據．射鹿不得．多言少實．語成無（別本二字倒）事．

震　君明臣（宋校本作主）賢．民（別本作鳴）求其友．顯德之政．可以履土．（宋校本作事）

艮　安上（別本作土）宜官．一日九遷．踰羣越（別本二字倒）等．牧在（別本作養）常山．

漸　俊（別本作保）辭解謝．除去垢汚．鷙之成患．嬰氏釋殘．（別本作壓去酷殘）

歸妹　翁狂嫗盲．相牽北行．欲歸高邑．迷惑不得．

豐　醉臥道傍．迷旦（別本作且）失明．不夲我生．

旅　北登鬼邱．駕龍東遊．王叔（別本作母）御后．文武何憂．

巽　恬淡无患．游戲道門．與神往來．（別本二字倒）長樂（別本作出）以安．

兌　以緒易絲．抱布自媒．棄禮急情．（毛本作怠情．姜本何本作怠墮）卒罹悔憂．

渙　被服大（別本作衣）冠．游戲道門．以禮相終．身无殃（別本作災）患．

節　大麓魚池．（姜本何本作天麓魚地）陸為海涯．君子失行．小人相攜．

宋本焦氏易林（叢書集成初編據學津討原排印四卷本）

中孚　淵泉溢出。爲城邑祟。（別本作爲邑之祟）道路不通。孩子心憒。

小過　十里望烟。散渙四方。（姜本毛本作分）形體滅亡。可入深淵。終不見君。

既濟　傳言相誤。（別本作談）非奸（別本作好）徑路。鳴鼓逐狼。不知迹處。

未濟　東失大珠。西行棄襦。時多不利。使我後起。

姤之第四十四

姤　河伯大呼。津不可渡。往復尔（別本作示）故。乃無大悔。

乾　蒙被恩德。（別本作澤）長大成就。柔順利貞。君臣合好。

坤　東山西山。各自止安。心雖相望。（別本作雖欲登望）意（別本作竟）不同堂。

屯　登山上谷。與虎相觸。猬爲功曹。班叔奔北。脫之嘉國。（別本作同）

蒙　躓跛（別本作跌）。未起失利。後巿。（別本下有不得鹿子四字）

需　結珠懷履。卑（別本作卓）斯以思。（宋校本作鬼疑形訛）爲君奴婢。

訟　雞鳴失時。民僑勞苦。犬吠不休。（宋校本作龐吠有威）行者留止。（別本作稽留）

師　陳嬀敬仲。示兆興姜。乃寓營邸。（別本作兆興齊姜營邸立適）八世大昌。

比　鹿畏人匿。俱入深谷。短命不長。爲虎所得。死於牙腹。

小畜　言无約結。不成契券。殷叔季女。（姜本何本作妃。毛本作姬。）公孫爭之。強人委禽。不悅於心。乃適子南。

履　鼓瑟歌舞。懽遺（別本作悅。）於酒。龍喜張口。大喜（別本作悅。）在後。

泰　凶憂災殃。日益章明。（別本二字倒。）禍不可救。三郤（別本作王郤。）夷傷。

否　水流趨下。遂成東海。求我所有。買（別本作貿。）鱣與鯉。

同人　陰爲陽賊。君不能克。舉動失常。利無所得。

大有　離床失案。龜喪其願。都市无會。叔季懷恨。

謙　壅遏隄防。水不得行。火（別本作大。）憤陽光。陰霓伏藏。走（姜本毛本作先。）歸其鄉。

豫　躄屈腹伸。東（宋校本作本。）乘浮雲。貴寵母前。

隨　實沈參虛。（別本作伐。）以義斷割。次陸服薪。（別本作刑。）成我霸功。

蠱　金泉黃寶。宜與我市。娶嫁有息。利得（別本作後。）過母。

臨　禹召諸侯。（別本作神。）會稽南山。執玉萬國。天下康（別本作安。）寧。

觀　三蟲作蠱。踐跡无與。勝母盜泉。君子不處。

噬嗑　花葉隤（別本作隕。）落。公歸嫗（別本作樞。）宅。夷子（姜本毛本作卒。）失民。潔白（別本作己。）不食。

賁　履機懼毀。身子子廢。終得所欲。無有凶害。

剝　道理和德。（別本作得。）仁不相賊。君子攸往。樂（別本作我。）有利福。

復　合匏同牢。姬姜並居。（別本此下有壽考長久四字。）

无妄　關雎淑女。賢妃聖偶。宜家壽母。福祿長久。

大畜　騏驥晚乳。（別本作騅驥脫乳。）不知子處。旋動（別本作踵。）悲鳴。痛傷我心。

頤　知嚴（宋校本作智嵒。）絕理。陰孽謀生。（姜本毛本作王。何本作主。）十日不食。困於申亥。

大過　監諸攻玉。无不穿（別本作宜。）鑿。麟鳳成形。德象君子。三仁翼事。所求必喜。

坎　昧暮乘車。以至伯家。踰梁渡河。濟脫無他。

離　吾有黍粱。（別本作稷。）委積外場。有用（別本作角。）服箱。運致我藏。富於嘉糧。

咸　喜笑且語。不能掩口。官爵並至。慶賀迎戶。（別本作門。）

恆　霧露雪霜。日暗不明。陰孽生（別本作爲。）疾。年穀大傷。

遯　伯去我東。髮擾如蓬。（別本作髮如飛蓬。）寤寐長歎。展轉空牀。內懷悵恨。摧我心（別本作心摧。）肝腸。

大壯　亡羊補牢。毋損於憂。（別本無此四字。補牢下作張氏失牛。騂騮奔走。鵲盜我魚三句。）

晉　販鼠賣卜。（別本作龜。）利少無謀。難以得家。

明夷　西戎爲疾。（別本作秩。）幽君去室。陳子發難。項伯成就。（別本作亂。）

易學經典文庫

家人　秋風生哀。花落生（別本作心）悲。公室多難。羊舌（姜本毛本作蒙古）氏衰。

睽　持福厭患。去除天（別本作大）殘。日長夜盡。嘉（宋校本作喜）世蒙恩。

蹇　新受大喜。福復（別本作履）重來。樂且日富。是惟（別本作足用）豐財。

解　前頓卻躓。左跌右逆。登高安梯。復反來歸。

損　夢飯不飽。酒未（別本作來）入口。嬰女雖（別本作雞）好。媒鴈（別本作聽）不許。

益　大都王市。稠人多寶。公孫宜賈。資貨萬倍。

夬　兩人俱醉。相與悖戾。心乖不同。爭訟匈匈。（別本作恟恟）

萃　身無頭足。超蹠空（別本作庶）乖。不能遠之。（別本之中二字倒）中道疲休。失利後時。（別本作市）

升　三人俱行。六目光明。道逢淑女。與我驥子。

困　進仕（別本作士）為官。不若復田。獲壽保年。

井　先易後否。失我所市。騷蘇自苦。思吾故土。（別本作事）

革　蘇氏（別本作秦）發言。韓魏无患。張子馳說。燕齊以安。

鼎　武庫軍府。甲兵所聚。非里邑居。不可舍止。

震　一身（別本作三桃）三口。莫適所與。為孺子牛。田（別本作西）氏主（別本作生）咎。

艮　西山東山．各自止安．心雖相望．（別本作雖相登望．）竟未上（別本作不同．）堂．

漸　不改柯葉．和氣中（別本作沖．）適．君子所在．安無怵惕．

歸妹　將戌擊（別本作繫．）亥．陽藏不起．君子散亂．太山（別本作上．）危殆．

豐　天官列宿．五神舍室．宮闕完堅．君安其居．

旅　左手把水．右手把火．（別本此句無．）如光與鬼．不可得從．（別本作徙．）

巽　逐狐東山．水遏我前．深不可涉．失利後便．

兌　水潰魚室．來灌吾邑．衝沒（別本作破．）我家．與狗俱遊．

渙　山險難登．澗中多石．車馳轊擊．重載傷軸．擔負善躓．跌踒右足．

節　槽空無實．豚彘不食．庶民屈竭．離其居室．

中孚　執熱爛手．火（別本作大．）爲災咎．公孫無賴．敗我王室．（宋校本作玉寶．姜本作王家．）

小過　三虎上山．更相噬囓．心志不親．如仇與（別本作如．）怨．

既濟　西家嫁子．（別本作女．）借鄰送女．嘉我淑姬．賓主俱喜．

未濟　克身潔己．逢禹巡狩．錫我元圭．拜受（宋校本何本作爲．）福祉．

萃之第四十五

萃　蒙慶受福．有所獲得．不利出城．病人困棘．別本作病人困極

乾　碩鼠四足．飛不上屋．顏氏淵德．未有爵祿．

坤　新受大喜．福履優別本作重職．樂且日富．

屯　克身潔宋校本作繫己．逢禹巡狩．錫我元圭．拜受福祉．

蒙　置筐失筥．輪破无輔．家伯爲政．病我下土．

需　機言不發．頑不能達．齊魯爲仇．亡我葵邱．

訟　亡錐失斧．公輸無輔．抱其蜂器．適君子處．

師　家在海隅．橈短深流．伯氏難行．無目以趨．別本作無本以超

比　德施流行．利之四鄉．雨師灑道．風伯逐殃．巡狩封禪．以告成功．

小畜　筐傾筥覆．喪我公粒．別本作畏我公置簡伯無禮．太師正食．

履　泥滓汙辱．弃捐溝瀆．爲衆所笑．終不顯祿．

泰　獼猴兔走．腥臊少肉．漏扈承別本作盛酒．利无所得．別本作有

否　鹿提人藏．俱入深谷．命短不長．爲虎所得．死於牙腹．

同人　南山芝蔄．宋校本二字倒君子所有．東家淑女．生我王室．宋校本作玉寶

大有　左指右揮．邪佞侈靡．執節無良．靈君以亡．

謙　鬱快（別本作爵秩）．不明．爲濕（別本作臣）所傷．衆陰羣聚．共奪日光．

豫　穿鼻繫棘（別本作株）．爲虎所拘．王母祝禱．禍不成災．突然脫（別本作自）來．

隨　貧鬼守門．日破我盆．毀甖傷缸（別本作毀鼠傷綴）．空虛無子．

蠱　襄王叔帶．鄭人是賴．莊公卿士．王母憂苦（別本作喜）．

臨　昭君死（別本作守）國．諸夏蒙德．異類既同．宗（別本作崇）我王室．

觀　冬藪枯（別本作朽）腐．常（別本作當）風於道．蒙被塵埃．左右勞苦．

噬嗑　六爻既立．神明喜（別本作所）告．文定吉祥．康叔受福．

賁　泣涕長訣．我心不快（別本作悅）．遠送衛野．歸寧无子（別本作咎）．

剝　三宿無主．南行勞苦．東里失利．喪其珍寶．

復　大斧砍木．讒佞敗國．東關梁王（別本作良工．據左傳當作梁五．）禍及三子．晉人亂邑．懷公出走．

无妄　乘風上天．爲時服軒．周旋萬里．无有患難．

大畜　大樹百根．北與山連．文君作人（別本作義）．受福萬年．

頤　陽伏在下．陰制祐福．生不逢時．潛龍隱處．

大過　亂頭多憂．搔虱生愁．膳夫仲尹．（別本作年．据詩當作允．尹與允音聲相近．）使我無聊．

坎　江河淮海．天之都市．商人受福．國家富有．

離　泰山幽谷．鳳凰游宿．威儀（別本作禮義．）有序．可以來（別本作求．）福．

咸　山水暴怒．壞梁折柱．稽難行旅．留連愁苦．

恆　阿衡服箱．太乙載行．巡（別本作延．）時歷舍．所之吉昌．

遯　三宿無主．南行勞苦．東里失利．喪其珍寶．

大壯　生無父母．出門不喜．買菽（別本作椒．）失粟．亡我大利．（宋校本作乘．）

晉　安坐玉堂．聽樂行觴．飲酒萬歲．（別本作鍾．）日受無疆．

明夷　登危入厄．四時變易．春霜變（別本作夏．）雪．物皆凋落．

家人　衣穴（別本作空．）履穿．無以禦寒．細小貧窶．不能自好．

睽　目不可合．憂來搔足．怵惕恐懼．去其邦域．

蹇　買貝贖狸．不聽我辭．繫於虎鬚．牽不得來．

解　伯夷叔齊．貞廉之師．以德防患．憂禍不存．聲芳（別本二字倒．）後時．

損　張王子季．爭財相制．商君頑嚚．不知所申．（別本作申．）

益　長城旣立．四夷賓服．交和結好．昭君受(別本作是·)福．

夬　千歡萬悅．舉事爲決．獲受嘉慶．動作有得．(別本作福·)

姤　種一得十．日益有息．仁政獲民．四國親睦．(宋校本二字倒·)

升　安子富有．東國不殃．齊鄭和親．顯比以喜．

困　九里十山．道仰峻難．牛馬不前．復反來還．

井　鳩杖扶老．衣食百口．曾孫(宋校本作增添·)壽考．凶惡不起．

革　霧露雪霜．日暗不明．陰孽爲疾．年穀大傷．

鼎　迷行數卻．不知東西．陰彊暴逆．道里不通．

震　登高上山．見王自言．信理我冤．得職蒙恩．

艮　三世爲德．天祚以國．封建少昊．魯侯之福．

漸　喬木无息．漢女難得．橘柚(別本作禱神·)請佩．反手難悔．(別本作離汝·)

歸妹　東鄰西家．來卽我謀．中告吉誠．使君安寧．

豐　褰衣出戶．心欲北(別本作奔·)走．王孫毋驚．使我長生．

旅　三日不飲．遠水無酒．晝夜焦喉．傷鬼(別本作使我·)爲咎．

巽　衆口銷金．愆言不驗．腐臭敗兗．人市不售．

兌　姬（別本作嫗．）冠應門．與伯爭言．東家失狗．意我（別本作在．）不存．爭亂亡因．（別本作恩．）絕其（別本作晉．）所歡．

渙　祚加明德．與我周國．公劉文母．福流子孫．

節　針頭刺手．百病瘳愈．抑按捫灸．死人復起．

中孚小過既濟未濟　元龜象齒．大賂爲寶．稽疑當否．衰微復起．

故室舊廬．消散无餘．不如新創．可以樂居．

老狐多態．行爲蠱怪．（別本下有爲魅爲妖四字．）驚我王母．終无咎悔．

愛子多材．起迹空虛．避害如神．水不能濡．

升之第四十六

升　禹鑿龍門．通利水泉．（別本作源．）東注滄海．人民得全．（別本作安．）

乾　白鹿鳴呦．呼其老少．喜彼茂草．樂我君子．

坤　百里南行．雖微得（別本作復．）明．去虞適秦．爲穆國卿．

屯　王宜孫喜．（別本作王孫宜家．）張名益有．龍子善行．西得大壽．

蒙　蒼龍頭頸．文章不成．所求不得．失利後時．（別本下二句作甘言善語．譎辭無名．）

需　商子無良．相怨一方．引剛[illegible]（別本作）交爭．咎自以（別本二字倒）．當．

訟　衰老困極．无齒不食．痔病痟（別本作瘠）．瘵．就陰爲室．

師　鳶（別本作鴛）生會稽．稍巨能飛．翱翔桂林．爲衆鳥雄．

比　安平不傾．載福長生．君子以寧．

小畜　牛驥同槽．郭氏以亡．國破爲墟．君奔走逃．

履　日中明德．盛興兩國．（別本作兩國盛興）．仁聖會遇．君受其福．臣多榮祿．

泰　公劉之居．太王所業．可以長生．拜受福爵．

否　時凋歲霜（別本作寂）．君子疾病．宗（別本作宋）．女無辜．鄭受其殃．

同人　濟河踰阨．脫母怵惕．四叔（別本作序）．爲衛．使惠不廢．

大有　缺破不完．殘瘵（別本作際）．側偏．公孫幽遏．跛踦後門．

謙　延頸遠望．眯爲目病．不見叔姬．使伯憂心．（別本二字倒）．

豫　上無飛鳥．下無走獸．擾亂未清．民勞於事．

隨　久陰霖雨．塗行泥潦．商人休止．市空无有．

蠱　盲者張目．（別本二字倒）．跛倚起行．瞻望日月．與王（別本作主）相迎．

臨　据斗運樞．高步六虛．權旣在手．寰宇可驅．國大無憂．與樂並居．別本据斗運樞下作頓天無憂•與樂並居•萬代歡慶•

觀　稼穡不偏．重過別本作適•不傾．巧言賊忠．傷我中生．

噬嗑　金城鐵郭．上下同力．政平民親．別本作歡•寇不敢賊．

賁　目別本作日•鏡不明．冬災大傷．盜花失實．十年消亡．

剝　鰥寡孤獨．命祿苦薄．入室無妻．武子悲哀．

復　飲酒醉飽．跳起爭鬭．伯喪別本作傷•叔僵．東家治喪．

无妄　介紹別本作召•微子．使君不殆．二國合歡．燕齊以安．

大畜　牽牛別本作頸•繫尾．詘折幾死．離世無仁．不知所在．別本作比•

頤　東龍冤獨．別本作究彗•不知所觸．南北困窮．王子危急．

大過　疾貧王孫．北陸別本作極•無禪．別本作輝•祿命苦薄．兩事別本作守•孤門．

坎　公孫駕驪．毛本作車•姜本何本訛驪•載遊東齊．延陵說別本作故•產．遺季紵衣．

離　王良善御．伯樂知馬．文王東獵．獲喜聖事．別本作獲嘉賢士•開福祐賢．別本作周•周發別本作發旦•興起．

咸　日月不居．重耳趨舍．遊燕入秦．晉國是霸．

恆　假文翰翼．隨風偕別本作背•北．至虞夏國．與愛相傳．別本作與舜相得•年歲大樂．邑無盜賊．

遯　南行無遯.（別本作北走・）延頸後（別本作望・）食.舉止（別本作口・）失利.累爲（別本作我・）子孫.

大壯　開市（宋校本作元・）作喜.建造利事.平準貨寶.海內殷富.

晉　三犬俱走.鬬於谷口.白者（宋校本作蓍・）不勝.死於坂下.

明夷　驕胡火（宋校本作犬・）形.造惡作凶.无所能成.還自滅身.

家人　拜跪贊辭.無益於尤.大夫頑嚚.使我生（別本作心・）憂.

睽　旅次降婁.王罵巡狩.（別本作王嚚狩巡・）廣佑施惠.萬國咸喜.（別本此下有子孫榮品長安不殆二句・）

蹇　牽羭上樓.與福俱遊.（宋校本作居・）勞躬治國.安樂無憂.

解　白鳥銜餌.鳴呼其子.旋枝（宋校本作挾施・）張翅.來從其母.

損　盲瞽（別本作聾・）獨宿.莫與共食.老窮於人.病在心腹.

益　登木出淵.稍上升天.明德孔聖.白日載榮.（別本榮作熒・下有寵祿再榮一句・）

夬　彭離濟東.遷廢（別本作之・）上庸.佷（別本作狠・）戾无節.失其寵功.

姤　讚揚（別本作陽・）上舞.神明生（別本作正・）氣.拜禹（別本二字倒・）受福.君施（別本作使・）我德.（別本下有居則厚祿四字・）

萃　從首至足.部分爲六.室家離散.逐南乞食.

困　民迷失道.亂我統紀.空使乾革.（別本作華・）賓无所有.（別本下有先憂後樂四字・）

井　刻畫爲飾。嫫母無鹽。（別本無此句。）毛嬙西施。求事必得。

革　日居月諸。遇暗不明。長夜喪中。（姜本何本作甲。毛本作用。）絕其紀綱。

鼎　衣裳顛倒。爲王來呼。成就東國。（別本作周。）封受大侯。（宋校本作休。）

震　當變立權。擿解患難。渙然冰釋。大國以寧。

艮　西戎獯鬻。病於我國。捨陝之岐。（別本作扶陽之政。）以保乾德。（別本下有終無患惑四字。）

漸　南行逐羊。予（別本作子。）利喜亡。陰孽爲病。復返其邦。

歸妹　遊戲仁德。日益有福。凶言不至。妖孽滅息。

豐　春日新婚。就陽曰（別本作日。）温。喜（別本作嘉。）樂萬歲。獲福有年。（別本作大椿。）

旅　陰升陽伏。鬼哭（宋校本作舜失。）其室。相飾不食。安巢如棘。

巽　臣尊主卑。威權（別本二字倒。）日衰。侵奪無光。三家逐公。

兌　反言爲殘。（別本作賊。）戎女生患。亂吾家國。父子相賊。

渙　迎福開戶。喜隨（別本作逐。）我後。康伯愷悌。治民以禮。

節　日就月將。昭明有功。靈臺歡（別本作觀。）賞。膠鼓作人。（別本作仁。）

中孚　百草嘉卉。萌芽將出。昆蟲扶戶。陽明所得。（宋校本二字倒。）

小過　天所佑助．萬國日有．(別本無此句・)福至禍去．壽命長久．(別本作君主何憂・)

既濟　窮夫失居．惟守弊(別本作蘆・)廬．初憂中懼．終日兢兢．无悔无虞．

未濟　買玉得石．失其所欲．荷蕢擊磬．隱世(別本作耳・)無聲．

困之第四十七

困　席多針刺．不可以臥．爲身作累．(四字宋校本無・)動而有悔．言行俱過．

乾　烏鵲食穀．張口受哺．蒙被恩德．長大成就．柔順利貞．君子合好．

坤　六鷁退飛．爲襄敗祥．陳師合戰．左股夷傷．遂以薨崩．霸功不成．(宋校本作終・)

屯　倜匋出走．驚惶悼恐。白虎王(別本作生・)孫．虖收在後．居中无咎．

蒙　庇廬(宋校本作盧・)不明．使孔(別本作禮・)德妨．女孽亂國．虐政傷仁．

需　石(別本作碩・)鼠四足．不能上屋．顏氏淑德．未有爵祿．

訟　襄送季女．至於蕩道．齊子旦夕．留連久處．

師　欒鹿逐牧．飽歸其居．還反(別本作於・)次舍．樂得自如．

比　望尚阿衡．太宰周公．藩屛湯武．立爲侯王．(別本下二句作藩居輔弼・福祿來同・)

小畜　開廓洪緒．王迹所基．(別本作居・)報以八子．(別本作振以公子・)功得侯(得別本皆作德・侯姜本作伊・何本作侯・)時．

易學經典文庫

履　入侖大都。饒富有餘。安民利國。可以長居。

泰　陰雲四方。日在中央。人雖昏霧。我獨昭明。

否　薄爲災虐。風吹雲卻。別本作大風吹卻。欲上不得。復歸其宅。

同人　昭昭略略。非忠信客。言語別本作多。反覆。以黑爲白。

大有　三女爲姦。俱遊高園。背室夜行。與伯笑言。禍反及身。寃死誰別本作無所。禱。

謙　涉尸留鬼。大斧所視。文昌司過。簡公亂死。

豫　大足長股。利出行道。困倉充盈。疏齒善市。宜錢富家。別本作宜以錢富。事得萬倍。

隨　筐筥錡釜。可活百口。姜本何本作河闕百里。闕疑。潤之訛。毛本作河浯百呂。尤訛。伊氏鼎俎。大福所起。

蠱　升高登虛。欲有望候。駕之北邑。與喜相扶。

臨　用彼嘉賓。政平且均。螟蟲不作。民得安寧。

觀　桃夭少葉。別本作華。婚悅宜家。君子樂胥。長利止居。

噬嗑　東行失旅。不知所處。西歸無配。莫與笑語。

賁　玩好亂目。巧聲迷耳。賊敗貞良。君受其咎。別本作殃。

剝　明德孔嘉。萬歲無虧。駕龍巡狩。王得安所。別本二字倒。

復　同本異葉。樂（別本作安）仁尚德。東鄰慕義。來興吾（別本作百）國。

无妄　載（別本作戴）山崔嵬。曰（別本作日）高無頹。君王好德。賜以家（別本作嘉）國。

大畜　築室合歡。千里无患。周公萬年。佑我二（別本作三）人。（別本下有壽以高遠四字。）

頤　養雞主雛。畜馬得駒。明堂太學。君子所居。

大過　雷行相逐。无有休息。戰於平陸。爲夷所覆。

坎　委蛇循河。至北海涯。涉歷要荒。君世无他。

離　鴻聲大視。高舉神化。背昧向明。以道（別本作通）福功。

咸　比目四翼。求安吾國。福喜上堂。與我同牀。（別本首句下作安我邦國。上下無患。爲吾家福三句。）

恆　先穀𤰞季。反謀桓子。不從元帥。遂行挑戰。爲荆所敗。

遯　三頭六足。欲盜東國。顏子在邇（別本作庭）。禍滅不成。

大壯　緣山升木。中墮於谷。子輿失勞。黃鳥哀作。

晉　南有嘉魚。駕黃取鱗（別本作鰭）。魴鯉瀰瀰。利來无憂。

明夷　遂氣作害。蒙覆大君（別本作臣）。塞聰閉明。殷人買傷。

家人　舉翅攄翼。跂（別本作跳）望南國。延頸卻縮。未有所得。

睽　坎中蝦蟆．乍盈乍虛．三夕二朝．形消无餘．

蹇　僮子(別本作或．)射御．不知所定．質疑蓍龜．孰知所避．(別本作孰可避之．)國安士樂．宜利止居．兵寇不至．(別本作作．)民无騷擾．(別本作憂．)

解　陰淫寒疾．水流(宋校本作離．)其室．舟楫大作．傷害黍稷．民飢於食．不无病厄．

損　離友絕朋．巧言讒匿．覆白汚玉．顏叔哀哭．

益　童女無媒．不宜動搖．安其室廬．傳母何憂．

夬　作凶作(別本作造．)患．北檄(別本作榭．)困貧．東與禍(別本作福．)連．傷我老(別本作左．)根．

姤　東南其戶．風雨不處．嘯睨仁人．父子相保．

萃　被髮獸心．難與比鄰．來如飄風．去似絕紘．爲狠所殘．

升　天覆地載．日月運照．陰陽允作．方內四富．

井　桀亂無道．民散不聚．背室棄家．君孤出走．

革　中西敗時．(宋校本作稷別．)陰慝萌作．柯(別本作荷．)葭載牧．泥塗不白．

鼎　踝踵足傷．右(別本作左．)指病瘍．失旅後時．利走不來．

震　四足俱走．駑疲在後．戰旣(別本作俱戰．)不勝．敗於東野．

艮　逢行破車。醜女无謀。莫適爲偶。孤困獨居。

漸　拊髀大笑。不知憂懼。開立大路。爲王所召。

歸妹　伯圭別本作主。或疑伯當爲白。東行與利。相逢出旣。遭昧別本作時。孰不相知。憂不成凶。別本無此句。

豐　東行賊家。鄭伯失辭。國无貞良。君受其殃。宋校本作居。

旅　前屈後曲。形體勁。宋校本作飭。急絞黑大。索困於淸疑作請。室。

巽　鼓腋別本作翼。大喜行婚。別本作嫁。飲酒嘉彼。諸姜樂我皇考。

兌　國將有事。別本無此句。狐嘈向城。三日別本作旦。悲鳴邑主大驚。

渙　明德克敏。重華貢舉。放勳徵用。公哲蒙佑。

節　秋隼冬翔。數被嚴霜。甲兵充庭。萬物不生。雄父別本作雞犬。夜鳴。民大擾驚。

中孚　絲紵布帛。人所衣服。摻摻女手。紡績善織。南國饒足。取之有息。

小過　鳳有十子。同巢共母。仁聖在位。懽以相保。與彼周魯。別本同巢共母句下作懽以相保。富市之地。多財積穀。

旣濟　雄雞不晨。雌雞且伸。志乖心離。三旅出哀。

未濟　光祀春成。別本作光休出城。陳寶雞鳴。陽鳥別本作明。失道。不能自守。消亡无咎。舉事不成。自取凶咎。下二句別本無。或疑衍上消亡无咎四字。

焦氏易林卷四

井之第四十八

井　蹟跛未起·失利後市·不得鹿（別本作麕·）子·

乾　左輔右弼·金玉滿堂·常盈不亡·富如敖倉·

坤　雨師娶婦·黃巖季子（別本作女·）成禮既婚·相呼而歸·（別本作南上·）潤澤田里·（別本作青澤下土·年歲大喜·無潤澤田里句·）

屯　螟蟲為賊·害我稼穡（別本作嘉穀·）盡禾殫麥·秋無所得·（別本下二句作中留空盧·家無所食·）

蒙　跛躄難步·遲（別本作道·）不及·舍露宿澤·陂亡其襦袴·

需　大夫行（別本作新·）父·無地不涉·為吾相土·莫如韓樂·可以居止·長安富有·

訟　少孤无父·長失慈母·悖悖煢煢·莫與為耦·（宋校本作耦·）

師　側弁醉客·長（宋校本作重·）舌作凶·披髮夜行·迷亂相誤·亡失居止·

比　馬驚破處·王孫沈溝·身死魂去·自為患害·（別本此林作馬驚車破·王墜深津·身絕魂去·離其室廬·貞難无處五句·）

小畜　東行述職·征討不服·侵齊伐陳·銜璧為臣·大得意還·

履　百足俱行·相輔為強·三聖翼事·王室寵光·

泰　本根別本二字倒．不固．華葉落去．更爲孤嫗．

否　牧羊稻園．聞虎喧喧．別本作讙．畏懼休息．別本作怵惕．終無禍焉．

同人　履位乘勢．靡有絕蔽．別本作弊．爲隸所圖．與衆庶伍．宋校本作位．

大有　大與多塵．小人傷賢．皇甫司徒．使君失家．

謙　安如宋校本作和．泰山．福祐別本作祿．屢臻．雖有狼虎．不能危身．

豫　同氣異門．各別西東．毛本二字倒．南與凶遇．北傷其孫．

隨　蜺別本作蜺．見不詳．禍起我鄉．行人畏亡．使命不通．別本作行人畏懼．邑客逃竄．

蠱　無事招禍．自取災殃．畜狼養虎．必見賊傷．別本作養虎畜狼．還自賊傷．无事招禍．自取災殃．

臨　順風吹火．牽騎別本作幸附．驥尾．易爲功力．因權受福．

觀　五岳四瀆．沾濡爲德．行不失理．民賴恩福．

噬嗑　延陵聽敏．樂聽別本二字倒．太史．雞鳴大國．姜氏受福．

賁　神烏五色．別本作氣．御覽引與宋校本合．鳳凰爲主．集於王谷．別本作國．御覽引與宋校本合．使君得所．

剝　媒妁先別本作无．明．雖期不行．宋校本作得．齊女長子．亂其別本作我．紀綱．

復　明月作晝．大人失居．衆星宵亂．不知所據．

無妄　少康興起，誅澆復祖，徹滅復明，大禹享祀。(別本作宮祀大禹。)

大畜　千門萬戶，大福所處，黄屋左纛，龍德獨右。

頤　乾作聖男，坤爲智女，配合既成，(別本作成就。)長生得(別本作仕樂。)所。

大過　羿張烏號，般(姜本何本作數。)射驚猿，鐘鼓夜鳴，將軍壯心，趙國雄勇，鬬死滎陽。

坎　炙魚銅斗，張伺夜鼠，不忍香味，機發爲祟，祟在頭頸，筰不得去。(別本無此句。)

離　高飛不視，貪饕(別本作叨。)所在，臭腐爲患，自害躬(別本作其。)身。(原註：一作竊位貪榮，內污外清，時時暫過，日日禍生。)

咸　鉛刀攻玉，堅不可得，單盡我力，齒爲疾賊。(別本作盡我筋力，眡胼爲疾。)

恆　方喙(宋校本作喙，疑丌訛。)宣口，聖智仁厚，釋解(別本二字倒。)倒懸，家國大安。(別本作安泰。)

遯　踟躕南北，誤入喪國，杜(別本作社。)季利兵，傷我心腹。

大壯　公孫之政，惠而不煩，僑子相國，終身無患。

晉　弧矢大張，道絕不通，小人寇賊，君子壅塞。(別本二字倒。)

明夷　藏戢之室，封豕受福，充澤肥腯，子孫蕃息。

家人　八子同巢，心勞相思，雖苦無憂。

睽　循理舉手，舉求取子。(別本作求相予。)典六體(別本作体。)相摩，(別本作磨。)終无咎殃。(別本二字倒。)

蹇　王子公（別本公王二字互換・）孫．把弦（別本作彈・）攝丸．發輒有獲．家室（別本二字倒・）饒足．

解　井洛（朱校本作沓・）有悔．渴蜺為怪．不敢徙鄉．家受其殃．

損　鄭會細（別本作滄有・）聲．國亂失傾．宏明早見．止樂不聽（別本作能・）．

益　穿室鑿牆．不直生訟．褰衣涉露（別本作河・）．雖勞無功．

夬　脫卵免乳（別本作胎卵胞乳・）．長大成就．君子萬年．動有利得．

姤　五心乖離．各引是非．莫適為主．道路壅塞（別本二字倒・）．

萃　百柱載梁．千歲不僵．大願輔福．文武以昌．

升　營城洛邑．周公所作．世逮（別本作連・）．三十年．歷七百．福佑豐實．堅固不落．

困　牛（別本作犬・）耳聾蔽．不曉聲味．委以鼎俎．方始亂潰（別本作憒・別本此為革卦・）．

革　從叔旅行．食於東昌．嘉伯悅喜．與我芝香（別本此為困卦・）．

鼎　嘗娠開門．鶴鳴彈冠．文章進用．舞韶和鸞．三仁翼政．國无災殃．

震　遊魂六子．百木所起．三男從父．三女隨母．至已而反（別本作足・）．各得其所．

艮　南山蘭荇．（南別本作兩・蘭荇姜何本作崩使・毛本作萌使・）使（姜何本作莘・毛本作莘・）君媚（別本作嫦・）好．皇女長婦．多孫眾子．

漸　黃虹（姜本毛本作蜺・）之野．賢君在位（別本作所在・）．榮段為相．國無災殃．

歸妹　穿鑿道路．爲君除舍．開闢福門．喜在我鄰．

豐　商風數起．天下昏晦．旱魃爲虐．九土兵作．

旅　自衛歸（別本作反）．舒時．不我與．冰炭異室．仁道隔（別本作閉）塞．

巽　春陽生草．夏長條枝．萬物蕃滋．充實益有．（此卦詞宋校本闕．別本有之）

兌　大（宋校本毛本作六）蛇奔走．俱（別本作二）入茂草．驚於長注．（姜本何本作往．毛本作住）畏懼啄（別本作喙）口．

渙　明月照夜．使暗爲晝．國有仁賢．君尊於故．（此卦詞宋校本闕．別本有之）

節　避蚍（別本作地）東走．反（別本作及）入虎口．制於爪牙．骨爲灰土．

中孚　頃（別本作傾）迭不行．弱足（別本作走）善僵．孟縶無良．失其寵光．

小過　十羊（別本作年）俱見．黃頭爲首．歲美（別本作尾）民安．國樂無咎．

既濟　望風入門．來到我鄰．脯（別本作餔）吾養均．

未濟　登高車（別本作運）．返．視天（別本作失）．彌遠．虎口不張．害賊消亡．

革之第四十九

革　馬服（別本作眠）．長股．宜行善市．蒙佑諧偶．（別本作皆蒙福祐）獲金五倍．（姜本作三倍）

乾　高原峻山．陸土（別本作陸大）．少泉．草木林麓．嘉（別本作喜）得所蓄．

坤　一門二關．結紐（別本作彈）．不便．峻道異路．日暮不到．

屯　憂禍（別本作患）．解除．喜至慶來．坐立懽門．與樂爲鄰．

蒙　疏類異路．心不相慕．牝牛牡猳．鰥無室家．

需　太王爲父．王季孝友．文武聖明．仁政興起．旦隆四國．載福綏厚．

訟　臨河求鯉．燕婉失餌．（別本作笑彈）．屏氣攝息．不得鯉子．

師　買利求福．莫如南國．仁德所在．金玉爲寶．

比　白虎赤幘．闕觀王庭．宮闕被甲．大小出征．天地（別本作下）．煩憒．育不能嬰．

小畜　子車鍼虎．善人危殆．黃鳥悲鳴．傷國無輔．

履　兩目失明．日（別本作人）．暮無光．脛足跛步．不可以行．頓於邱傍．

泰　羅網四張．鳥无所翔．征伐困極．饑窮不食．（原注．窮一作寒．）

否　伯夷叔齊．貞廉之師．以德防患．憂禍不存．

同人　疾貧望幸．使伯行販．開牢擇羊．多得大牂．

大有　南山之陽（別本作楊）．華（別本作其）．葉鏘鏘（別本作將將）．嘉樂君子．爲國寵光．

謙　東壁餘光．數暗不明．主母嫉妬．亂我業事．（別本二字倒．）

豫　迷行晨夜．道多湛露．瀸我別本作沾濡·襦袴．重不可涉．別本作步·

隨　目瞤姜本何本作閷·足動．喜其如願別本作嘉喜有頃·舉家蒙寵．

蠱　鷹鶻欲食．雉兔困急．逃頭別本作延頸·見尾．爲害別本作我·所賊．

臨　鼻移在項．枯葉傷生．下朽別本作枯·上榮．家擾不寧．失其金城．

觀　飛不遠去．法爲罔待．別本作汝爲內傷·祿養未富．別本此下有終无災眚君善安止二句·

噬嗑　倒基敗官．別本作篤·重舌作凶．被髮長夜．迷亂相誤．深亡吉居．

賁　亥午相錯．敗亂緒業．民不得作．

剝　野麋畏人．俱入山谷．命短不長．爲虎所得．死於牙腹．

復　秋冬探巢．不得鵲雛．銜指北去．愧我少姬．

无妄　雙鳧俱飛．欲歸稻池．經涉藿澤．爲矢所射．傷我胸臆．

大畜　天門開闢．宇戶寥廓．桎梏解脫．拘囚縱釋．

頤　尼父孔丘．善釣鯉魚．羅鉤別本作網·一舉．得獲萬頭．富我家居．

大過　彭生宋校本作君·爲妖．暴龍作災．盜堯衣裳．聚跖荷兵．青禽照夜．三日夷亡．

坎　華言風雨．毛本作語·亂相誑誤．終无凶事．安寧如故．

離　逃（別本作延）頸見足．身困不（別本作名）辱．欲隱避仇．爲害所賊．（別本作滅）

咸　無足斷垠．（何本作跟）居處不安．凶惡爲殘．（別本此下有君臣相得四字·又注·一作君臣得安·和合於天·保下輿上·大相蒙湛·）

恆　三人俱行．北求大牂．長孟（別本二字倒）病足．倩（別本作借）季負囊（別本作糧）．柳下之貞．不失我糧．（別本作驪黃·）

遯　退飛見祥．傷敗毀墜．守小失大．功名不遂．

大壯　持心懼怒．善數搖（別本二字倒）．動不安其處．散渙（別本作災）府藏．無有利得．（別本作利得無有·）

晉　牽尾不前．逆理失臣．惠朔（別本作怒翔）．以奔．

明夷　祿如周公．（別本此下有建國洛東四字·）父子俱封．

家人　吾（別本作君）有八人．信允篤誠．（別本作敏）爲堯所舉．

睽　久陰霖雨．泥塗行潦．商人休止．市空無寶．（別本作有）

蹇　無足斷垠．（何本作跟）居處不安．凶惡爲殘．

解　馬蹄躓車．婦惡破家．青蠅污白．恭子離居．

損　噂噂所言．莫知我垣．歡樂（何本作喜）堅固．可以長安．

益　懿公淺愚．不深受（別本二字倒）．謀．無援失國．爲狄所賊．（別本作滅）

夬　騏驥綠耳．章明造父．伯夙奉獻．（別本作風伯所獻·）衰續厥緒．佐文成伯．爲晉元輔．

姤　駕車入別本作十・里．求鮮魴鯉．非其肆居．自令後市．

萃　求嫪嘉鄉．惡地不行．道止中遷別本作返・復反別本作還・其牀．

升　伎別本作使・鳩負裝．醉臥道傍．不知何公．竊我錦別本作衣・囊．

困　登崑崙．入天門．過糟邱．宿玉泉．同別本作開・惠歡．別本作觀・見欣別本作仁・君．

井　水爲火牡．姜本何本作天牀・毛本作大牀・患厭不起．季伯夜行．與喜別本作善・相逢．

鼎　烏孫氏女．深目黑醜．嗜欲不同．過時無耦．

震　子鉏執麟．春秋作陰元宋校本陰元二字倒・聖將終．尼父悲心．

艮　灼火泉源．釣魴山巔．魚不可得．炭不可燃．別本作火不肯燃・

漸　天馬五道．炎火久處．往來上下．非文釣己．別本作作文約己・衣衰別本作褭・絲麻．相隨笑歌．凶惡如何．

歸妹　鴟鴞破斧．沖人危殆．賴旦忠德．轉禍爲福．危傾復立．

豐　牡別本作牝・飛關啓．憂患大解．不爲身禍．

旅　石門晨開．荷蕢疾別本作食・貧．遁世隱居．竟不逢時．

巽　兔聚東郭．衆犬俱獵．圍缺不成．無所能獲．

兌　三羊群走．雉兔驚駭．非所畏懼．自令勞苦．

渙　羽翮病傷。无以爲強。宋公德薄。敗於水泓。

節　姬姜稚叔。三人偶食。論仁義（別本作議）。福以安王室。

中孚　精誠所在。神爲人（別本二字倒）。輔德教之中（別本作亡患）。彌世長久。三聖乃興（別本作仍事）。多受福祉。

小過　岐周海隅。獨樂不憂。可以避難。全身保財（宋校本作才）。

既濟　孤獨特處。莫依爲（別本二字倒）輔。心勞志苦。

未濟　顧望登臺。意常欲逃。買（別本作買）辛醜惡。妻不安夫。

鼎之第五十

鼎　積德之至（別本作君）。君（別本作仁）政且溫。伊呂股肱。國富民安。

乾　頃筐卷耳。憂不得（別本作能）傷。心思故（別本作古）人。悲慕失母。

坤　卻叔買貸。行祿多悔。利無所得。

屯　蹩狂跛祚（別本作足狂跛）。蹶辟坐（別本作怪碎）。不行。棄損（別本作捐）俱人。名字無中（姜本作巾。何本毛本作申）。

蒙　文王四乳。仁愛篤厚。子畜十男。無有夭折（別本作天折無有）。

需　容民畜衆。不離其居（別本作君）。

訟　三雛（宋校本作推。疑形誤）。相逐。蠅墜釜中。灌沸淹殪。與母長決。

師　所望在外．鼎令方來．拭爵澡（別本作滌·）觴．炊食待之．不爲季憂．

比　陸居少泉．高山無雲．車行千里．塗汙爾輪．亦爲我患．

小畜　東家殺牛．聞（別本作汙·）臭腥臊．神背不（別本作西·）顧．命衰絕（別本二字倒·）周．亳社災燒．宋人夷誅．

履　長子入獄．婦饋母哭．霜降旬日．鬱悔伏法．

泰　溫山松柏．常茂不落．鳳凰以庇．得其歡樂．

否　大屋之下．朝多君子．德施博（別本作溥·）育．宋受其福．

同人　羅張門決．（別本作列·）團合耦（姜本何本作有·毛本作月·）缺．（別本此下有採捕無功四字·）魚鳥生（別本作得·）脫．

大有　羔裘豹袪．高易我宇．君子維好．（別本下有至老無蝅四字·）

謙　大頭明目．載受善禍．（毛本作福善·姜本何本作福喜·）三雀飛來．與祿相得．

豫　銷（宋校本作消·）鋒鑄耜．（宋校本作刃·）縱牛放馬．甲兵解散．夫婦相保．

隨　吉日車攻．田弋獵（別本作雙·）禽．反行飲至．（別本作宜王飲酒·）以告喜（別本作嘉·）功．

蠱　商人行旅．資無所有．貪貝逐利．留連玉帛．（別本作玉市·）取（別本作轘·）轅內安．公（別本作君·）子何咎．

臨　火入井口．陽芒生角．犯歷天門．闚見太微．登上玉牀．家易其公．

觀　秋隼冬翔．數被嚴霜．甲兵充庭．萬物不生．雞釜（別本作雄父·）夜鳴．民擾大驚．

噬嗑　東行西步，失其次舍，乾侯野井，昭君喪居。

賁　腫脛病腹，陷廁汚辱，命短時極，孤子哀哭。

剝　切膚近火，（别本作災。）虎絕我鬚，小人橫暴，君復何之。（别本作君子何災。）

復　女室作毒，爲我心疾，和不能治，晉人赴吉。（疑作告。）

无妄　兵征大宛，北出玉門，與胡寇戰，平城道西，七日（宋校本何本作月。今从姜本毛本。）。無（别本作絕。）糧，身幾不全。

大畜　九子十夫，莫適與居，貞心不壹，（别本作宜。）自令老孤。（别本作至今名孤。）

頤　東（别本作車。）行稻麥，遂至家國，樂土无災，君父（别本作子。）何憂。

大過　作室山根，所以爲安，一夕崩顛，破我饔飧。

坎　六人俱行，各遺其囊，黃鵠失珠，無以爲明。

離　伯蹇叔盲，莫爲守裝，失我衣裘，我是陰鄉。（别本作邦。）

咸　褒龍溢（宋校本作酒。）尤，敗政傾家，覆我宗國，秦滅周室。

恆　該（說文：軍中約也。亦作賅。别本作詭。）言譯語，仇禍相得，冰入炭室，消滅不息。

遯　彭生（宋校本作名。）爲妖，暴龍作災，盜堯衣裳，聚跖荷兵，青禽照衣，三旦（别本作日。）夷亡。

大壯　朝露白日，（别本作暮日朝月。）四馬過隙，歲短期促，時難再得。

晉　耳闕道衰（別本作喪）．所爲不成．求事（別本作所求）匪得（姜本作躬）．

明夷　中公患楚．危不自安．重耳出奔．側喪其魂．

家人　南上泰山．困於空（宋校本作此）．桑．左砂（別本作沙）右石．牛馬無食．

睽　海隅遼右．福祿所在．柔嘉蒙（別本作義）禮．九夷何咎．

蹇　陽春生長．萬物茂壯．垂枝布葉．君子比德．

解　低頭竊視．有所畏避．行作（宋校本作伯）不利．酒酸魚敗．衆若（別本作莫）貪嗜．

損　左輔右弼．金玉滿櫃（別本作堂）．常盈不亡．富于敖倉（別本作富如廒倉）．

益　坐朝乘（別本作垂）軒．據德宰民．虞舜（別本作叔）受命．六合和親．

夬　東行西走（宋校本作坐）．喪其犬馬．南求騂騮．失車林下．

姤　祇德礪材．果當成周．拜受大命．封爲齊侯．

萃　西逢王母．慈我九子．相對歡喜．王孫萬戶．家蒙福祉．

升　安坐玉床．聽韶行觴．飲福萬歲．日受（別本作壽）無疆．

困　登高望家．役事未休．王政（別本作事）靡盬．不得逍遙．

井　鑿鼓陷陔．不得相踰．章甫文德．福厭禍消．

革　追亡逐北．呼還幼叔．至止而復．得反其室．別本復得二字倒轉・反作歸・

震　老猾大偸．東行盜敖．別本作珠・困於嚙嫯．幾不得去．

艮　禹召諸侯．別本作神・會稽南山．執玉萬國．天下康寧．

漸　忉怛忉別本二字倒・怛．如將不活．黍稷之恩．靈輒以存．獲生保年．

歸妹　佚別本作佚・叔興起．季子富有．照臨楚國．蠻荊是安．

豐　白馬騮駁．別本作駿騮・更生不休．富我商人．利得如邱．

旅　灼火泉源．釣魴山巔．魚不可得．炭不可燃．別本作火不得燃・

巽　避患東西．反入禍門．糟糠不足．憂動我心．

兌　成別本作我・王多寵．商人惶恐．生其禍心．使君危殆．別本下衍終無災咎四字・

渙　虎飢宋校本作飲・欲食．見蝟而伏．禹通龍門．避咎除患．別本作禍・元醜以安．

節　安民呼池．玉杯大案．泉如白蜜．一挹宋校本作色・獲願．

中孚　雙鳧鴛鴦．相隨羣宋校本作君・行．南至饒澤．食魚與粱．君子樂宋校本作與・長．

小過　蔡侯朝楚．留連江渚．踰時歷月．思其君后．

既濟　膠姜本何本作膠・車駕東．與雨相逢．五檠解墮．頓阸何本姜本作抗・毛本作杌・獨坐．憂爲身禍．

未濟　螟蟲爲賊。害我稼穡。盡禾單（別本作殫）麥。利（別本作秋）無所得。

震之第五十一

震　枯瓠不朽。利以濟舟。渡踰河（別本作江）海。無有溺憂。

乾　陷塗溺水。火燒我屐。憂患重累。

坤　旦生夕死。名曰嬰鬼。不可得視（別本作祀）。

屯　揚水潛鑿。使君（別本作石）潔白。衣素附（別本作表）朱。遊戲皐沃（別本作澤）。得其（別本作君）所願。心志娛樂。

蒙　衆鳥所翔（姜本何本作鄰）。中（姜本何本作呼）有大怪。九身無頭。魂驚魄去。不可以居。

需　刖根枯株。不生肌膚。病在於心。日（別本作身）以燋枯。

訟　府藏之富。王以振貸（別本作貧）。捕魚河海。笱（別本作罟）網多得。

師　一莖九纏。更相牽攣。宿（別本作安）明俯仰。不得東西。請（別本作讚）讖當報（別本作決）。日中（別本作午）被刑。

比　耆老鮐（姜本毛本作鮑）背。齒牙動搖。近地遠天。下入黃泉。

小畜　羊舌（姜本何本作季蛇）叔虎。野心善怒。黷貨無厭。以滅其身。

履　謀（別本作訐）疑八子。更相欺紿。管叔善止（別本作政）。不見邪期。

泰　伴（別本作絆）跳（別本作逃）不遠。心與言反。尼丘顧家。茅蕈朱筆（別本作茅鷩朱華）。

否　蚍蜉載盆．（別本作蜉蚸戴盆）不能上山．搖推跌跋．（別本作跢跛）頓傷其顏．

同人　朝露不久．爲恩惠少．膏潤（姜本毛本作澤）欲盡．咎在枯槁．

大有　河伯之功．九州攸同．載祀六百．光烈無窮．

謙　三人北行．大見光明．道逢淑女．與我驥子．

豫　金精耀怒．帶鉤通（別本作劍過）午．徘徊高庫．宿於木下．兩虎相拒．（別本作距）弓弩滿野．

隨　江河淮海．天之奧府．衆利所聚．可以富有．好樂喜友．（別本作安樂無憂）

蠱　不虞之患．禍生無（別本作至此）門．奄然（別本作忽）暴卒．病傷我心．

臨　書龍頭頸．（別本作角）文章未成．甘言美語．說辭（別本作譯）無名．

觀　缺破不成．胎卵不生．不見兆形．

噬嗑　旁行不遠．三里復反．（別本二字倒）心多畏惡．日中止舍．

賁　四隤（別本作潰）不安．兵革爲患．掠（別本作探）我妻子．家履（別本作復）飢寒．

剝　喜來如雲．嘉福盈門．（別本作舉家蒙歡）衆才（別本作財）君子．舉家蒙歡．（別本作嘉福盈門）

復　載金販狗．利棄我走．藏匿淵底．折頸爲咎．

无妄　日中爲市．各抱所有．交易資賄．函珠懷寶．心悅歡喜．

大畜　月步日趨．別本作日趨月步·周遍次舍．經歷致遠．無有難處．

頤　陽明失時．陰疑姜本毛本作凝·爲憂．主君哀泣．喪其元侯．

大過　年衰歲暮．精魂遊去．形容消枯．喪別本作哀·子相宋校本作恩·呼．

坎　少無功績．老困失福．跂別本作跌·行徙跱．姜本何本作跛倚·毛本作跛踦·不知所立．

離　持心瞿別本作懼·目．善數搖動．自東徂西．不安其處．散渙別本二字倒·府藏無有利得．

成　費貝贖狸．不聽我辭．繫於虎鬚．牽不得來．

恆　老狼白獹．長尾大狐．毛本作胡·前顛後躓．無有利得．別本作岐人悅喜·

遯　背地相憎．心志不同．如火與金．君猛臣慢．別本作懾·虎行兎伏．

大壯　夏臺羑里．湯文阨處．鬼侯歠醢．岐人悅喜．

晉　牙蘖何本作蘖·生齒．螳螂啓戶．幽人利貞．鼓翼起舞．

明夷　列別本作烈·女無夫．閔思苦憂．齊子無良．使我心愁．

家人　踐履尾難．脫阨去患．入福喜門．見悔別本作我·大君．

睽　折脅絕手．不能進酒．祈祀閑曠．神怒不喜．

蹇　蟻封戶穴．大雨將集．鵲起數鳴．牝雞嘆室．相薨疑夢字之訛·雄父．別本作文·未別本作來·到在道．

解　胡俗戎狄，太陰所積。固冰（別本作澀冽。）沍寒。君子不存。

損　翕翕輷輷。（別本作輷輷。）稍頹崩顛。減（別本作滅。）其令名。身不得全。

益　螟（別本作災。）蟲為賊。害我稼穡。盡禾殫麥。秋无所得。

夬　三烏（宋校本作鳥。）飛來。自我逢時。俱行先至。多得大利。

姤　龍馬上山。焦（別本作絕。）無水泉。喉燋脣（別本二字倒。）乾。渴不能（別本作可。）言。

萃　春生孳乳。萬物繁（別本作蕃。）熾。君子所集。禍災不至。

升　王孫季子。相與為友。明允篤誠。升擢薦舉。

困　六明並照。政紀有統。秦楚戰國。民受其咎。

井　蝃蝀充（宋校本毛本作克。今从何本。）側。佞人所惑。女謁橫行。正道壅塞。

革　登崑崙。入天門。過糟邱。宿玉泉。問（別本作開。）惠觀。見欣（別本作仁。）君。

鼎　體重飛難。未能越關。不啻留（別本作離空。）垣。上下墟塞。心不遑安。（別本無此二句。）

艮　亢黃隗隤。行者勞罷。役夫憔悴。踰時得歸。

漸　孔德如玉。出于幽谷。飛上高木。鼓其羽翼。輝光照國。

歸妹　火雖熾。在吾後。寇雖衆。在吾右。身安吉。不危殆。

豐　旃裘羶國．文禮不飾．跨馬控弦．伐我都邑．

旅　被髮八十．慕德獻服．邊鄙不聳．以安王國．

巽　心得所好．口常爲（別本作欲）笑．公孫蛾眉．雞鳴樂夜．

兌　馬能（別本作西）．負乘．見邑之野．拜獲粱稻．喜悅无咎．

渙　高飛視下．貪饕所在．腐臭爲患．害於躬身．

節　東行西步．失其次舍．乾侯野井．昭公喪（毛本作求）居．

中孚　神鳥五彩．鳳凰爲主．集於山谷．使年歲育．

小過　石門晨啓（別本作門）．荷簣疾（姜本作食．何本）貧遁世．隱居竟不逢時．

既濟　鬭鬩齧齧．貧鬼相責．无有懽怡．一日九結．

未濟　白日揚（姜本作揮）．光雷車避藏．雲雨不行．各（別本作爲）止其鄉．

艮之第五十二

艮　背孤獨處．單弱無輔．名曰困苦．（別本此下有輔心湧泉．椽椽如山二句．）

乾　憂驚已除（別本作深）．禍不爲災．安全以來．

坤　穿匏挹水．篳鐵然火（別本作鐵熒火）．樗勞疲力竭．飢渴爲禍．

屯　蹇牛折角。不能載粟。災害不避。年歲无穀。

蒙　邑將爲墟。居之憂危。

需　根刖殘樹。別本二字倒。花葉落去。卒逢火焱。隨風僵仆。

訟　元后貪欲。窮極民力。執政乖互。別本作劣。爲夷所偪。別本作覆。

師　北山有棠。別本作黍。使叔壽考。東嶺多栗。別本作粟。宜行賈市。陸梁雌別本作雄。雉。所至利喜。宋校本作害。

比　高原峻山。陸土少泉。草木林麓。嘉禾所炎。別本作災。

小畜　辰次降婁。王駕巡時。別本作狩。廣祐別本作施。德惠。國安无憂。

履　輷輷轠轠。別本作輷輷轣轣。歲暮偏弊。寵名損棄。君衰於位。

泰　放銜委轡。奔亂不制。法度無恆。別本作常。君失其位。

否　獨坐別本作登。西垣。莫與笑言。秋風多哀。使我心悲。

同人　脛急股攣。不可出門。暮速歸別本作畢。旅。必爲身患。

大有　情僞難知。使我偏頗。小人在位。雖聖何咎。

謙　黍稷醇醲。敬奉山宗。神嗜飲食。甘雨嘉降。別本作祥。庶物蕃廡。時無災咎。別本下有獨蒙福祉四字。

豫　公子王孫。把彈攝丸。發輒有獲。室家饒足。

隨　陰升陽伏，舜失其室。慈母（別本作元元。）赤子，相餧不食。

蠱　七竅龍身，造易八元。法則天（別本二字倒。）地，順時施恩。利口長存。（別本施恩句下作引和賓長，以富永存。）

臨　遂狐東山，水遏我前。深不可涉，失利後便。

觀　銜命辱使，不堪其事。中墜落去，更爲負載。

噬嗑　溫仁君子，忠孝所在。入閨（別本誤八閨。）爲儀，禍災不處。（別本作起。）

賁　春多膏澤，夏潤優渥。稼穡成熟，畝獲百斛。師行失（別本作以。）律，霸功不遂。（別本作遠。）

剝　二女共（別本作同。）室，心不聊食。首髮如蓬，憂常在中。

復　築闕（別本作闕。）石顛，立本泉源。疾病不安，老狐（別本作孤。）爲鄰。

无妄　欲避凶門，反與禍鄰。顛覆不制，痛薰我心。

大畜　踧行竊視，有所畏避。狸首伏藏，以夜爲利。

頤　八面九口，（姜本何本作人面鬼口。）長舌爲斧。劈（別本作斲。）破瑚璉，殷商絕後。

大過　和氣相薄，膏澤津液。生我嘉穀。

坎　銷金脹（別本作鑄。）兵，雷車不行。民安其鄉。

離　秦儀機言，解其國患。一說燕下，齊襄（別本作相。）以權。

咸　旦䫋王輔。別本字倒。二周德孔明。越裳獻雉。萬國咸寧。

恆　弱足刖跟。不利出門。買市無盈。折亡爲患。

遯　堅冰黃鳥。常宋校本作帝。即啼之訛。哀悲愁。不見白別本作共。粒但覩藜蒿。數驚鷙鳥。爲我心憂。

大壯　魂微惙惙。屬纊聽絕。曠別本作豁。然大通。復更生活。

晉　陰生鷽鹿。鼠舞鬼谷。靈龜陸處。別本下有釜甑草土。人知敗國。棼亂無緒三句。

明夷　斂石斂疑匳字之假借。姜本何本石作諸。毛本作鑿諸。攻玉。無不穿鑿。龍體吾舉。魯班爲輔。麟別本作舞。鳳成形。德象君子。

家人　山作天時。陸爲海口。民不安處。

睽　東風啓戶。隱伏歡喜。萌庶蒙恩。復得我子。

蹇　華燈百枝。宋校本作杖。消暗衰微。精光欲盡。奄別本作命。如灰靡。別本作爍。

解　三十無室。寄宿別本作伯。桑中。上宮長女。不得來別本作樂。同。使我失期。別本無此句。

損　卯與石鬭。糜碎無疑。別本作處。動毛本作勳。而有悔。出不得時。

益　秦別本作琴。兵爭強。失其貞良。敗於殺鄉。

夬　虐除善猛。別本作疑。難爲攻醫。驥窮鹽車。困於衡箠。別本作御。

姤　操笱搏狸。荷弓射魚。非其器用。自令心勞。

萃　萋邱之盟．晉獻會行．(別本作庭．)見太宰辭．復爲還輿．(別本作後秦還輿．)

升　臏詐龐子．夷竈盡毀．(別本作書．)兵伏(別本二字倒．)卒發．矢至如雨．魏師驚亂．將獲爲虜．涓死樹下．(別本無此句．)

困　南行出城．世得天(別本作大．)福．王姬歸齊．賴其所欲．(別本下有以安邦國四字．)

井　冬采薇蘭．地凍堅難．(別本注．又作冰堅．)利走室北．(別本作雖利奔走．)暮無所得．

革　王喬無病．狗頭不痛．亡履失履．乏我送從．(別本作欲送．)

鼎　宛馬疾步．盲師坐御．目(別本作自．)不見路．中宵(別本作止．)弗到．

震　求利(別本作我．)難國．亡去我地．(姜本何本作北．)憂歸其城．反爲我賊．

漸　比目四翼．安我邦國．上下無患．(別本作思．)爲我嘉福．

歸妹　八材既登．以成股肱．(別本作嘉功．)尨降庭堅．國無災凶．

豐　稍(別本作消．)弊穿空．家莫爲宗．奴婢逃走．子西父東．爲身作凶．

旅　烏舞國城．邑懼卒驚．仁德不修．爲下所傾．

巽　五穀不熟．民苦困急．亟(別本作絕．)之南國．嘉樂有得．

兌　黃裳建元．福德在身．祿祐洋溢．封爲齊君．賈市無門．富寶(別本作貴．)多殖．(姜本作孫．)

渙　齊東郭盧．嫁(別本作嬪．)於洛都．驪姬(別本作駿良．)美好．利得過(別本作萬．)倍．

節　安床厚褥．不得久（別本作失）．宿棄我嘉宴．困於南國．投杼之憂．不成禍災．

中孚　內崩身傷．中亂無常．（別本作恆．）雖有美粟．不我得（別本作得其．）食．

小過　出門逢患．與禍爲怨．更有拏刺．傷我指端．

既濟　出入節時．（別本作持．）南北無憂．行者亟至．在外歸來．

未濟　公孫駕驪．（別本作車．）載遊東齊．延陵說產．遺季紵衣．

漸之第五十三

漸　別離分散．長子從軍．稚叔就賊．寡老獨居．（別本作安．）莫爲種瓜．

乾　旦種菽（別本作穀．御覽引與宋校本合．）豆．暮成藿羹．（御覽引作藥．）心之所願．志快意愜．

坤　牡（姜本何本作豹．）飛門啓．憂患大解．不爲身禍．

屯　東山西山．各自止安．雖相登望．竟未同堂．

蒙　衆鳥所翔．中有大怪．九身無頭．魂驚魄去．不可以居．

需　交侵如亂．民無聊賴．追我濟西．狄人破陳．（別本作便彈．）

訟　麟鳳所翔．國無咎殃．賈市十倍．復歸惠鄉．

師　鑿井求玉．非卞氏寶．（宋校本作室．疑俗省作宝而訛．）身困名辱．勞無所得．

比　文山鴻豹。肥腯多脂。王孫獲願。載福巍巍。

小畜　周成之隆。刑錯別本作措・除凶。太宰費石。別本作祐・君子作人。別本作仁・

履　珪璧琮璋。執贄見王。百里甯戚。應聘齊秦。

泰　穿空漏徹。別本作弊・破壞毛本作桴・殘缺。陶弗能治。瓦甓不鑿

否　鴻飛循陸。公出不復。伯氏客宿。

同人　蝦蟇羣聚。從天請雨。雲雷連宋校本作運・集。應時輒下。得其所願。

大有　老別本作先・弱無子。不能自理。爲民所別本作雖・憂。終不離咎。管子治國。侯伯賓服。乘輿八百。尊我桓德。

謙　蟠別本作播・梅折枝。與母別離。絕不相知。

豫　盛中不絕。衰者別本作老・復掇。別本作拙・盈滿減虧。瘀瘥腯肥。鄭昭失國。重耳興立。別本作起・○別本注・一作盛去必衰・羸去卻肥・鄭昭失國・重耳得時・

隨　開虎入邑。心宋校本作必・欲逃匿。無據易德。別本作走據陽德・不見霍叔。終別本作絕・無憂慝。

蠱　隨時逐便。不失利門。多獲得福。富於封君。

臨　禹作神鼎。伯益銜別本譌衡・指。斧斤既折。撞立獨倚。賈市宋校本作萬・不售。枯槁爲禍。

觀　春鴻飛東。以馬貿姜本何本作貨・毛本作質・金。利得十倍。重載歸鄉。

宋本焦氏易林（叢書集成初編據學津討原排印四卷本）

噬嗑　金齒鐵牙．壽考宜家．年歲有儲．（別本作餘）貪利者得．雖憂无咎．

賁　齊澤沐浴．洗去汙辱．振除災咎．更與福處．（別本作壽福）

剝　履堦登墀．高升峻巍．福祿洋溢．依天之威．

復　坤厚地德．庶物蕃息．平康正直．以綏大福．

无妄　絕域異路．多所畏惡．使我驚懼．思吾故處．

大畜　襁褓孩幼．冠帶成家．出門如賓．父母何憂．

頤　一尋百節．綢繆相結．其指詰屈．不能解脫．

大過　鷹鷂獵食．雉兔困極．逃頭（別本作走）見尾．為害（別本作作）所賊．

坎　危坐至暮．請求不得．膏澤不降．政戾民惑．（何本惑作忒．姜本毛本作政行民惑．）

離　剛柔相呼．二姓為家．霜降既同．惠我以仁．

咸　慈母念子．饗賜得（別本作德）士．蠻夷來服．以安王國．（別本作國人歡喜．）

恆　良夫孔姬．矜（別本作賀）悝登臺．樂（當从左傳作欒．）季不扶．衛輒走逃．

遯　子長忠直．李（別本作季）氏為賊．禍及無嗣．司馬失福．

大壯　節度（別本作慶）之德．不涉亂國．雖昧無光．民大受慶．（別本大受二字倒．慶作福．）

晉　驪羊南行，與禍相逢，狼驚我馬，虎盜我子，悲悼自咎。

明夷　尼父孔丘，善釣鯉魚，羅網一舉，得獲萬頭，富我家居。

家人　大(別本作本)根不固，(何本作用，毛本作去)華葉落去，更爲孤嫗。

睽　設罟捕魚，反得居諸，員困竭忠，伍氏夷誅。

蹇　敏捷極(別本作亟)疾，如猿集木，彤弓雖調，終不能獲。

解　冠帶南遊(別本作行)，與福相期，邀於嘉國，拜位逢時。

損　年豐歲熟，政仁民樂，祿八(別本作入)獲福。

益　築闕石巔，立基水泉(別本作源)，疾病不安，老孤無鄰。

夬　逐狐東山，水遏我前，深不可涉，失利後便(別本作還)。

姤　麟子鳳雛，生長嘉國，和氣所居，康樂溫仁，邦多聖人。

萃　西行求玉，冀(別本作莫)得瑜(別本作下)璞，反得凶惡，使我驚惑。

升　心狂老(別本作志)悖，聽視聾盲，正命無常，下民多孽。

困　南國少子，才略美好，求我長女，賤薄不與，反得醜惡，後乃大悔。

井　逶迤高原，家伯妄施，亂其五(別本作在)官。

革　謝恩拜德．東歸吳國．歡樂有福．

鼎　雞鳴同舉．（當从豐之艮作興）思配無家．執佩持凫．無所（別本作莫使）致之．

震　凶重憂累．（別本作慮）身受誅罪．神不能解．

艮　虎豹熊羆．遊戲山谷．仁賢君子．得其所欲．

歸妹　海隅遼右．福祿所至．柔嘉蒙祉．九夷何咎．

豐　華首之山．仙道所遊．利以居止．長无咎憂．

旅　甲乙戊庚．隨時轉行．不失常節．萌芽律屈．咸達生出．各樂（別本作[illegible]）其類．

巽　跛（姜本毛本作跂）．躓未起．失利後市．不得鹿子．

兌　怙（別本作惟）．恃自負．不志（宋校本作去）．於下．血從地出．誅罰失理．

渙　江河淮海．天之都市．商人受福．國家饒有．

節　節情省慾．賦斂有度．家給人足．利以富貴．（別本作且貴且富）

中孚　牝馬鳴呴．（宋校本作喚）呼求（別本二字倒）．其潦．雲雨大會．流成河海．

小過　日月之塗．所行必到．無有患故．

既濟　乘風而舉．與飛鳥俱．一舉千里．見吾愛母．

未濟 陰配陽爭.別本作事・臥木反立.君子攸行.喪其官職.

歸妹之第五十四

歸妹 堅冰黃鳥.常哀悲愁.不見白粒.但覩藜蒿.數驚鷙鳥.爲我心憂.

乾 荆木冬生.司寇緩刑.威權在下.國亂且傾.

坤 喘牛傷暑.弗能成別本作耕・芥隱筆記引與宋校本合・畝.草萊不闢.年歲無有.

屯 魚欲負流.衆不同心.至德安樂.別本作潛伏・

蒙 春耕有息.秋入利福.獻豜大豭.以樂成功.

需 生有聖德.上配太極.皇靈建中.授我以福.

訟 右撫琴頭.左手援帶.凶訟不已.相與爭戾.失利而歸.

師 豕魚枯別本作括・斗.張伺夜鼠.別本作陰倚碩鼠・舌不忍別本作思・味.機發爲祟.笮不得去.

比 中西說服.牛馬休息.君子以安.勞者得懽.

小畜 堯門开僻.聖德增益.使民不疲.安無忧惕.

履 孤公寡婦.獨宿悲苦.目張耳鳴.莫與笑語.

泰 外得好畜.相與嫁娶.仁賢集聚.諮詢厥事.傾奪我城.使家不寧.

宋本焦氏易林（叢書集成初編據學津討原排印四卷本）

否　煎砂盛暑．鮮有不朽．去河千里．敗我利市．老牛盲（別本訛年青）馬．去之何悔．

同人　甲乙戊庚．隨時轉行．不失常節．萌芽律屈．咸達出生．各樂其類．

大有　依宵夜遊．與君相遭．除解煩惑．使心不憂．

謙　死友（別本作無有）．絕朋．巧言爲讒．覆白汚玉．顏叔哀喑（別本作音）．

豫　逐利三年．利走如神．輾轉東西．如鳥避丸．

隨　隄防壞決．河水放佚（別本作泛溢）．傷害稼穡（別本下有民流去室四字）．居（別本作君）孤獨宿．沒溺我邑．

蠱　陰陽隔塞．許嫁不答．旄邱新臺．悔往嘆息．

臨　伯夷叔齊．貞廉之師．以德防患．憂禍不存．

觀　陽爲狂悖．拔劍自傷．爲身生殃．

噬嗑　進仕爲官．不若服田．獲壽保年．

賁　耕石不生．棄禮無名．縫衣失針．襦袴弗成、

剝　靈龜陸處．一旦失所．伊子復耕．桀亂無輔．

復　室當源（別本作原）．口．溺漂（別本二字倒）．爲海．財產殫盡．衣食無有．

无妄　雞方啄粟．爲狐所逐．走不得食．惶懼喘息．

大畜　家在海隅．繞旋深流．豈敢憚行．無木以趨．

頤　他山之儲．通[illegible]・別本作錯・與璆爲仇．來攻吾城．傷我肌膚．國家騷憂．

大過　弊鏡無光．不見文章．少女不嫁．棄於其公．

坎　大蛇巨魚．相搏於郊．別本作相輔殺之・君臣隔塞．戴公出廬．別本作郭公失廬・

離　絕世無嗣．福祿不存．精神渙散．離其躬身．

咸　文君之德．養仁別本作人・致福．年無胎夭．國富民實．憂者之望．憎參盜息．

恆　合歡之國．喜爲我福．東岳南山．朝躋別本作濟・成息．別本作恩・

遯　憂人之患．履悖易顏．爲身禍殘．率身自守．與喜相抱．長子成老．別本作考・封受福祉．別本作祜・

大壯　太公避紂．七十隱處．卒逢聖文．爲王室輔．

晉　江漢上流．政逆民憂．陰代其陽．雌爲雄公．

明夷　縮緒亂絲．舉手爲災．越畝逐兔．喪別本作濡・其衣袴．

家人　梟鵄腐水．與狼相輔．亡夫失子．憂及父母．

睽　刲羊不當．女執空筐．兔跛鹿蹄．緣山墜墮．讒佞亂作．

蹇　拔劍傷手．見敵不善．別本作喜・良臣無佐．國別本作困・憂爲咎．

解　三羖五牂，(姜本何本作羊。)相隨俱行，迷入空澤，循谷直北，經涉六駮，為所(姜本何本作聽。毛本作德。)傷敗。

損　爭雞失羊，亡其金囊，利得不長，陳蔡之患，賴楚以安。

益　三驪(何本毛本訛灑。)負衡，南芷取(別本二字倒。)香，秋蘭芬馥，盈滿神匱，利我仲季。

夬　孟夏(別本訛存。)己丑，哀呼尼(別本訛仲。)父，明德訖終，亂虐滋起。

姤　履不容足，南山多草，(別本作葉。)家有芝蘭，乃無病疾。

萃　三足無頭，弗知所之，心狂睛傷，莫使為明，不見日(宋校本作月。)光。

升　戴堯扶禹，松喬(姜本何本二字倒。毛本作從喬。)彭祖，西過王母，道里(別本作路。)夷易，無敢難者。

困　式微式微，憂禍相絆，(別本作牛。)隔以巖山，室家分散。

井　靈龜陸處，一旦失所，伊子復耕，桀亂無輔。

革　仁德覆洽，恩及異域，澤被(別本作及。)殊方，禍災隱伏，蠶不作室，寒無所得。

鼎　夏麥麩麵，(別本作麯麵。)霜擊其芒，疾君敗國，使年夭傷。

震　火雖熾，在吾後，寇雖多，出(別本作在。)我右，身安吉，不危殆。

艮　遼遠絕路，客宿多悔，頑嚚(別本作嚚。)相聚，生我畏惡。

漸　懸懸南海，去家萬里，飛兔褭駿，一日見母，除我憂悔。

豐　困而後通．雖危（別本作難厄．）不窮．終得其願．姬姜相從．

旅　西賈巴蜀．寒雪至轂．（別本作已沒．）欲前不得．還反室屋．（別本作空室．）

巽　作新初陵．爛陷（別本訛焰．）難登．三駒摧車．躓頓（姜本何本作損．）傷頤．

兌　延頸望酒．不入我口．深目自苦．利得無有．幽人悅喜．

渙　仲春孟夏．和氣所舍．（御覽引作生．）生我喜福．國無殘賊．

節　張羅（別本作網．）捕鳩．兔離其災．雌雄俱得．爲罝所賊．

中孚　三人俱行．一人言北．伯仲欲南．少叔不得．中路分爭．（別本爭道二字倒轉．）道鬪相賊．

小過　然諾不行．欺紿誤人．使我露宿．夜歸溫室．神怒不直．鬼欲求獨．刺擊其目．反言自賊．（別本神怒不直句下作鬼擊其目．欲求福利．適反自賊．）

既濟　陳辭達誠．使安不傾．增祿益壽．以成功名．

未濟　火燒公床．破家（別本二字倒．）滅亡．然得安昌．先憂重（毛本作後．）喪．

豐之第五十五

豐　諸儒（別本作清糯．）行賈．經涉大（別本作山．）阻．與杖（別本作狄．）爲市．不憂危殆．利得十倍．

乾　鼎足承德．嘉謀生福．爲王開庭．得心所欲．

坤　曳綸河（別本作江）．海．釣魴與鯉．王孫利得．（別本作列俎）．以饗仲友．

屯　東山皐落．叛逆不服．興師征討．恭子敗覆．

蒙　千里騂駒．爲王服車．嘉其麗（別本作驪）．榮．君子有成．

需　三龍北行．道逢六狼．莫宿中澤．爲禍所傷．

訟　天災所遊．凶不可居．轉徙獲福．留止危憂．

師　狐狸雉兔．畏人逃去．分走竄匿．不知（宋校本作如）．所處．

比　雨師娶婦．黃巖季女．（別本作子）．成禮既婚．相呼南去．（姜本何本作山．毛本作上）．齎潤下土．年歲大有．

小畜　外棲野鼠．與雞（別本作雉）．爲伍．瘡痍不息．郎去其室．

履　天命絕後．孤傷無主．彷徨兩社．獨不得酒．

泰　鵠思其雄．欲隨鳳東．順理羽翼．出次須日．（別本作日中）．中留（別本作傾流）．北邑．復反（別本二字倒）．其室．

否　蝼蛇九子．長尾不殆．均明光澤．燕自受福．

同人　日走月步．趨不同舍．夫妻反目．君主失國．

大有　宣（別本作定）．房戶室．括薪（宋校本作枯期．別本注．一作括㦌．）除（別本注．一作深．）毒．文德淵府．害不能賊．

謙　東齊郭盧．嫁于洛都．駿良美好．（別本下有多好讓主四字）．謀利（別本作利得）．過倍．

豫　病篤難醫。和不能治。命終期別本字倒。二訖。下卽蒿里。

隨　開廓緖業。王迹所起。姬德七百。報別本作振。以八子。

蠱　豐年多儲。江別本作河。海饒魚。商客善賈。大國富有。

臨　鵠求魚食。過彼射別本作食。邑。繒加我頭。頸別本作繳。挂羽翼。欲飛不能。爲羿所得。

觀　望城抱子。見邑不殆。公孫上堂。大別本作文。君悅喜。

噬嗑　左指右麾。邪淫侈廱。別本作邪侈廱廱。執節無良。靈公別本作君。以亡。

賁　日中爲市。各持所有。交易資賄。函珠懷寶。別本下有心悅歡喜四字。

剝　山沒邱浮。陸爲水魚。燕雀無廬。

復　馬服長股。宜行善市。蒙祐諧偶。獲利五倍。終日在市。詰朝獲利。旣享嘉福。得之以義。終日在市四句。別本作小注。

无妄　三狸捕鼠。遮遏前後。死於圜域。別本作國城。不得脫走。

大畜　鬼舞國社。歲樂民喜。臣忠別本作禮。於君。子孝於父。

頤　慈母望子。遙思不已。久客外野。我心悲苦。

大過　雨師取婦。黃巖季子。成禮旣婚。相呼南去。別本作上。膏潤下土。年歲大有。

坎　百狗同室。別本作兩狗闌室。相嚙。別本作咬俗字。爭食枉矢。西流射我。暴國高宗鬼方。別本作伐鬼。三年乃服。

離　早霜晚雪．傷害禾別本二字倒．麥．損功棄力．飢無可食．

咸　腐臭所在．青蠅姜本毛本作繩．集聚．變白爲黑．敗亂邦國．君爲臣逐．失其寵祿．別本作光．

恆　牽羊不與．別本作前．與心戾旋．聞言不信．誤給丈人．別本注．一作言語不富．誤詒丈人．詒一注作紹．

遯　甘忍利害．還相克敵．商子酷刑．鞅喪厥身．

大壯　刲羊不當．女執空筐．兔跛鹿踦．緣山墜墮．別本刲羊不當下作血少無羹．女執空筐．不得桑根三句．

晉　鷳鷳嚙嚙．別本作讇讇．貧鬼相責．无有歡怡．一日九結．

明夷　兩足四翼．飛入嘉國．寧我伯姊．與別本作子．母相得．

家人　天別本作文．山紫芝．雍梁朱草．長生別本二字倒．和氣．王以爲寶．公尸侑食．福祿來處．

睽　絕世遊魂．福祿不存．精神渙散．離其躬身．

蹇　北辰紫宮．衣冠立中．含宏建德．常受大福．

解　伯蹇叔痞．別本作盲．莫爲守株．失我衣裘．代爾陰鄉．

損　兩女共室．心不聊食．首髮如蓬．憂常在中．

益　去辛就蓼．毒愈苦別本作酷．甚．避穽遇坑．憂患日生．

夬　初病終凶．季爲死喪．不見光明．

姤　三鳥飛來。自到逢時。俱行先至。多得大利。

萃　鹿食山草。不思邑里。雖久无咎。

升　羊腸九縈。相推稍（別本作摧併）前。止須王孫。乃能上天。

困　管仲遇桓。得其願歡。膠牢振振。冠帶無憂。（別本作膠日殺糾振冠無憂）笑戲不莊。空言妄行。

井　桀跖並處。民困愁苦。行旅遲遲。留連齊魯。

革　魂孤無室。銜指不食。盜張民餌。（別本作氏餽）見敵失福。（別本作肉）

鼎　讒言亂國。覆是為非。伯奇乖難。（別本作離）恭子憂哀。

震　衛侯東遊。惑於少姬。忘我考妣。久迷不來。

艮　雞鳴同興。思配（宋校本作邪）無家。執佩持凫。莫使致之。

漸　義不勝情。以欲自榮。（別本作縈）覬利危寵。（別本作躬）摧角折頸。

歸妹　臣尊主卑。權（宋校本作擁疑形訛）力日衰。侵奪無光。三家逐公。

旅　叔仲善賈。與喜為市。不憂危殆。利得十倍。

巽　六蛇奔走。俱入茂草。驚於長路。畏懼啄口。

兌　水壞我里。東流為海。凫龍（別本作鑑）讙嚻。不得（別本作可）安居。

渙　飛不遠去．卑斯（別本作斷）．內侍．祿食求富．

節　陰變爲陽．女化爲男．治道大通．君臣相承．

中孚　踐履危難．脫厄去患．入福喜門．見誨大君．

小過　罟（姜本何本作綱．毛本作網）．密網（姜本何本作網）．縮動盆蹶（姜本何本作蹷．毛本作蹷）．急困不得息．

既濟　負牛上山．力劣行難．烈風雨雪．遮遏我前．中道復還．（別本此下有憂者得歡四字）

未濟　嗎嗎嘉草．思降甘雨．景風升上．沾洽時澍（姜本何本作樹）．生我禾稼．

旅之第五十六

旅　羅網四張．鳥無所翔．征伐困極．飢窮（別本作渴）．不食．

乾　寄生無根．如過浮雲．立本不固．斯須落去．更爲枯樹．

坤　人無定法．緩降牛出．蛇雄走趨．陽不制陰．宜其家國（別本作困）．

屯　衆鳥所聚（別本作翔）．中有大怪．九身無頭．魂驚魄去．不可以居．

蒙　封豕（別本作豚）．溝瀆灌潰．國邑（別本作火人）．速口中民．多病疾．

需　奮翅鼓翼．翱翔外國．逍遙徙倚．來歸溫室．

訟　秋蠶不成．冬種不生．殷（別本作設）．王逆理．棄其寵榮（別本作名）．

師　衞侯東遊．惑於少姬．忘(別本作亡)．我考妣．久迷不來．

比　烏合卒會．(別本作烏會雀合)與惡相得．鴟鴞相酬．為心所賊．

小畜　鳴雞無距．與鵲(別本作雀)．格鬬．翅折目盲．為仇所傷．

履　木生內蠹．上下相賊．禍亂我國．

泰　延陵適魯．觀樂太史．車轔白顛．知秦興起．卒兼其國．一統為主．

否　輔相之好．无有休息．時行雲集．所在遇福．

同人　牀傾簀(姜本何本作蕢)．折屋漏垣缺．季姬不慍．

大有　東入海口．循流北走．一高一下．五色(別本作邑)．無主．七日六夜(別本作七夜六日)．死於水浦．

謙　羣虎入邑．求索肉食．大人禦守(別本作二字倒)．君不失國(別本作君失其國)．

豫　四亂不安．東西為患．退身止足．無出邦域．乃得完全．賴其生福．

隨　叔肸抱兔．祁子自邑．乘遽解患．羊舌以免．賴其福(別本作生)．全．

蠱　延頸望酒．不入我口．深目自苦．利得無有．

臨　仁政之德．恭恭(姜本何本作恭一．毛本作參參．與巽之屯同)．日息成都．就邑入(別本作入日)．受厥福．

觀　牽頭繫(何本作繫)．尾屈折幾死．周(別本作彫)．世無人(別本作仁)．不知所庇(別本作歸)．

噬嗑　教羊逐兔．使魚捕鼠．（宋校本作相捕）任非其人．費日无功．

賁　生角有尾．張孽制家．排羊逐狐．張氏易公．憂禍重凶．

剝　去安就危．墜陷井池．破我玉瑀．（別本作螭）

復　茹芝餌黃．塗飲玉英．與神流通．（別本二字到）長無憂凶．

无妄　體重飛難．未能越關．（別本下有不離室垣四字）

大畜　巢成樹折．傷我彝器．伯踒叔跌．亡羊乃追．

頤　六人俱行．各遺其囊．黃鵠失珠．無以爲明．

大過　蟠梅折枝．（別本作播枝遷岐）與母分離．絕不相知．

坎　迎福開戶．喜隨我後．曹伯愷悌．爲宋國主．

離　既痴且狂．兩目又盲．箕距喑啞．（別本作坐唶）名爲無用．（宋校本作中）

咸　金梁鐵柱．千（別本作十）年牢固．完全不腐．聖人安處．

恆　褁糗荷糧．與跖相逢．欲飛不得．爲網所獲．

遯　彭生（宋校本作名）爲妖．暴龍作災．盜堯衣裳．聚跖荷兵．青禽照夜．三旦夷亡．

大壯　獨（別本作禍）夫老婦．不能生子．鰥寡俱（別本作居）處．

晉　鴟鶚竊脂．巢於小枝．搖動不安．爲風所吹．心（別本作內・）寒飄搖．常憂殆危．

明夷　素車木馬．（別本作輿・）不任負重．王子出征．憂危爲咎．

家人　士（姜本何本作上・作上・）陷四維．安平不危．利以居止．保有（別本作其・）玉女．

睽　負牛上山．力劣行難．烈風雨雪．遮遏我前．中道復還．

蹇　金城鐵郭．上下同力．政平民親．寇不敢賊．

解　淸潔淵塞．爲讒所言．證訊（別本作詘・）詰問．（別本作情・）繫於枳溫．甘棠聽斷．昭然蒙恩．

損　皐陶聽理．岐伯悅喜．西登華道．東歸无咎．

益　低頭竊視．有所畏避．行作未利．酒酸魚敗．衆莫貪嗜．（毛本訛嗔・）

夬　十雉百雛．常與母俱．抱雞搏虎．誰肯爲怙．（別本作娛・）

姤　高阜山陵．陵（別本作崚・）陁顚崩．爲國妖祥．元后以薨．

萃　六鷁退飛．爲衰（別本作襄・）敗祥．陳師合戰．左股疾傷．遂以薨崩．（別本二字倒・）霸功不成．

升　巽國殊俗．情不相得．金木爲仇．百戰檀穀．（別本作晉賊擅役・）

困　鴉噪庭中．以戒災凶．重門擊柝．備（別本作儕・）憂暴客．

井　慈母赤子．享賜得士．獲夷服除．（姜本注・疑作徐・）以安王家．側陋逢時．

革　劉迹（別本作迹造。）惡人。使德不通。炎旱爲災。（別本作殃。）年穀大傷。

鼎　朔履孔德。以待（姜本毛本作帶。何本作世。）束帶。文君燎獵。呂尚獲福。號稱太師。封建齊國。

震　征將止惡。鼓鞞除賊。慶仲奔莒。子般獲福。

艮　良夫淑女。配合相保。多孫衆（別本作寡。）子。懽樂長久。

漸　蜲蛇（別本作逶迤。）四牡。思念父母。王事靡盬。不我（別本作得。）安處。

歸妹　水壞我里。東流爲海。黽鼃（別本作鼃鼉。或疑黽鼃是黽鼉之訛。）讙囂。不得安居。

豐　束帛戔戔。賻我孟宣。（別本作孟空。）徵召送君。變號易宇。（別本作處號易子。）

巽　乾行大德。覆幬六合。嘔煦成熟。使我福德。

兌　秦晉大（別本作併六。）國。更相克賊。獲惠質圉。鄭被其咎。

渙　晦昧昏明。（別本作冥。）君無紀綱。甲子成亂、簡公喪亡。

節　三足無頭。弗知所之。心狂精傷。莫使爲明。不見日（宋校本作月。）光。

中孚　長夜短日。陰爲陽賊。萬物空枯。藏在（別本作於。）北陸。

小過　依宵夜遊。與大君俱。（別本作與君相遭。）除解煩（別本二字倒。）惑。使我無憂。

既濟　逐鹿南山。利入我門。（別本作知我入門。）陰陽和調。國無災殘。長子出遊。（別本作遇。）須其仁君。

未濟　請驥左驂（別本作驂作）。耳。齒不我驅。與（別本驅與二字倒轉）。我父母。

巽之第五十七

巽　溫山松柏。常茂不落。鸞鳳以庇。（別本作茈）。得其歡樂。

乾　采唐沫鄉。要期（別本作我）。桑中。失信不會。憂思約帶。（毛本作憂在鉤帶）。

坤　有鳥飛來。集於宮樹。鳴聲可畏。（別本作長甄）。主將出去。

屯　仁政之德。參參日急。成都就邑。入（別本作日）。受厥福。

蒙　他山之儲。（別本作錯）。與璆為仇。來（別本訛夾）。攻吾城。傷我肌膚。邦家搔擾。

需　齋貝贖狸。不聽我辭。繫於虎鬚。牽不得來。

訟　一簧兩舌。妄（別本作佞）。言陷（姜本毛本作謟）。語。三奸惑虐。（別本作成虎）。曾母投杼。

師　薄行搔尾。逐雲除（別本作涂）。水。汙泥為陸。下田宜稷。

比　天門九重。深（別本作澤）。內難通。明坐至（別本作登到）。暮。不見神公。

小畜　闇日。（姜本何本作昧昧。毛本作闇昧）。不明。闕聽（別本作斗聾）。不聽。陷入澤淵。滅頂憂（別本作成）。凶。

履　霧露早霜。日晦不明。陰陽孽疾。年穀大傷。

泰　三階土廊。（別本訛廓）。德義明堂。交讓往來。享燕相承。箕伯朝王。錫我元黃。

否　爭雞失羊．利得不長．陳蔡之患．賴楚以安．

同人　天旱水涸．枯槁無澤．未有所獲．

大有　陶朱白圭．善賈息貲．公子王孫．富利不貧．

謙　鶬鴈江海．陸行不止．自令枯槁．失其都市．憂悔爲（別本作无）咎．

豫　黃鳥採蓄．既嫁不答．念吾父兄．思復邦國．

隨　田鼠野雞．意常欲逃．拘制籠檻．不得動搖．

蠱　平國不君．夏氏作亂．烏號竊發．靈公殞命．

臨　巨蛇大鰌．戰於國郊．上下閉塞．君道（姜本何本作遁・毛本作主）走逃．

觀　讒言亂國．覆是爲非．伯奇流離．恭子憂哀．

噬嗑　鬱快不明．爲陰所傷．衆霧集聚．共奪日光．

賁　望城抱子．見邑不殆．公孫上堂．大君歡喜．

剝　三蝨作（別本作僞）・蠹剶迹無與．勝母盜泉．君子弗處．

復　車馳人趨．卷甲相求．齊魯寇戎（別本作戰）・敗於犬邱．

无妄　欲訪子車．善相欺紿．桓叔相迎．不見所期．

大畜　爭雞（別本作雉。）失羊。亡其金囊。利得不長。陳蔡之患。賴楚以安。

頤　歲莫花落。陽入陰室。萬物伏藏。（別本作匿。）匿（別本作利。）不可得。

大過　晨風文翰。（宋校本作翮。疑形訛。）大舉就溫。過我成邑。羿無所得。

坎　持鴞抱子。見蛇何咎。室家俱在。不失其所。

離　隱隱大雷。霧霈爲雨。有女癡狂。驚駭鄰里。

咸　無足斷跟。居處不安。凶惡爲患。

恆　破筐敝筥。棄捐於道。不復爲寶。

遯　三雞啄粟。十雛從食。饑鳶卒擊。亡其兩叔。

大壯　乘車七百。以明文德。踐土葵邱。齊晉受福。

晉　百足俱行。相輔爲強。三聖翼事。王室寵光。

明夷　典策法書。藏在（宋校本作闌。）蘭臺。雖遭潰亂。獨不遇（宋校本作逢。）災。

家人　四（別本作西。）誅不服。恃強負力。倍道趨（別本作奔。）敵。師徒敗覆。

睽　春陽生草。夏長條肄。萬物蕃滋。充實益有。

蹇　磩磩（別本作磋。）禿白。不生黍稷。无以供祭。祇靈乏（別本作伐。）祀。

解　褰衣涉河。水深漬聚（別本作流淺多瀾）。幸賴舟子。濟脫無他。

損　宜行賈市。所求必倍。戴（別本作載）喜抱子。與利爲友。

益　兄征東夷（別本作燕）。弟伐遼西。大克勝還。封居河間。

夬　初雖驚惶。後乃無傷。受其福慶（別本此下有孝爲王相四字）。

姤　隨風乘龍。與利相逢。田獲三倍。商旅有功。憧憧之邑。長安無他。

萃　魚擾水濁。寇圍吾邑。城危不安。驚恐狂惑。

升　雖窮（別本作塞）。復通履危不凶。保其明公（別本公作功。下有以道立宗四字）。

困　坤厚地德。庶物蕃息（別本作植）。平康正直。以綏大福。

井　山水暴怒。壞梁折柱。稽難行旅。留連愁苦。

革　使燕築室。身不庇宿。家無聊賴。殲（別本作織）我衣服。

鼎　矢石所射。襄公病劇（別本訛據）。吳子巢門。傷病不治。

震　日月運行。一寒一暑。榮寵赫赫。不可得保。顛隕墜墮。更爲士伍。

艮　宮門愁（別本作悲）鳴。臣圍其君。不得東西。

漸　戴盆望天。不見星辰。顧小失大。福逃牆外。

歸妹　天之所明．禍不遇家．反目相逐．終得和鳴．（別本作美．）

豐　天陰霖雨．塗行泥潦．商人休止．市無所有．

旅　嘉（別本作善．）門福喜．增累盛熾．日就有德．（別本作得．）宜民宜（別本作其家．）國．

兌　南山之陽．華葉鏘鏘．（宋校本作將將．）嘉樂君子．爲國寵光．

渙　蠹龍頭頸．文章未成．甘言美語．說（別本作詭．）辭無名．

節　嬰兒孩子．未有所（別本作知．）識．彼童而角．亂我政事．

中孚　陰作大奸．欲君勿言．鴻鵠利口．發患禍端．（別本作發其禍亂．）荊季懷憂．張伯被患．

小過　德之流行．利之四鄉．雨師洒道．風伯逐殃．巡狩封禪．以告成功．

既濟　禹將爲君．裝入崑崙．稍進陽光．登見溫湯．功德昭明．

未濟　五岳四瀆．含潤爲德．行不失理．民賴恩福．

兌之第五十八

兌　班馬還師．以息勞疲．役（宋校本作後．）夫嘉喜．（別本作言．）入戶見妻．

乾　踐履危難．脫危去（別本作去厄．）患．入福喜（妻本何本作嘉．）門．見悔（別本作誨．）大君．

坤　子鉏執麟．春秋作陰．元（宋校本陰元二字倒轉．）聖將終．尼父悲心．

屯　夾河爲婚．期至無船．搖（姜本毛本作姪．）心失望．不見所歡．

蒙　天孫帝子．與日月處．光榮於世．福祿繁祉．

需　三年（何本作羊．）爭（宋校本作人．）妻．相隨奔馳．終日不食．精氣勞疲．

訟　禹召諸侯．（別本作神．）會稽南山．執玉萬國．天下康（別本作安．）寧．

師　早霜晚雪．傷害禾麥．損功棄力．飢無所食．

比　嵩融持戟．杜伯荷弩．降觀下國．誅逐無道．夏（別本譌憂．）商之季．失勢外（別本作福逸．）走．

小畜　生有聖德．上配太極．皇靈建中．受我以福．

履　下田陸黍．萬華生齒．大雨霖集．波病潰腐．

泰　子畏於匡．困厄陳蔡．明德不危．竟克免害．

否　有兩赤頭．從五岳來．（別本作遊．）謠（別本作淫．）言無祐．趨爾之林．（毛本作邱．）俯伏聽命．不敢動搖．

同人　當得自如．（別本作知．）不逢凶災．衰者（別本作來．）復興．終無禍（別本作得福．）來．

大有　朽根枯（宋校本作別．）樹．華葉落去．卒逢火（宋校本作大．疑形譌．）焱．隨風僵仆．

謙　蔦生衍蔓．絺綌爲願．家道篤厚．父兄悅喜．

豫　東行求玉．反得弊石．名曰無直．字曰醜惡．衆所賤薄．

隨　瞻白因（別本作用）弦。鶩驛恐怯。任力墮劣。（別本作隨身）如蝟見鵲。偃視恐伏。（別本作怒腸）不敢拒格。

蠱　狩猿多病。宋公危殆。吳子巢門。無命失所。

臨　東山西岳。何合俱食。百喜送從。（別本作爲奐從送）以成恩福。

觀　舞非其處。失節多悔。不合我意。

噬嗑　南循汝水。茂（別本作伐）樹斬枝。過時不遇。惄如周飢。

賁　公孫駕驪。載遊東齊。延陵說產。遺我（別本作季）紵衣。

剝　乘輿八百。以明文德。踐土葵邱。齊晉（別本作晉）受福。

復　雄處弱水。雌在海邊。別離將食。哀悲於心。

无妄　結網得鮮。（宋校本作解）受福安坐。終無患禍。

大畜　秋南春北。隨時休息。處和履中。安無（別本作無有）憂凶。

頤　啓戶開（別本作閉）門。巡狩釋寃。夏臺羑里。湯文悅喜。

大過　符左契右。相與合齒。乾坤利貞。乳生六子。長大成就。風（毛本作夙）言如母。

坎　飢蠶作室。絲多亂緒。端不可得。

離　東壁餘（宋校本作飾）光。數暗不明。主母嫉妬。亂我業事。（別本二字倒）

咸　白茅縮（別本作醴）酒．靈巫拜禱．神嗜飲食．使君壽考．

恆　范公陶夷（毛本作朱）．巧賈貨資．東之營邱．易字子皮．抱珠載金．多得利歸．

遯　三羖五牂．相隨俱行．迷入空澤（別本有經沸虎廬四字）．循谷直北．經涉六駁．爲所傷賊（別本下有死於牙腹四字）．

大壯　雄鵠延頸．欲飛入關．雨師洒道．濺我袍裘．重車（別本二字倒）．難前．侍者稽首（宋校本作止）．

晉　中年蒙慶．今歲受福．必有所得．榮寵受祿（別本無此句）．

明夷　祿如周公．建國洛東．父子俱封．

家人　安牀厚褥．不得久宿．棄我嘉讌．困於南（別本作東）國．投杼之憂．不成災福（別本作禍災）．

睽　蓄積有餘．糞土不居（別本下有利有所得四字）．

蹇　心願所喜．乃今逢時．得我（別本二字倒）．利福．不離兵革．

解　目不可合．憂來搔足．怵惕危懼．去其邦族．

損　福德之士．懽悅日喜．夷吾相桓．三歸爲臣．賞流子孫．

益　夏姬附耳．心聽悅喜．利以傳（別本作後博）．取．

夬　叔迎兄弟．遇恭（別本作卷）在陽．君子季姬．並坐鼓簧．

姤　徙巢去家．南遇白烏．東西受福．與喜相得．

萃　舜登大禹。石夷之野。徵詣王闕。（別本作庭。）拜治水土。

升　江河淮海。天之都市。商人受福。國家富有。

困　隱隱塡塡。（別本作頽頽。）火燒山根。不（別本作下。）潤我鄰。獨不蒙恩。

井　關昧不明。耳聾不聽。陷入深淵。滅頂憂凶。

革　烏鳴嗺嗺。天火將下。燔我館舍。災及妃后。

鼎　十雉百雛。常與母俱。抱雞搏虎。（別本作抱虎搏雞。）誰敢難者。

震　營城洛邑。周公所作。世建三十。年歷七百。福祐盤結。（宋校本作盟執。）堅固不落。

艮　三人俱行。別離將食。一身五心。反覆迷惑。

漸　三虎搏狼。力不相當。如鷹格雉。一發（別本作擊。）破亡。

歸妹　養虎畜狼。還自賊傷。年歲息長。疾君拜禱。雖危不凶。

豐　後時失利。不得所欲。

旅　雉兔之東。以理爲傷。（別本作以野爲埸。）見鷹驚（別本作奔。）走。死於谷口。

巽　秋蛇向（別本作見。）穴。不失其節。夫人姜氏。自齊復入。

渙　烏鳴巢端。一呼三顚。搖動東西。危魂（姜本何本作魄。毛本作鬼。）不安。

節　命天不遂．死多鬼（別本作爲．）祟．妻子啼瘖．（別本作喑．）早失其雄．

中孚　茆屋結席．崇我文德．三辰旂（別本訛旃．）旗．家受其福．

小過　羅網四（別本作一．）張．鳥無所（別本作一．）翔．征伐困極．饑窮不食．

既濟　天成地安．積石爲山．潤洽（別本訛給．）萬里．人賴其歡．

未濟　銅人鐵柱．暴露勞苦．終日（別本作月．）卒歲．無有休止．

渙之第五十九

渙　望幸不到．文章未就．王（姜本毛本作羊．何本作三．）子逐兎．犬踦不得．

乾　猋風阻越．車馳揭揭．（別本作竭竭．）棄古（別本作名．）追思．（別本作誨．）失其和節．心憂（別本二字倒．）惙惙．

坤　蛇得澤草．不憂危殆．

屯　兩犬爭鬭．股瘡無處．不成仇讎．行解邪（別本作卻．）去．

蒙　因禍受福．喜迎其室．求事皆得．

需　江多（別本作有．）寶珠．海多大魚．疾行亟至．（別本作亟行疾去．）可以得財．

訟　三牛（宋校本作二牛．姜本何本作三年．今从毛本．）生狗．以戌爲母．荊夷上侵．姬伯出走．

師　安息康居．異國穹廬．非吾習俗．使我心憂．（別本作使伯憂惑．）

比 行觸天網。（宋校本作罡。何本作綱。）馬死車傷。身無聊賴。困窮乞（別本作乏）糧。

小畜 裸裎逐狐。爲人觀笑。牝雞司晨。主母（宋校本作作。）亂門。

履 爲季求婦。家在東海。水長無船。不見所歡。

泰 男女合室。二姓同食。婚姻孔云。宜我多孫。

否 太微。（姜本毛本作天門。何本作天行。）帝室。黃帝所直。藩屏周衛。不可得入。常安常存。（別本作長在。）終無禍患。

同人 齎金觀市。欲買（別本作置。）騮子。猾狗竊發。盜我黃寶。

大有 三人俱行。欲歸故鄉。望邑入門。拜見家親。（宋校本作懽。）

謙 娶於姜呂。（別本作女。）駕迎新婦。少齊在門。夫子悅喜。

豫 伯仲旅行。南求大牂。長孟（別本二字倒。）病（別本作痛。）足。倩季負囊。柳下之貞。不失驪黃。（別本作我邦。）

隨 潔身白齒。衰老復起。多孫衆子。宜利姑舅。

蠱 獨宿憎（宋校本作增。毛本作深。今从何本。）夜。嫫母畏晝。平王逐建。荊子憂懼。

臨 追亡逐北。呼還幼叔。至山而得。復歸其室。

觀 鳥飛無翼。兔走折足。雖欲會同。未見其（宋校本作豎。）功。

噬嗑 抱空握虛。鴞鷹我雛。（宋校本作鳴敎我買。）利去（別本作出。）不來。（別本作成。）

賁　山作天（別本作大）池．陸地爲海．（別本下有各得其所四字）

剝　爲虎所嚙．太山之陽．衆多從者．莫敢救藏．

復　逶迤四牡．思歸念母．王事靡盬．不得安處．

无妄　獼猴所言．語無成全．誤我白鳥．（別本作馬）使乾口來．（別本作使口不至）

大畜　飛不遠去．卑斯（別本作斷）內侍．祿養未富．

頤　大尾細腰．重不可搖．陰權制國．平子逐昭．

大過　旦生夕死．名曰嬰鬼．（毛本作兒）不可得祀．

坎　子畏於匡．困於陳蔡．明德不危．竟免厄害．

離　畏昏潛處．候時昭朗．卒逢白日．爲世榮主．

咸　白烏（別本作鳥）銜餌．鳴呼其子．施翼（別本作旋枝）張翅．來從其母．

恆　宮商角徵．五音和氣．君臣父子．弟順有序．唐虞襲德．國無災咎．

遯　季姬踟躕．望子（毛本作孟）城隅．終日至暮．不見齊侯．

大壯　鬼哭於社．悲傷无後．甲子昧爽．殷人絕祀．

晉　天子（別本作之）所予．福祿常在．不憂危殆．

明夷 比目附翼。相恃待別本作・爲福.姜氏季女.與君合德.

家人 翕翕輈輈.別本作輈輖・稍崩墜顚.滅其令名.別本下有長沒不全四字・

睽 折箸姜本何本作芒・毛本作棄・蔽目.不見稚別本作雉・叔.三足孤烏.別本作飛鳥・遠去家室.

蹇 羊腸九縈.相推別本作攉・稍前.止須王孫.乃能上天.

解 坤厚地德.庶物蕃息.平康正直.以綏大福.

損 有莘外野.不逢堯主.復居別本作歸・窮處.心勞志苦.

益 習別本作昇・長景行.來觀桑柘.別本二字倒・上伯日喜.別本作止伯自喜・都叔允臧.姜本何本作臧・

夬 周師伐紂.勝別本作戰・于牧野.甲子平旦.天下大喜.別本作喜悅・

姤 踰江求橘.并得大栗.烹羊炙別本作食・豕.飲酒別本作食・歌笑.

萃 敝笱在梁.魴逸不禁.漁父勞苦.筐筥乾口.別本作口燋喉乾・空虛別本二字倒・無有.

升 生有陰孽.制家非陽.逐送還牀.別本作遂受還作・張氏易公.別本作休・憂禍重凶.

困 絕域異路.多有怪惡.使我驚懼.思我故處.

井 迷行失道.不得牛馬.別本二字倒・百別本作伯・賈逃亡.市空別本作沒・無有.

革 雌鷩生雛.別本作鵰・祥別本作神・異興起.乘雲龍騰.民戴爲父.

鼎　壘壘（別本作疊疊）．纍纍．如岐之室．畜一息十．古公始（別本作治）邑．

震　瘖瘍扴搔（別本作癢）．孝婦不省．君多疣贅．四時作災（宋校本作四牡作去）．

艮　羊頭兔足．羸瘦少肉．漏囊敗粟．利無所得．

漸　蘚箴從孿（別本作孿傴徙躃）．空無誰是．言季子（別本作不）明．樂減少解．

歸妹　妹為貌熟（別本作妹貌親熟）．敗君正色．作事不成．自為心賊．

豐　四馬共轅．東上太山．騂驪同力．無有重難（別本作艱）．與君笑言．

旅　陰變為陽．女化作男．治道得通．君臣相承（別本作衛）．

巽　南國少子．材略美好．求我長女．賤薄不與．反得醜惡．後乃大悔．

兌　昭公失常．季氏（宋校本何本作女．今从姜本毛本）．悖狂遜齊．處野．喪其寵光．

節　文（宋校本作天）山紫芝．雍梁朱草．長生（別本二字倒）．和氣王以為寶．公尸侑食．福祿來處．

中孚　牽羊不前．與心戾旋．聞言不信．誤紿大（別本作丈）人．

小過　東山西山．各自止安．心雖相望．竟未（別本作不）同堂．

既濟　鹿求其子．虎廬之里．唐伯季耳．貪（宋校本作貧）不我許．

未濟　三虎上山．更相喧喚（別本作咆哮）．心志（宋校本二字倒）．不親．如仇與怨．

節之第六十

節　海爲水王．聰聖且明．百流歸德．無有叛逆．常饒優足．（別本下有不利攻玉所求弗得二句．）

乾　虎呴（別本作豹．）怒咆．愼戒外憂．上下俱搔．士民无聊．

坤　探巢得雛．鳩（宋校本作仇．疑形訛．）鵲俱來．使我心憂．

屯　日望一食．常恐不足．祿命寡薄．

蒙　良馬疾走．千里一宿．逃離（姜本毛本作離逃．何本訛離逃．）他鄉．誰能追復．

需　鵲巢鳥（別本作鳩．）城．上下不親．内外乖畔．子走失願．（宋校本作矢積．何本作失顧．今从毛本．）

訟　雲龍集會．征討西戎．招邊定衆．誰敢當鋒．

師　春多膏澤．夏潤優渥．稼穡成熟．畝獲百斛．

比　帝（別本作偷．）妾獨宿．長女未室．利無所得．

小畜　四亂（別本作野．）不安．東西爲患．退身止足．（宋校本作退止我足．）無出邦域．乃得全完．賴其生福．

履　長寧履福．安我百穀．（姜本何本作國．）嘉賓上堂．與季同牀．

泰　駟驪（別本作驥．）綠耳．章明造父．伯夙成季．共成霸功．爲晉元輔．（別本章明造父下作伯夙奏獻．衰續厥緒．佐文成霸．爲晉元輔．）

否　張陳嘉謀．贊成漢都．主歡民喜．其樂休休．

同人　大面長頸．（別本作頭．）來（宋校本作未．）解君憂．遺吾福善．與我嘉惠．

大有　畏昏不行．待旦昭明．燎獵受福．老賴其慶．

謙　伯去我東．首髮如蓬．長夜不寐．憂繫心胸．（別本長夜不寐下作輾轉空牀．內懷惆悵．憂摧肝腸．）

豫　朽條腐索．不堪施用．安靜候時．以待親知．

隨　比目四翼．相倚爲福．姜氏季女．與君合德．

蠱　履塔升墀．高登（別本二字倒．）崔嵬．福祿洋溢．依天之威．

臨　奢淫吝（宋校本作愛．）嗇．神所不福．靈祇憑怒．鬼瞰（宋校本作障．）其室．

觀　大步小（別本作上．）車．南到喜家．送我豹（別本作狐．）裘．與福載來．

噬嗑　東行西步．失次後舍．與彼作期．不覺至夜．乾侯野井．昭公失居．（別本此二句在失次後舍下．）

賁　喜樂忭（別本作踴．）躍．來迎歡客．（宋校本作名家．）鵠巢百兩．獲利養福．（別本鵠巢百兩句下作以成嘉福．多獲利益．）

剝　非理後來．（別本作所求．）誰肯相與．往而（別本作來．）不獲．徒勞道路．

復　北虜匈奴．數侵邊境．（別本下有左衽爲長．國猶未慶二句．）

无妄　征不以理．辭乃无名．縱獲臣子．伯功不成．（別本此四句作小注．正文作纖事康城．鐵折不成．嬰兒短舌．說辭无名．）

大畜　景星照（別本作明．）堂．麟遊鳳翔．仁施大行．頌聲作興．

頤　文明之世．銷鋒鑄耜．以道順民．別本作昌・百王不易．一作焚膏銷鋒・鑛壓危凶・招來文德・君安其國・

大過　烏飛無羽．雞鬬折距．徒自長嗟．誰肯爲侶．別本注・一作不順共德・自爲凶咎・

坎　犛隊虎狼．嚙彼牛羊．道路不通．妨農姜本毛本作人・害商．

離　商伯沈醉．庶兄奔走．姜本毛本作遨・淫姜本毛本作遊・女蕩夫仁德並孤．

咸　三狸搏鼠．遮姜本毛本作路・遏前後．當此之時．不能脫走．

恆　陶叔孔圉．不處亂國．初雖未萌．後受福慶．

遯　奮翅鼓翼．翱翔外國．逍遙北域．不入温室．

大壯　德音孔博．升在王室．八極蒙祜．受其福祿．

晉　當變立權．擿解患難．渙然冰釋．大國以安．

明夷　羽動角甘．雨潤草木．茂年歲熟．

家人　天所祐助．福來禍去．君王何憂．

睽　方喙宋校本姜本何本作喙・此从毛本・廣口．聖智仁厚．釋解倒懸．唐國大安．

蹇　葛藟蒙棘．華不得實．讒佞亂政．使恩壅塞．

解　皇母多恩．字養孝孫．脫於襁褓．成就爲君．

損　積冰不溫。（別本作積水下溫・）北陸苦寒。露宿多風。君子傷心。

益　伯夷叔齊。貞廉之師。以德防患。憂禍不存。

夬　一雌二雄。子不知（別本作得・）公。亂我族類。使吾心憒。（宋校本作憤・）

姤　主安多福。天祿所伏。居之寵昌。君子有光。

萃　千歲槐根。利多斧瘢。樹維枯屈。枝葉不出。

升　周師伐紂。勝殷牧野。甲子平旦。天下大喜。

困　日走月步。趨不同舍。夫妻反目。主君失居。

井　宣髮龍叔。（別本作宣勞就力・芥隱筆記引作宣髮龍身・與宋校略同・）爲王主國。（芥隱筆記引作田・）安土成稷。天下蒙福。

革　諷德誦功。美周（宋校本二字倒・）盛隆。奭旦輔成。光濟沖人。

鼎　三夜不寢。憂來益甚。戒以危懼。棄其安居。

震　思（宋校本作恩・疑形訛・）願所之。乃今逢時。洗濯故憂。拜（別本作拃・）其懽（何本作所・）來。

艮　囁囁囁囁。（別本作懾懾・）夜行晝伏。謀議我資。來竊（別本作攻・）吾室。（別本下有空盡己財・幾無所食二句・）

漸　騂牛亡子。鳴於大野。中復（別本作後・）陰徽。還歸其母。說以（別本作我・）除悔。

歸妹　王良善御。伯樂知馬。周旋步趨。（別本作驟・）行中規矩。止息有節。延命壽考。

豐　釋然遠咎.避患害早.別本作革害.田獲三狐.以貝爲寶.

旅　仁獸所處.國無凶咎.市賈十倍.復歸惠里.

巽　六日俱視.各欲有志.心意別本作一言.不同.乘戾生訟.

兌　傳說王良.別本作休明.驂御四龍.周徑萬里.無有危凶.

渙　季叔仲伯.別本作伯仲叔季.日暮寢寐.醉醒失明.喪其貝囊.臥拜道傍.

中孚小過既濟未濟　江有寶珠.海多大魚.亟行疾至.可以得財.

遠視千里.不見所持.別本作視.離婁之明.無益於耳.

弱足刖跟.不利出門.市賈无嬴.折亡爲患.

利盡得媒.時不我來.鳴雌深步.寡宿獨居.

中孚之第六十一

中孚　鳥鳴嘻嘻.別本作嗜嗜.天火將下.燔我屋室.災及妃后.

乾　黃虹之野.賢君所在.管仲爲相.國無災咎.

坤　符左契右.別本作叔梁有名.相與合齒.乾坤利貞.乳生六子.長大成就.抛吾別本作風言.如母.

屯　蝗嚙我稻.驅不可去.實穗無有.但見空囊.

蒙　嬰孩(別本作兒)求乳．母歸其子．黃麑悅喜．

需　折箬(毛本作葉)蔽目．不見稚叔．失旅亡民．遠去家室．

訟　牂羊羵(宋校本作肥)首．君子不飽．年饑孔荒．士民危殆．

師　靈龜陸處．盤桓失所．伊子退耕．桀亂無輔．

比　威約拘囚．爲人所誣．皐陶平理．幾得脫免．

小畜　鳥升鵲舉．照臨東海．尨降庭堅．爲陶叔後．封於英六．(別本作蓼邸)福履綏厚．

履　四目相視．稍近同軌．(別本作延同執．稍)日昳之後．見吾伯姊．

泰　大步上車．南到(別本作至)喜家．送我狐裘．與福載來．

否　卒(別本作萃)都和(別本作相)合．未敢面見．媒妁无良．使我不香．(別本作鄉)

同人　鴻飛遵(宋校本作循)陸．公出不復．伯氏客宿．

大有　代戍失期．患生(別本作至)無聊．懼以發難．爲我開基．邦國憂愁．

謙　齊孫(別本作伯氏)爭言．戰於龍門．構怨結禍．三世不安．

豫　周政養賤．(別本作賊)背生人足．陸行不安．國危爲患．

隨　蝎蟪歡喜．草木嘉茂．百果蕃生．日益富有．

蠱　魅爲災祟。風吹雲卻。欲上不得。復歸其宅。

臨　乘騮駕驪。遊至東齊。遭遇行旅。逆我以資。（別本作送我以貨。）厚得利歸。

觀　鳳生七（別本與御覽引皆作十。）子。同巢共乳。（御覽引作母。）歡悅相保。

噬嗑　桃雀竊脂。巢於小枝。搖動（別本二字倒。）不安。爲風所吹。心寒慄搖。常憂殆危。

賁　東山西山。各自止安。雖相登望。（何本作上。）竟未（別本作不得。）同堂。

剝　匍伏（別本作匐。）出走。驚懼皇恐。白虎生孫。蓐收在後。

復　重弋射隼。不知所定。質疑蓍龜。明神祭報。（別本無此句。）告以肥牡。（別本此下有明神答報四字。）宜利止居。

无妄　開門內福。喜至我側。喜門（別本作加以。）善祥。爲我室（別本作家。）宅。宮城洛邑。以昭文德。

大畜　烏飛狐鳴。國亂不寧。下強上弱。爲陰所刑。

頤　三雞啄粟。八雛從食。饑鳶（別本作）卒擊。失亡兩叔。

大過　歎息不悅。憂從（別本作逆。）中出。喪我金罌。无妄失位。

坎　剛柔相呼。二姓爲家。霜降既同。惠我以仁。

離　送我季女。至於蕩道。齊子旦夕。留連久處。

咸　低頭竊視。有所遇（別本作毀。）避。行作不利。酒酸魚餒。（別本作敗。）衆莫貪嗜。

恆　典策法書．藏在蘭臺．雖遭亂潰．獨不遇災．

遯　旦醉病酒．暮多(別本作卽)瘳愈．不及爲咎．(別本作獨不及咎)說辭無(別本作不)名．

大壯　晝龍頭頸．文章不成．甘言美語．說辭無(別本作不)名．

晉　日月運行．一寒一暑．榮寵(別本作光)．赫赫．不可得保．顚蹶殞墜．更爲士伍．

明夷　爭利王市．朝多君子．蘇氏六國．獲其榮寵．

家人　六蛇奔走．俱入茂草．驚於長塗．畏懼啄口．

睽　懸貆素餐．貪非其任．失與剝廬．休坐徙居．

蹇　歡欣九子．俱見大喜．攜提福善．(別本作至)王孫是富．

解　伯夷叔齊．貞廉之師．以德防患．憂禍不存．

損　雄聖伏名．人匿麟驚．走鳳飛北．亂潰未息．

益　久鰥無偶．思配織女．求其非望．自令寡處．

夬　破亡之國．天所不福．難以止息．

姤　老慵多卻．(別本作欲)弊政爲賊．阿房驪山．子嬰失國．

萃　三羖六牂．相隨俱行．迷入空澤．遇(別本作經)涉虎廬．爲所傷賊．死於牙腹．

升　囁囁處懼。姜本何本作噱囁嚗囉·毛本囉作囉·昧冥相搏。多言少實。語無成事。

困　武別本作舞·陽漸離。擊筑善歌。慕丹之義。爲燕助別本作荆·軻。陰謀不遂。霍自別本作目·死亡。功名何宋校本作賈·施。

井　尹氏伯奇。父子分離。無罪被辜。長舌爲災。

革　五精亂行。政逆皇恩。湯武赫怒。共伐我域。別本作天伐利械·

鼎　西歷玉山。東入玉門。登上福堂。飲萬歲漿。

震　行觸大忌。別本作忌諱·與司命忤。執囚束縛。拘制於吏。幽別本作迷·人有喜。

艮　機父不賢。朝多讒臣。君失其政。使家別本作保我·久貧。

漸　三人俱行。北求大牂。長孟別本二字倒·病足。請季負囊。柳下之貞。不失我邦。宋校本作樞·

歸妹　鵠思其雄。欲隨鳳東。順理羽翼。出次須日。別本作日中·中留別本作離留·北邑。復歸其室。

豐　常得別本作德·自如。不逢禍災。

旅　白鵠遊望。君子以寧。履德不愆。福祿來成。

巽　膺敏之德。發憤忘宋校本作晨·食。虜豹檎越。宋校本作戭·姜本何本作虎·今从毛本·爲王得福。

兌　百足俱行。相輔爲強。三聖翼事。別本下有王室寵光四字·國富民康。何本作强·

渙　生不逢時．困且多憂．年衰老(別本二字倒)．極中心悲愁．

節　出門蹉跌．看道後旅．買羊逸亡．取物(別本作所謂)．逃走空手．握拳坐恨．相(別本作狠爲)．咎．

小過　牧羊稻田．聞虎喧讙．畏懼惕息．終无禍患．

既濟　龍潛鳳北(別本作池)．其(別本作寘)．子變服陰．孽萌作．

未濟　國无比鄰．相與爭強．紛紛匈匈(別本作凶凶)．天下擾憂(別本作擾)．

小過之第六十二

小過　初雖驚惶．後乃無傷．受其福慶(別本下有永永其祥四字)．

乾　積德累仁．靈祐順信．福祉日增．

坤　謹慎重言．不幸遭患．周召述職．脫免牢門(宋校本作開)．

屯　鳥飛鼓翼．喜樂堯德．虞夏美(別本作著)．功要荒賓服．

蒙　牙孽(別本作蘖)．生齒．室堂啓戶．幽人利貞．鼓翼起舞．

需　使伯東求．拒不肯行．與叔爭訟．更相毀傷．

訟　手足易處．頭尾顛倒．公爲雌嫗．亂其蠶織．

師　匠卿操斧．豫章危殆．袍衣脫(別本作既)．剝．祿命訖已．

比　天女踞床．不稱文章．南箕無舌．飯多砂糠．虐衆盜名．雌雄折頸．

小畜　大椎破轂．長舌亂國．牆茨（姜本何本作牀第・）之言．三世不安．

履　銜命辱使．不堪厥事．中墜落去．更爲負載．

泰　三蛇共食．同類相得．甘露時降．生我百穀．（共食姜本何本作共室・）

否　衣繡夜遊．與君相逢．除患解惑．使我（別本作君・）不憂．

同人　被髮獸心．難與爲鄰．來如風雲（別本作雨・）．去如絕絃．爲狼所殘．

大有　剛柔相呼．二姓爲家．霜降既同．惠我以仁．

謙　牛耳聾聵．不曉齊（別本作犂・）味．委以鼎俎．治亂憒憒（別本作潰潰・）．

豫　低頭竊視．有所畏避．行作（別本作旅・）不利．酒酸（宋校本作酢・）魚餒．衆莫貪嗜．

隨　雨師娶婦．黃巖季子．成禮既婚．相呼南上．膏我下土．年歲大有．

蠱　戴盆望天．不見星辰．顧小失大．遁逃牆外．

臨　二人輦車．徙去其家．井沸釜鳴．不可以居．

觀　攘臂反肘．怒不可止（宋校本作二・）．佷（別本作狠・）戾腹心．無以（別本作與・）爲市．

噬嗑　湯世（別本作火・）之憂．轉解喜來．

賁　忠信輔成。王政不傾。公劉肇基。（宋校本作肇。）文武綏之。

剝　登高斬（別本作折。）木。頓躓陷（別本作蹈。）險。車傾馬疲。伯叔吁嗟。（別本作伯叔嗟嘘。）

復　桑方隕落。黃敗其葉。（別本作黃葉敗散。）失勢傾側。如無所立。

无妄　鸞鳳翺翔。集于嘉（別本作家。）國。念我伯姊。與母相得。

大畜　陰淫所居。谿溢過度。傷害禾稼。

頤　雰冥高山。道險峻難。王孫罷極。困於阪間。

大過　和璧隋珠。爲火所燒。冥昧失明。奪精無光。棄於道傍。

坎　虞君好神。（別本作田。）惠我老親。恭承宗廟。雖（別本作長。）慍不去。復我內事。

離　爪牙之夫。（別本作士。）怨毒祈父。轉憂與己。傷不及母。

咸　倉盈庾億。宜稼黍稷。年歲有息。

恆　牕牖戶房。（別本作傍。）道利光明。（別本二字倒。）賢智輔聖。仁德大行。家給人足。海內殷昌。

遯　切切（別本作忉忉。）之患。凶重憂鷹。爲虎所吞。

大壯　水無魚池。（別本作滋。）陸爲海涯。君子失居。小人相攜。

晉　九疑鬱林。沮濕不中。鸞鳳所惡。君子攸去。

明夷　六翮泛(宋校本訛況)・飛。走歸不及。脫歸王室。亡(別本作上)・其駢特。

家人　不直莊公與我爭訟。媒伯無禮。自令壅塞。

睽　倉庚(別本訛庚)・多億。宋公危殆。吳子巢門。殞命失所。

蹇　失羊捕牛。无損无憂。

解　夏麥䴬䵅(別本作䵆)・霜擊其芒。疾君敗國。使我誅傷。

損　昧昧暗暗。不知白黑。風雨亂擾。光明伏匿。幽王失國。

益　執斧破薪。使媒求婦。和合二姓。親迎期須(別本作親御飲酒)・色比毛嬙。姑翁(別本作公)・悅喜。

夬　六疾生狂。癡走妄行。北入患門。與禍為鄰。

姤　驅羊就群。佷(別本訛狠)・不肯前。慶季愎諫。子之被患。

萃　二人異路。東趨西步。十里之外。不相知(別本二字倒)・處。

升　義不勝情。以欲自營。覩利危躬。折角摧頸。

困　騷擾騷擾不安其類。疾在頸項。凶危為憂。

井　三河俱合。水怒踊躍。壞我王屋(別本作室)・民困於食。

革　陽曜旱疾。傷病稼穡。農人無食。

鼎　流浮出食．載券（別本作黍）入屋．釋鞍（別本作轡）繫馬．西南廡下．

震　門戶之居．可以止舍．進仕（別本作士）不殆．安樂相保．

艮　過時不歸．雌雄苦悲．徘徊外國．與母分離．

漸　中田有廬．貍場有爪．獻進皇祖．曾孫壽考．

歸妹　失恃（別本作時）無友．獲家（宋校本作嘉福）出走．傫（別本作何）如喪狗．

豐　反鼻岐頭．三寡獨居．

旅　衣裳顛倒．爲王來呼．成就東周．封受大福．

巽　飛不遠去．還歸故處．興事多悔．

兌　含血走禽．不曉五音．匏（別本作瓠）巴鼓瑟．不悅於心．

渙　求玉獲石．非心所欲．祝願不得．

節　山崩谷絕．大福盡歇．涇渭失紀．玉石既已．

中孚　雜目懼怒．不安其居．散渙（別本作漫）府藏．無有利得．

既濟　衆邪充側．鳳凰折翼．微子復北（毛本作比）．去其邦國．

未濟　六月采芑．征伐無道．張仲方叔（別本作季叔）．克敵（別本作孝友）飲酒．

既濟

既濟之第六十三

元兔指別本作揩．掌．與足相恃．別本作覗．謹別本作證．訊詰問．姜本何本作註誶．毛本作註．情自直．別本作侶．寃死誰告．別本作死評難告．口爲身禍．

乾　游駒石門．騄耳安全．受福西鄰．歸邑別本作隱．玉泉．

坤　陽春生草．別本作二字倒．萬物盛別本作風．與君子所居．災禍別本作二字倒．不到．

屯　人無足法．緩別本作綬．除才別本作牛．出雄走羊驚．不失其家．

蒙　太山止別本作上．奔．變見太微．別本作徼．陳吳廢忽．或疑發怒二字之訛．作爲禍患．

需　乘龍吐光．別本作光上．使別本作先．暗後明．燎獵大得．六別本作大．師以昌．

訟　羊頭兔足．羸瘦少肉．漏囊貯粟．利無所得．

師　因禍受福．喜盈其室．螟蟲不作．君無可得．別本作苛惑．

比　舜升大禹．石夷之野．徵詣王闕．別本作門．拜治水土．

小畜　烏子鵲雛．常與母俱．別本作居．顧類羣族．別本作槃．不離其巢．

履　夷羿所射．發輒有獲．嬙別本訛增．加鵲別本作倉．鷹．雙鳥俱得．

泰　晨風文翰．大別本作火．舉就溫．昧過我邑．羿無所得．

否　六喜三福．南至歡國．與喜忻（別本作同・）樂．珪（同圭・別本作嘉・）我潔德．

同人　鬬龍股折．日遂不（別本作就遂・）明．自外爲主．弟伐其兄．

大有　蒙慶受福．有所獲得．不利出門（別本作域・）．

謙　蠻戎夷（別本二字倒・）狄．太陰所積．涸冰（別本作永・）沍寒．君子不存．

豫　投昏潛處．候時昭明．卒遭白日．爲榮祿主．

隨　水流趨下．欲至東海．求我所有．買魴（別本作鮪・）與鯉．

蠱　冠帶南遊．與福喜期．徼於（別本作爲・）嘉國．拜（別本作釋・）爲逢時．

臨　迻雞振羽．爲季門戶．新沐彈冠．仲父悅喜．

觀　結衿流溺（宋校本作粥・毛本作弱・今从何本・）．遭讒桎梏．周召述職．身受大福．

噬嗑　田鼠野雞．意常欲逃．拘制籠檻．不得動搖．

賁　居華顚．觀浮雲．風不搖．雨不濡．心平安．无咎憂．（別本作居華山巔・遊觀浮雲・有雨不濡・心樂无憂・）

剝　傾倚將顚．不能得存．（別本作亂不能存・）英雄作業．家困无年．

復　心願所喜．今乃（別本二字倒・）逢時．保我利福．不離兵革．

无妄　蝨龜陸處．盤桓失所．阿衡退耕．夏封於國．

大畜　弱水之右．有西王母．生不知老．與天相保．不利行旅．
頤　抱璞（別本作塊．）求金．日暮坐吟．終月（別本作身．）卒歲．竟無成功．
大過　言笑未畢．憂來暴卒．身加搕㔌．（別本作檻纆．）因繫縛束．
坎　望幸不到．（別本作至．）文章未成．王子逐兎．犬踦不得．
離　震慄恐懼．多所畏惡．（別本作忌．）行道留難．不可以步．
咸　雄狐綏綏．登山崔嵬．昭告顯功．大福允興．
恆　火起吾後．喜炙倉（別本作我．）廡．龍銜水深．（別本作蒼龍含水．）潩注屋柱．（別本作深潩吾柱．）雖憂无咎．
遯　危坐至暮．請求不得．膏澤不降．政戾民忒．
大壯　孟春和氣．鷹隼搏鷙．衆雀憂憒．（別本作潰．）
晉　緩法長奸．不肯（別本作能．）理冤．浮沈．（姜本何本作沈湎．毛本作沈酒．）失節．君受其患．
明夷　魚𩶌負餌．死於網釣．受危國（別本作凶．）寵．爲身殃咎．
家人　金精耀（宋校本作輝．）怒．帶劍過午．徘徊高庫．（別本作原．）宿於山谷．兩虎相拒．（別本作距．）弓矢滿野．
睽　四目相望．精（宋校本作稍．）近同光．並坐鼓簧．
蹇　茹芝餌黃．飲酒玉英．（別本作漿．）與神流通．長無憂凶．

解　求璋（別本作獐）．嘉鄉．惡蛇不行．道出岐口．（別本作幽岐日還）．還復（別本作復反）．其床．

損　天門地戶．幽冥不覩．不知所在．

益　跛足息肩．有所忌難．金城鐵郭．以銅爲關．藩屏自（別本作息）．衛安止無患．

夬　三雁俱飛．欲歸稻池．經涉矍（別本作山）．澤爲矢所射．傷我胸臆．（別本無此句）．

姤　濟流（別本作深）．難渡．濡我衣袴．五子善櫂．（別本訛濯）．脫（別本作決）．無他故．

萃　飲酒酗醉．（別本作醉飽）．跳起（別本作趨）．爭鬬．伯傷叔僵．東家治喪．

升　跌（別本作跛）．蹪未起．後失利市．（別本作失利後市）．蒙被咎殃．（別本二字倒）．不得鹿子．

困　辰次降婁．建星中堅．（葛本作豎）．子無遠行．外顛霄陷．遂命（別本作合）．訖終．

井　商風召寇．來呼外盜．間諜內應．與我爭鬬．殫已寶藏．主人不勝．

革　甘露醴泉．太平機關．仁德感應．歲樂民安．

鼎　祭仲子突．要盟逐忽．禍起子商．（別本作傷）．弟代其兄．鄭久（別本作文）．不昌．

震　反隼難步．留不反（別本作及）．舍露宿澤陂．亡其襦袴．

艮　狼虎結謀．相聚爲保．伺候牛羊．病我商人．

漸　明德克敏．重華（別本作乘輿）．貢舉．放勳徵（別本作御）．用．八（姜本何本作人．毛本作乂）．哲蒙祐．

歸妹　貧鬼守門．日破我盆．毀罌傷瓶．別本作破甕・空虛無子．

豐　天命赤烏．與兵徵期．征伐無道．箕子遊遨．別本二字倒・

旅　威約拘囚．爲人所誣．皋陶平理．剖械出牢．脫歸家閭．

巽　羊驚虎狼．聳耳羣聚．无益威彊．別本作僵・爲齒所傷．

兌　初雖號啼．別本二字倒・後必慶笑．光明照耀．百喜別本作嘉・如意．

渙　馬服長股．宜行善市．蒙祐諸耦．獲金五倍．

節　應門內崩．誅賢殺暴．上下咸悖．別本作慄・景公失位．長歸無別本作元・恆．望妻不來．

中孚　執斧破薪．使媒求婦．好合二姓．親御斯須．別本作酒・色比毛嬙．姑悅公喜．

小過　兩輪日轉．南上大阪．四馬共轅．无有險難．與禹笑言．

未濟　千柱百梁．終不傾僵．周宗別本作家・寧康．

未濟之第六十四

未濟　忠別本作志・慢未習．單酒糗脯．數至神前．欲求所願．宋校本作願・疑形訛・反得大患．

乾　旦生夕死．名曰嬰鬼．不可得祀．

坤　大步上車．南至喜家．送我狐裘．與福喜來．

屯　西多小星．三五在東．早夜晨行．勞苦無功．

蒙　北陸藏冰．君子心悲．困於粒食．鬼驚我門．

需　山水（別本作泉・）暴怒．壞折梁（別本二字倒・）柱稽難行旅．留連愁苦．

訟　比目四翼．來安吾國．福喜上堂．與我同床．

師　狡兔趯趯．良犬逐咋．雌雄爰爰．爲鷹所獲．

比　增祿益福．喜來入室．解除憂惑．

小畜　騎龍乘風（別本作鳳・）上見神公．彭祖受刺（別本作制・）王喬贊通．巫咸就位．拜福無窮．

履　天火卒起．燒我旁里．延及吾家．空盡己財．

泰　金帛共（別本作黃・）寶．宜與我市．嫁娶有息．利得過（別本作萬・）倍．

否　鬼魅之居．凶不可舍．

同人　烏飛兔走（別本作鳥飛兔逐・）各有畏惡．鶻鷹爲賊．亂我室舍．

大有　初雖驚惶．後乃無傷．受其福慶．

謙　兩金相擊．勇氣均敵．日月鬬戰．不破不缺．

豫　曳綸河海．掛鉤魴鯉．王孫利德．以享仲友．

隨 犬畏狼虎。（別本二字倒。）依人有（別本作作）輔。三夫執戟。伏不敢起。身安无咎。

蠱 蜘蛛作網。以伺行旅。青蠅嚵聚。（御覽引作嗽。）以求膏腴。（別本無此句。御覽引與宋校本合。）觸我羅絆。（別本作域。）爲網所得。（別本下有死於網羅四字。）

臨 所望在外。鼎命方來。拭爵滌罍。炊食待之。不爲季憂。

噬嗑 日月並居。常暗匪明。高山崩顛。邱陵爲溪。

觀 春服既成。載華復生。莖葉盛茂。（別本二字倒。）實穗泥泥。

賁 華首山頭。仙道所由。（別本作遊。）利以居止。長無咎憂。

剝 三狐羣（別本作嗥。）哭。自悲孤獨。野無所遊。（別本作由。）死於邱室。

復 火中暑退。禾黍（別本作求藿。）其食。商人不至。市空無有。

无妄 獨立山顛。求鹿（別本作麋。）耕田。草木不闢。秋饑無年。

大畜 火雖熾。在吾後。寇雖近。在吾右。身安吉。不危殆。

頤 鬭鬭讁讁。貧鬼相責。無有懽怡。一日九結。

大過 追亡逐北。呼還幼叔。至山而得。反歸其室。

坎 銜命辱使。不堪厥事。遂墮落去。更爲斯（別本訛欺。）吏。

離　被珠銜玉。沐浴仁德。應聘唐國。四門穆穆。盍賊不作。凶惡伏匿。

咸　機關不便。不能出言。精誠通道。別本作適通。爲人所寃。

恆　甊破缶缺。南行亡失。

遯　脣亡齒寒。積日凌根。朽不可用。爲身災患。

大壯　蒙惑憧憧。不知西東。魁罡指南。告我室中。別本作失。利以宜止。去國憂患。

晉　烏鴟搏翼。以避陰賊。盜伺二女。賴厥生福。旱災爲疾。君無黍稷。

明夷　名成德就。項領不試。別本作伐。景公耄老。別本作盡。尼父逝去。別本作避。

家人　言與心詭。西行東坐。別本作望。鯀湮洪水。佞賊爲禍。

睽　獫狁匪度。治兵焦穫。別本訛元。伐鎬及方。與周爭彊。元別本訛穫。戎其駕衰。及夷王。一作以安我王。

蹇　三火起明。雨滅其光。高位疾顛。驕恣誅傷。

解　承川決水。爲吾之祟。別本作陰豚川決水爲吾祟。使我心潰。別本二字倒。母樹麻枲。別本二字倒。居止凶咎。別本作殆。

損　厭浥晨夜。道多湛露。沾我襦袴。重難以步。

益　宜行賈市。所求必倍。載喜抱子。與利爲友。

夬　陰變爲陽。女化爲男。治道得通。君臣相承。

姤　樹（別本訛淵。）蔽牡荊。生翳山旁。仇敵背憎。孰肯相迎。

萃　坐茵乘軒。據（別本訛握。）德宰臣。虞叔受命。六合和親。

升　雲興蔽日。雨集草木。年茂歲熟。

困　蟠梅折支。（別本作播枝折岐。）與母別離。絕不相知。

井　天旱水涸。枯槁無澤。困於沙石。未有所獲。

革　圭璧琮璜。執禮（別本作豐。）見王。百里甯戚。應聘齊秦。

鼎　龍渴求飲。黑雲（別本二字倒。）景從。河伯捧醴。跪進酒漿。流潦滂滂。

震　苞梅寄蔕。心思憤憤。（別本作積憤。）亂我靈（別本作雲。）氣。

艮　鹿求其子。虎廬之里。（別本作西。）唐伯李耳。貪不我許。

漸　穿匏挹水。簞（別本作構。）鍑（宋校本訛錢。）燃火。勞疲力竭。饑渴爲禍。

歸妹　龍生馬淵。壽考且神。飛騰上天。（別本無此句。）舍宿軒轅。常居樂安。（別本作居樂常安。）

豐　崔嵬北岳。天神貴客。溫仁正直。主布恩德。衣冠不已。蒙受大福。

旅　鬼夜哭泣。齊失其國。爲下所賊。

巽　二政多門。君失其權。三家專制。禍起季孫。

兌　望幸不到。文章未就。王（別本作三）。子逐兎。犬踦不得。

渙　伯虎仲熊。德義昭明（別本作淵泓）。使布五教。陰陽順序。

節　兩足四翼。飛入家國。寧我伯姊。與母相得。

中孚　春秋禱祀（別本作祝）。解禍除憂。君無災咎。

小過　牧羊稻園。聞虎喧讙。畏懼悚息。終無禍患。

既濟　大蛇巨魚。相搏於郊。君臣隔塞。郭公出廬。

後序

此書今本之誤。非校宋本不能正者。如賁之鼎。東門之壇。乃詩鄭風文。正義云。徧檢諸本字皆作壇。又云。今定本作墠。釋文云壇音善依字當作墠。可見作易林時固是壇字。今作墠者。誤依定本以後毛詩所改。似是實非。頤之解。飢人入室。乃史記殷本紀所謂及西伯伐飢國滅之。徐廣曰。飢一作阢。又作耆。卽尚書大傳之西伯戡耆也。今飢人作箕仁。臆改而誤。萃之漸。橘柚請佩。乃韓詩內傳漢有游女事。所謂聘之橘柚者也。今橘柚作禱神。亦臆改耳。旅之蒙。封豕溝瀆。全取史記天官書語。今豕作豚。失之遠矣。其類甚夥。咸有如風庭之掃葉也。顧君千里見語曰。讀此書之法。又有三焉。以複見求之也。以所出經子史等求之也。以韻求之也。如比之震。扶杖伏聽。誤。无妄之中孚。扶下無杖字。聽下有命字者是。兌之否。扶作俯。亦非。扶伏者匍匐也。大過之蠱。故革懈惰。誤。遯之益。鼎之旣濟。作五桀解墮者是。桀或體作犖也。豐之困。膠牢振振冠帶無憂。誤。明夷之旅。作膠目啓牢。振冠無憂者是。呂覽贊能說管仲事。正曰膠其目也。此皆可得之於複見者。如乾之咸。反得丹穴。女貴以富。貴當作清。本史記貨殖列傳。而巴蜀寡婦清其先得丹穴。大畜之訟。哀相無極。哀相當作衷衵。本左氏傳。皆衷其衵服。小畜之漸。鳴鳩飛來。晉之艮。作餌吉知來。家人之大畜。作神鳥來見。皆誤。當作鳱鵲知來。本淮南氾論訓。乾鵲知來而不知往。鄭注大射儀引作鳱。此與之同。姤之晉。販鼠賣卜。卜當作朴。本戰國策。周人謂鼠未腊者朴。升之艮。扶陝之岐。扶陝當作杖策。本尙書大傳。遂杖策而去。過梁山。邑岐山。今本大傳杖策誤倒。震卦枯瓠不朽。朽當作材。本國語苦匏不材於人。既濟之鼎。禍起子商。子當作于。于於也。商宋也。謂禍起於宋雍氏。本左氏傳也。此皆可得之於所出經子史等者。如訟之損。更相擊劍。劍當作詢。明夷之臨不誤。大畜之家人作詢。亦非。以詢與下走爲協。晉之漸。神君之精。之精當作之祀。以祀與上起理爲協。革之豫。瀸我袴襦。重不可涉。袴襦當倒。涉當作步。未濟之損不誤。以袴步爲協。兌之噬嗑。茂樹斬枝。枝當作枚。以枚與下飢爲協。此皆可得之於韻者。其類亦甚夥。雖以悉數。又如豫之旅云。一說。文山蹲鴟。一說卽一作也。由是以推。凡一繇數句。而上下語意不類。蓋皆脫去一作字而誤。相連幷耳。此又一法也。讀者苟於校宋本得之之外。循是而各各求之。思過半矣。予甚然其言。附著於末。以貽好學者。若夫繁文衆詞。自我作古。冀博善讀書之名。而其意不在書。乃顧君生平深惡痛絕者。予雖不敏。亦未忍爲此態也已。閏五月廿四日丕烈又書。

焦氏易林跋

按易林原於象數。非極彌綸。而詞歸簡易。後人徒取其文博奥。出入經史。不知其學深邃。幽贊神明。故諸家所刻。各挾一是非。數百年後。古書既不可得。而欲折衷一是。難矣。朗仙邵君。從吳門黄氏得陸勅先所抄絳雲樓宋淳熙間槧本。與明季諸刻。頗有異同。惟太平御覽及芥隱筆記所引。多合。今宋槧已無存。所存者祇此陸氏臨抄之本。雖亥豕亦不免。終爲近古。故校刊以之爲主。琴六黄君以諸刻互異處。亦不可廢。當以陸抄宋校本爲正文。以明刻姜氏何氏毛氏諸本互異者注於下。其宋抄本顯有可疑。而他本較爲可信者。則從他本。而以宋抄本作注。本則從其最古。而諸刻之同異亦兩存之。以備好學者之參稽。庶幾聽遠音者聞其疾而不聞其舒。望遠者察其貌而不察其形。如夏五之傳。其疑可矣。余韙其說。并疏緣起。以見諸良友賞析之助。不可沒云。嘉慶乙丑仲春虞山張海鵬識。

書名：宋本焦氏易林兩種（上）（叢書集成初編據學津討原排印四卷本）
系列：心一堂•易學經典文庫
原著：【漢】焦贛
主編•責任編輯：陳劍聰

出版：心一堂有限公司
通訊地址：香港九龍旺角彌敦道六一〇號荷李活商業中心十八樓〇五一〇六室
深港讀者服務中心：中國深圳市羅湖區立新路六號羅湖商業大厦負一層〇〇八室
電話號碼：(852) 67150840
網址：publish.sunyata.cc
淘宝店地址：https://shop210782774.taobao.com
微店地址：　https://weidian.com/s/1212826297
臉書：　　　https://www.facebook.com/sunyatabook
讀者論壇：　http://bbs.sunyata.cc

香港發行：香港聯合書刊物流有限公司
地址：香港新界大埔汀麗路36號中華商務印刷大廈3樓
電話號碼：(852) 2150-2100
傳真號碼：(852) 2407-3062
電郵：info@suplogistics.com.hk

台灣發行：秀威資訊科技股份有限公司
地址：台灣台北市內湖區瑞光路七十六巷六十五號一樓
電話號碼：+886-2-2796-3638
傳真號碼：+886-2-2796-1377
網絡書店：www.bodbooks.com.tw
心一堂台灣國家書店讀者服務中心：
地址：台灣台北市中山區松江路二〇九號1樓
電話號碼：+886-2-2518-0207
傳真號碼：+886-2-2518-0778
網址：http://www.govbooks.com.tw

中國大陸發行　零售：深圳心一堂文化傳播有限公司
深圳地址：深圳市羅湖區立新路六號羅湖商業大厦負一層008室
電話號碼：(86)0755-82224934

版次：二零一八年二月
裝訂：上下二冊不分售

定價：港幣　　三百八十八元正
　　　新台幣　一千四百八十八元正

心一堂微店二維碼　　心一堂淘寶店二維碼

國際書號 ISBN 978-988-8317-22-6